The Ecology of Human Development

EXPERIMENTS BY NATURE AND DESIGN

人類發展生態學

曾淑賢・劉　凱・陳淑芳◎譯

The Ecology of Human Development

——EXPERIMENTS BY NATURE AND DESIGN

Urie Bronfenbrenner

目錄
CONTENTS

03 PART 情境的分析／121

04 PART 微觀系統之外／239

作、譯者簡介

作者簡介

Urie Bronfenbrenner

康乃爾大學（Cornell University）人類發展與家庭研究系和心理系的榮譽退休教授

譯者簡介

曾淑賢（第二至五章、九、十一章、序言、附註）

現　職：中原大學特殊教育學系助理教授
學　歷：美國馬里蘭大學特殊教育博士
　　　　美國馬里蘭大學特殊教育碩士（主修早期介入）

劉　凱（第六至八章、十章、前言）

學　歷：國立台灣師範大學特殊教育研究所博士班（主修早期介入）
　　　　美國華盛頓大學教育碩士（主修學前特殊教育）

陳淑芳（第一章）

現　職：國立台東大學幼兒教育學系副教授
經　歷：美國馬里蘭大學科學教學研究中心訪問學者
學　歷：美國馬里蘭大學課程與教學哲學博士
　　　　國立台灣師範大學家政教育研究所幼兒教育碩士

序　言

在寫像這種書的時候，你會敏銳地察覺到，科學的確是一個學者所共享共有的學門。我們站在巨人的肩膀上，並錯以為是我們自己看到寬廣的視野。這裡我所說的巨人有 Kurt Lewin、George Herbert Mead、Sigmund Freud、William I.和 Dorothy S. Thomas、Edward C. Tolman、Lev Vygotsky、Kurt Goldstein、Otto Rank、Jean Piaget，以及 Ronald A. Fisher。我主要是透過閱讀來從他們身上學習。還有其他雖然經常面對我的抗拒，卻盡力教導我的人。其中為首的是我的第一批心理學老師——Frank S. Freeman、Robert M. Ogden 和 Walter Fenno Dearborn。Lauriston Sharp 介紹人類文化學給我，Robert Ulich 介紹哲學，以及 Harry C. Carver 介紹數理統計和實驗設計。

但在此所發展出的生態學構想的種子，早在我進入大學之前就已被種下了。我很幸運地在一個服務「低能者」的州立機構裡成長，我的父親是那裡的神經病理學家。除了醫學學位，他還有動物學的博士學位，但他其實本質上是一位田野自然學家。這個機構的土地為他觀察敏銳的眼睛提供了豐富的生物和社會知識領域。超過三千英畝的農田、樹木繁茂的小丘、青苔覆蓋的森林，以及腐臭的沼澤，皆湧現著動植物的生命。在那些日子裡，當此機構還是蓬勃運作的社區時，患者大多數的時間花在病房區以外，不僅在學校教室，也在農場和商店工作。那裡有牛、馬、豬、綿羊和雞舍，以及一間鐵匠舖、木匠舖、一個麵包店和一家店舖；院民從這些地方用馬車運送食物和物品到村莊四處。如今所有的這些活動都停止了——被法院判定為強制勞役而停辦了。

那是我的童年世界。從我父親的實驗室通過病房區、商店和農田，他帶我散過無數次的步，他喜歡看看他的病人並與他們聊天，甚至更常走到鐵絲籬笆之外，前往從我們門前開始延伸的森林與山丘。無論我們到哪裡，他會指出生物和周圍環境之間在功能上的相互依賴，提醒我不擅觀察的眼睛去注意大自然的傑作。

我特別清楚記得的是，當紐約市法院將完全正常的兒童——出於錯誤或（更常常）是在全然絕望之下——判給我們的機構時，他的痛苦。在他能解開必要的繁瑣手續安排他們出院之前，已經太晚了。他們成為八十個囚犯之一，在有兩位女舍監的農舍裡，經過幾個星期之後，他們的智力測驗（這是在爭取出院過程中必要的）得分顯示出他們的心智有缺陷：那意味在機構終其餘生。不過這些孩子們有一個出口，但這機會要等到他們更大之後才有。其中一個成人女院民被分配到的工作地點是職員的家，她們協助做家事、烹調和兒童看顧。就這樣，Hilda、Anna和在她們之後的其他人，實質上成了我們家庭的成員，並且是我成長過程中的重要人物；但她們很少停留很久。就當她們因我母親的家務訓練和自己每天的主動而使自己變得不可或缺時，我的父親就會安排她們出院，因為她們現在已能通過決定一切的比西量表所要求的最低界定值。

不過，直到很久之後，這些具體經驗才被反映在關於人類發展生態的清楚想法中。這些想法最初出現在三十年前的一個經年的非正式但密集的每週教職員討論會中。我和同事雄心勃勃地尋求能為人類發展的理論和研究描繪出新的視界。這個討論團體至少包括Robert B. MacLeod、Alexander Leighton 和 Robin Williams；是他們動搖了我這個年輕研究者對在實驗室研究的嚴謹和心理測量方法的堅貞信仰之知識基礎。他們打開了我的眼界，讓我看到現象學和社會環境的力量。我對社會環境的知識經過三十年與同事 Edward C. Devereux 的合作而被拓展了。對於 Charles R. Hendersons 父子，我感謝他們在 Fisher 學派實驗設計的精確和生態可調適性兩方面對我的教導。

有兩方面的經驗提供我新視野（其由教職員討論會所獲得）的形式和內容。第一是關於在一文化背景脈絡之下進行田野研究。起初，出於不自覺的自我保護，它對我沒有什麼影響，我選擇在熟悉的社交領域工作——紐約上州的一個小鄉村社區。然後，我的討論會夥伴 Alexander Leighton 說服我在一個夏天加入他現在已屬的社區因素影響心理健康的經典研究。在他的督導下，在法國海岸的 Nova Scotia，我開始了西歐和東歐、蘇聯、以色列和其他地方的比較文化的研究事業，其中包括中華人民共和國令我不可思議的一瞥。

這些社群的經驗對我有兩個深刻的影響反映在本書中。首先，這從根本擴展了我對人類的韌性、變通能力，及其展現出令人信服的適應能力的認識，即針對其創造出來並在當中生活及成長的生態。如在不同情境脈絡中所見到的，我本來認為人類的天性是一個單數名詞，卻變成複數和多元；因為不同環境可產生的不同點是能被辨識出的，不僅是跨越社會，也在社會之內，包括了天分、氣質、人際關係，和特別是文化或次文化孕育下一代的方式。在成為人的過程明顯依地點和時間而有所差異。從歷史和跨文化的觀點來看，這變異性指出了生態可能但尚未經試驗的潛力；此潛力在人類天性中，但未被察覺，其可能擁有的權力和憐憫二者之間的混合比至今所展現出的更加明智。

雖然這最後的遠景也許像是無法捕捉的理想主義的產品，卻是奠基於跨文化現實之更堅實的基礎上。

我從其他社會工作學到的第二課是公共政策有力量影響人類福利和發展，因為其能決定人類生活的條件。這樣的認知讓我在過去十五年間，致力於參與改變、開發和實施我國影響兒童及家庭政策的努力。參與啟蒙方案的計畫委員會、兩個總統特派任務小組，以及其他國家級、州和區域性的科學顧問團，同時與政客和政府官員在立法的合作等等經驗，讓我得出一個意想不到的結論：對進行人類發展的科學研究的學者而言，對公共政策的關心是其欲有所進展之不可或缺的一部分。

這些演變出來的想法及它們所帶來的好處，與其說是我自己努力的結果，應該更多是同事們的耐心和堅持，以開啟我的雙眼去見識到在他們居住及工作的世界裡的現實。就跨文化研究的部分而言，以下是最有耐心和堅持的人：Gerold Becker、 Lydia Bozhovich、Zvi El-Peleg 和其家人、Hsieh Ch'i-kang、Sophie Kav-Venaki、Kurt Lüscher 和其家人、Richard 和 Gertrude Meili、Janusz Reykowski、Ruth Sharabany、Ron Shouval 和其家人、Sandor Komlosi 和其家人、Igor Kon、Aleksei Leontiev、Hartmut von Hentig，以及 Aleksander V. Zaporozhets。

在發展研究和公共政策之間的連接上，我主要的同事和導師是 Birch Bayh、Orville G. Brim、John Brademas、Robert Cooke、David Goslin、Nicolas Hobbs、Sidney Johnson、Alfred Kahn、Mary Keyserling、Walter F. Mondale、Evelyn Moore、Albert Quie、Julius Richmond、John Scales、Sargent 和 Eunice Shriver、Jule Sugarman、Harold Watts、Sheldon White，以及 Edward Zigler。

本書是我幾年前開始的學術工作的一部分，在一些志同道合的同事的建議與兒童發展基金會（Foundation of Child Development）的資料支持下發展出來的。以人類發展生態方案為名，努力達成促進理論深化、進階的訓練，以及研究人居住並成長的實際環境等目標。撰寫此書時，我是基金會的 Belding 講座學者。

對於兒童發展基金會的總裁 Orville G. Brim，和方案的同事 Heidi Sigal 對此方案各方面的鼓勵、明智的忠告，以及主動的幫助——包括本書的構思和準備，我要特別表達深深的感激。此外，無論是在學術和個人方面，我積欠許多人情，包括此方案的顧問 Sarane Boocock、Michael Cole、Glen Elder、William Kessen、Melvin Kohn、Eleanor Maccoby，以及 Sheldon White。在難以計數的信件、交談和電話中，他們的反應和想法被我逐漸吸收融會而成為我自己的。我很抱歉，在某種程度上，我不經意地遺漏該歸給他們的功勞，或更糟的是沒有為他們的想法說句公道話。

很幸運地，無論在康乃爾大學和別處，我有許多同事和學生慷慨地願意閱讀和評論原稿的部分草稿，包括 Henry Alker、Irwin Altman、Jay Belsky、John Clausen、Moncrieff Cochran、Michael Cole、William Cross、Glen Elder、James Garbarino、Herbert Ginsburg、Stephen Hamilton、Melvin Kohn、Barbara Koslowski、Michael Lamb、Tom Lucas、Barbara Lust 和她的學生、Kurt Lüscher、Eleanor Maccoby、Maureen Mahoney、Rudolf Moos、David Olds、Henry Ricciuti、Morris Stambler、Eric Wanner、John Weisz、Sheldon White，以及最精明的評論家 Liese Bronfenbrenner。

其中 Michael Cole 和 Eric Wanner 也是本書的編輯。他們的主動、鼓勵和忠告提升了這個創作，並且減緩了作者經年不斷辛勞的痛苦。特別也要感謝各章節和全書的匿名評論者，以及 Harriet Moss 對最後原稿的用心編輯。我也欠我的朋友和鄰居 Geoffrey Bruun 在學術方面的人情，他從不會忘記一段引文的來源或者內容。

我的報答和謝意延伸至個人以外。這本書的一個主要論點是人的能力和理解極大程度是依賴於其個別活動所在之更大的社會和制度的情境脈絡。這項原則特別適用在當下的例子。康乃爾大學自其創立以來，乃為一贈地大學（Land Grant Institution），一半由捐贈，而一半來自州政府的支持，因此孕育了自由的傳統和責任，並且鼓勵它的教職員能打破傳統學科，體認到如果要達到社會科學的宗旨，一定得敏銳地回應人的需要和意圖。在康乃爾大學的紐約州人類生態學學院，這個雙重論述於連續三任具創意的院長領導之下——David C. Knapp、Jean Failing 和 Jerome Ziegler——展現得更加完全。

最後，最多的人情債是對 Joyce Brainard，其與 Mary Alexander、Stephen Kaufman、 Mary Miller 和 Kay Riddell 熱忱地協助、監督，並以關心、技巧和熱情進行無盡的原稿修改。

在第十章提到的 Ogbu 的研究摘要，是由 Stephen Hamilton 為一個聯合發表的會議報告所準備的。出現於幾個章節的段落，修改自之前發表在一些期刊的內容，包括 *Child Development*、*American Psychologist*、*Journal of Social Issues* 和 *Zeitschrift für Soziologie*。

Urie Bronfenbrenner

於 Ithaca，紐約

前言

Forword

歌德對於人類各方面的經驗發表過許多智慧的話語，他在提及我們對理解這世界所做的嘗試時，說道：

凡事都曾經被想過（everything has been thought of before），
困難的是再次思考（the difficulty is to think of it again）。

在此，我要加上：想法的重要性僅在於你可以對此想法做些什麼（我想，歌德也說過這樣的事情，只是我還未發現他所發現的）。古希臘哲學家 Democrites 認為世界是由原子組成的。除了他小覷假設所有原子都以相同速率往同一方向移動之應用性這個錯誤之外，他對於原子結構敏銳的猜測，也沒有 Rutherford 在 1900 年再發現時〔手拿著雲室（cloud chamber）；譯註：雲室，早期的核輻射探測器〕所造成的影響那麼大。簡言之，想法之所以具有力量，在於想法可以落實。

大約一百年前，許多學者開始思考以實驗來理解人類心理過程的可能性，於是，模型的精密和明確、量化、資料分析技術，將物理科學推至人類事務之巔峰。雖然心理學這門**科學**，幾乎同時產生在德國、倫敦、劍橋（麻州）以及 Kazan（蘇聯）的大學中，不過，我們通常都將 Wilhelm Wundt 視為現代心理學之父，認為是他開始有這樣的想法。

心理學史教科書一直忽略記載一個事實：在心理學擁抱實驗室的當時，有許多其他的學者並沒有被這波風潮所帶動。我們也經常忘記 Wundt 自己即相信，許多心理祕密是實驗方法無法觸及的，而 Wundt 的熱情追隨者卻不見得能夠體會。在 Wundt 的追隨者那一輩開始爭論之前，對於實驗室的技術能夠解釋我們內在思維的嚴正懷疑即已出現。Wilhelm Dilthey 可說是最早對於 Wundt 的「新」心理學加以雄辯批判的哲學家。Dilthey 在長期的深思熟慮之後，認為心理學應該放棄追求人類心理過程的常律，取而代之倡導所謂的**描述**（descriptive）心理學——其能夠捕捉個人所有特質的獨特複雜性。Dilthey 相信，Wundt 及其追隨者用小心謹慎地測量反應時間或仔細詳述的內溯報告，所完成的不過是減少人性原有的複雜性，充其量僅僅只是將人類心理過程埋葬於以黃銅儀器裝飾的土窖內。

Dilthey 的想法並未普及於心理學界是有其原因的。豐厚的心理描述此看法雖然非常誘人，卻不足以成為一個完整的心理分析模式。造成今日我們的過去經驗與現況沒完沒了地糾結，使我們在細節中透不過氣來，無法概括解釋；面對如此的複雜性，任何其他似是而非的簡單過程都會是一條救命線。

因為理解心理學的限制，故而大家開玩笑地戲稱 Henry James 是偉大的心理學家，他的兄弟 William 則是個小說家。儘管感傷於心理學的限制，我們還是期待能有比一本小說更有系統地提供關於我們本身資訊的合宜的科學專業。由於缺乏這樣嚴謹的專業領域，使我們在方法上遵循著 Wundt 之較狹窄的路，然而，如此選擇所帶來的理論限制卻不易擺平。矛盾的是，所謂成功的科學能告知我們想了解的實在少之又少。那些從事心理學的專業人士或者接受其限制，或者對於完美的實驗感到無趣——這些實驗的意義經常是過於含糊難解的。既然找不著好的替代方案，許多學者因此選擇潛沉。

雖然繼 Wundt 與 Dilthey 時期後，心理學理論的細節有許多變化，但是，這兩個率先造成描述與解釋兩極端分裂的取向變為普及，其差異不只是在方法學的複雜度與作為一專業領域接受度，更包含了訓練方面的不同。Wundt 的結構主義建立了心理科學的新學派，各有其架構、系統，以及模式與方法，例如：格式塔心理學（Gestalt psychology；譯註：完形心理學）、功能主義（functionalism）、行為主義（behaviorism），以及最近的實驗（experimental）、認知心理學（cognitive psychology）。Dilthey 的批判主義持續努力建造一個「無方法」的心理科學，也一直反覆地被重新探討，尤其是 1960 年代晚期和 1970 年代的人文主義心理學，不過，每個時期都沒有所謂的關鍵分析工具來進行描述性分析，也沒有足夠的力量來解釋所描述的。

即使在早期，有少數的心理實務工作者嘗試要連結描述與解釋兩大取向時，即意識到在此分裂中，心理學的無為成為此一領域的種子。例如，二十世紀初期，我們常見（尤其是德國——這兩種取向的發源處）心理學界討論所謂的「危機」，不同的作者為此提出各式各樣的解決方案。緊接著的十年，社會和科學激進，到了最為活躍的 1960 年代，Urie Bronfenbrenner 的作品代表了這小眾、異質但重要的心理學家的努力——藉由建構**兼具**實驗**與**描述我們所知的日常生活之領域，來跨越所謂的心理學「危機」。

Bronfenbrenner 的主題是那些期待心理學能夠釐清我們的經驗之相關議題的人們所關切的。他所提出的保證非常誘人，心理學不需要在嚴謹與相關之間做一選擇。除了能夠解釋「在陌生地方發生奇怪行為」之外，心理學還可以著墨更多；如果繼續合宜地探究，可以得知那些陌生地方和奇怪行為與日常情境脈絡的相關性，也就是我們所謂的「每天的生活」。

Bronfenbrenner 教授強烈地提醒，當我們類化推論，特別是人們做某件事的某種方式時，其類化現象將超出我們所觀察的情境脈絡。當我們真的想脫離特定描述和無內容的過程時，他特別強調研究環境的重要性。為了同時考量兩者，他緊跟隨著前人所可能留下的腳步。

然而，到底是什麼讓我們相信 Bronfenbrenner 的處方會成功？尤其是在其想法所奠基的作品（例如：Kurt Lewin）似乎皆消失了——如同深陷於時間的沙流中，或是在眾人的集體智慧中銷聲匿跡，以致無法抽離再作為分析之用了。答案在於他對過程的具體性，足以像是我們已經讓它能夠被理解，卻又不同到能提供一個較為接近真實生活的現象。

幾乎每個熟閱心理實驗的人都有可能被它的意義所困惑。就像 Zimbardo 的監獄實驗裡所說的，所有 Stanford 學生的行為都是虐待狂或是怯懦的膽小鬼嗎？還是如同 Milgram 關於服從的研究——人其實是奴隸，面對權威時會樂於加害無助者？對於身處苦難的陌生人，我們真的是無動於衷、漠不關心嗎？智商測驗真的能夠說明日托中心的價值嗎？

對於上述這些問題以及其他更多的問題，Bronfenbrenner 給了一個我們所能想像到的唯一誠實的答案—— Bronfenbrenner 若是與他的老祖母討論這些問題，祖母也會給相同的答案——「**一切都得視情況而定**」（it all depends）。以專業術語來說，「一切都得視情況而定」代表著：我們之所以會去做什麼的解釋（假設我們已經達到足以解釋的描述）在於人的特質與其環境（包括過去和現在）之間的互動。如 Bronfenbrenner 所說：「主要效應在於互動」。他亦遵循著 Kurt Lewin 的建議：我們若是想要改變行為，就必須先改變環境。

所有這些常識性的建議都讓我們再次省思關於心理過程的想法，必須視其為系統的特質，所謂個體只是在系統中的一個元素。Bronfenbrenner 如果能夠盡力闡述其大膽的論點，同時也驅策有能力的學者來證明其論點的錯誤，那麼，上述想法就會成功。系統化的挑戰才能促進成功——即使它們可能會使得 Bronfenbrenner 的特定論述無效。這些想法值得一而再、再而三地反覆陳述，直到我們準備好開發其潛能力量。當那天來臨時，心理學便會成為一門關於人類行為的合一科學。

Michael Cole
加州大學聖地牙哥分校（University of California, San Diego）

譯者序 Preface

在我開始著手撰寫博士論文的時候，幸運地接觸到了 Bronfenbrenner 的生態發展理論，在一窺其完備及宏觀的內涵之後，不禁為之驚豔。其理論之經典在於其系統化且細緻地描述了關於「發展」這個動態的現象，包括其中的元素與它們之間的互動。

在我個人從事研究工作之後，無論是自身的實際應用或文獻中的引用情況，都讓我感受到這個理論的重要與啟發性，巴不得能讓更多的研究夥伴（也包括自己的研究生們）能完整地了解它。此書雖然出版於三十年前，但現今讀來，其觀點仍舊敏銳且具前瞻性。但由於這本書所使用的英文帶著些微歐洲思想的風格，對於一般不慣讀英文的中文讀者來說略顯艱深，並不是一個非常容易閱讀的文本，因此興起了把它翻譯成中文的念頭，以讓更多台灣相關領域的學生、學者能夠讀到這本非常經典的書。

閱讀這本書是相當享受又收穫豐富的一件事，尤其是作者博學多聞，熟知許多有趣的研究之始末，又能宏觀且融會貫通地引用這些研究結果，從發展生態學的觀點提出他精闢的觀點；最後，還能非常具體地應用這些觀點，有系統地娓娓道出這個理論的各個主張、假說、元素、成分，以及這些項目之間的關係與互動。

而翻譯這本書也是同樣享受又收穫豐富的一件事，讓我們有機會再次「詳讀」這本書，再次被激發出許多火花。只是過程中也有著所有被催過稿的人所經歷的難產痛苦。也不免多次暗罵自己淌什麼渾水，做這種吃力又——套一句同事的話——討不到研究積分的事。作者所使用的艱澀英文讓我為了翻得準確，屢次在燈下吃力地括出一層一層的子句。原文稿子也在這二、三年中隨著我旅遍海內外，輕薄的幾個章節的紙隨著時間越來越沉重，最後真像過了產期的母親，恨不得能做得了主當下就做個了結。但心再急，一字一句仍得慢慢爬過。

特別要感謝心理出版社的林副總經理對我們的無限、甚或無奈的耐心與包容，在屢次催不到稿的情況下，仍以其非常紳士的風範不斷地提醒我們。最後當然要感謝我的好夥伴劉凱及淑芳，在他們精采而忙碌的研究與工作中，仍義不容辭地與我一同擔下這份又甘又苦的差事，能有這樣的夥伴真是我生命中很棒的一份祝福。這份工作告一個尾聲了，我們的心頭都卸下了一個大石頭，可以輕鬆地與您一同享受 Bronfenbrenner 非凡的真知灼見，一起來探索他為研究者所指出的新視界。

曾淑賢

PART

第一篇

生態取向

第一章 目的與觀點

在本書中，我將提出一個關於人類發展研究理論的新觀點，此觀點之新穎在於其對於發展中的個體、發展中的環境，以及特別是兩者間的演化互動（evolving interaction）等概念提出新看法。在本書中，發展被定義為一個人不斷地覺知（perceive）與回應（deal with）他所處的環境而持續改變的過程。基於此，有必要在一開始時，先對本書所呈現之有點不正統的環境概念提出說明。有別於正式的前言，我將先用一些具體的例子來介紹此概念。

生態環境被視為一種層疊的結構（nested structure），就像俄羅斯娃娃套組般，由內到外一個套著一個；最內層是與發展中的人最直接相關的部分，可能是家庭、教室，或是因研究目的而設置的實驗室或測驗室。到目前為止，這都是大家所熟悉的基礎（雖然從研究者眼中看到的更多更遠），然而，下一步我們要跳脫過去僅看見個別場域，進一步去看它們之間的關係。我認為這些內在關聯性對發展可以有定性的作用，其影響力就如同在一特定場域內發生的事件一樣。一個兒童在一年級學習閱讀的能力，可能不僅取決於他如何被教，而且還取決於學校和家庭是否有連結和連結的本質如何。

生態環境的第三層將我們帶至更遠的場域，而且產生一種假設：個體發展深受更遠場域中發生的事件之影響，即使個體並未出現在該場域中。我檢視相關資料顯示，在現代工業化社會中，對於兒童發展影響最大的是父母的就業狀況。

最後，有一種顯著的現象屬於前三層生態環境之外：在任何文化或次文化之內，家、街道或辦公室等場域有非常相似的傾向，而在不同文化之間則有明顯的差別；就像是在每個社會或次文化中存在著一種藍圖來組織其中的每種場域。不僅如此，這藍圖一旦改變，則該社會中的場域結構也會跟著改變，進而相對地改變行為與發展。例如，研究結果顯示，改變孕婦病房的實務作法，會影響母親與新生兒間的關係，且可達五年之久。另一個案例，當一個社會產生嚴重的經濟危機時，其對兒童後續終身的發展產生正向或負向的影響，取決於兒童家庭遭受財務危機時，兒童當時的年紀。

覺察到這樣廣泛的發展影響力可能性只有在如果使用的是一種能夠觀察到這些影響力存在的理論模式。甚之，因為這樣的發現在科學和社會決策上都可能有重大的應用意義，因此，這個理論模式須有相當的方法學上的嚴謹度，足以提供可驗證的效度，且允許產生的結果得以有別於研究者最初的假設。本書展現的企圖即在於定義一個符合實質的和方法學要求的理論模式之變項。本書亦將藉由說明過去的研究發現以及形成新的研究問題和設計，來示範此一生態模式的科學實用性。

在本計畫架構中，提出的環境範疇、內容與結構均有別於先前的形式。首先，此生態取向將環境謹慎地轉化成操作型名詞，其在一般的社會科學文獻中常具有理論定位，但甚少被研究所實踐。在本論述中，如行為學家和發展學家的解釋，對行為和發展的影響最重要的是環境是被**覺知**的，而非一種「客觀存在」的現實。在後續的文章中，將應用本原則以說明在實驗室情境和測驗室情境中評量發展過程的缺失和優勢。有證據顯示，在實驗室和實際生活情境兩者之間所觀察到的兒童和成人行為，均一致地存在著差異。這些差異反之也顯現出這些不同形式的環境對於參與者有不同的意義，部分源自於他們的社會背景和經驗的不同。

不同類型的環境之結構也將被分析，此方法與傳統的研究典範有所區隔：環境的區別並非源自於線性變項的參照，而是在系統的體系中被分析。始於生態系統架構的最內層，最基本的分析單位為「**配對組**」（the dyad），或兩人系統。雖然發展心理學文獻提及配對組為一種具有來回互動關係的結構，實際上，我們時常看見此來回互動關係被忽略。為了維持實驗傳統聚焦於單一受試者，通常一次僅蒐集一位受試者的資料，例如，關於一位母親或一個孩子，很少同時進行兩個人的資料蒐集。而在此很少同時做母親和小孩的研究案例中，所浮出圖像顯示出對兩者皆較新且動態的可能性。例如，從配對的資料中顯示，如果配對的一方正處於一種發展中的狀態，則配對的另一方亦然。認識此關係提供了一個管道以了解發展的改變不僅止於小孩，同時，也存在於其主要照顧者——母親、父親、祖父母、老師等成人身上。這種同樣的考量可推及成對的組合，如夫婦、手足、雇主與下屬、朋友，以及工作夥伴等。

此外，在本系統模式中，從「一對」延伸出來最直接、對發展具有一樣影響力的環境，是所謂的 **N+2 系統**——「三人組」（triads）、「四人組」（tetrads），以及更大的人際結構。許多研究結果顯示，配對組成為對人類發展具有影響效力的關鍵因素在於有第三者的出現，如配偶、親戚、朋友、鄰居。假如第三者不存在，或者假如他們扮演一種干擾而非支持的角色，則發展的過程（被視為一個系統）就會受損；如同三腳鼎，如果有一隻腳斷掉或比較短，則很容易傾覆。

同樣地，「三人組」的原則可以應用至環境之間的關係。因此，一個環境（如家庭、學校或工作場域）成為一個有效能的發展場域之效力，即有賴各環境之間的社會內在關聯性（social interconnections）的存在與本質，包括協力參與、溝通，以及在每個環境中存有關於其他環境的資訊。此一原則的重要性符合下列問題：當一個年輕人進入一個新環境（如學校、營隊或大學）時，會是獨自一人前往，或是有熟悉的同伴或成人陪伴？在實際進入新環境之前，這年輕人和其家人有被給予許多關於該新環境的資料或經驗嗎？這些事先獲得的知識將會如何影響其後來在該新環境中的行為與發展？

上述這些問題凸顯出發展中重要但尚未被開發的所謂「**生態轉銜**」（ecological transitions）的研究潛力——在人生發展歷程中之角色或場域的轉換。生態轉銜的例子包括新手足的誕生、進入幼兒園或小學、升遷、畢業、找到工作、結婚、生子、換工作、搬家、退休等等。

生態轉銜在發展上的重要性源自於其無可避免地涉及**角色**的轉換，即社會對於某一特定位置上的人之行為期待。角色具有如魔法般的力量來改變一個人被對待的方式、她／他的行為舉止、作為，甚至想法和感覺。此原則不僅可應用於發展中的人，也可應用於在她／他世界中的其他人。

環境中的事件對個體發展的影響最直接和最有效力的乃是那些個體親身參與或親眼所見的。活躍地參與或僅只是接觸他人進行中的活動，時常都會激發個體自己也去從事類似活動。當一個三歲大的孩子周邊的人常常在交談，或特別是他們時常直接與她／他說話，則她／他更容易學會說話。一旦這個孩子開始自己說話，它便構成了一個事實——發展以「**琢磨活動**」（molar activity）的形式產生了，其乃相對於「分子行為」（molecular behavior）之短暫性且通常無意義或無企圖。最後，這些個體所投入的琢磨活動構成了心理成長的內在機制和外在表現。

層疊生態結構的順序和它們的發展重要性可以參照相同的例子。如果環境中的成人被賦予對兒童說話的責任，或鼓勵或使其他人能夠如此做（如父母中的一人負責雜務，使另一人得以閱讀故事給兒童聽），則我們可以假設一個兒童會更容易學會說話。

但是，家庭中的父母是否能有效地扮演孩子教養的角色，取決於角色要求、壓力和來自其他環境的支持。就像我們將看見的，父母評量自己的父母效能，以及對於自己孩子的看法，是與一些外在因素相關的，如工作時間的彈性、育兒安排的適當性、大小緊急事件發生時可以提供協助的朋友和鄰居、健康與社會服務品質，以及居家安全等等。同樣的，支持性環境的可取得性與它們在該文化或次文化中的存在與頻率相關，此頻率可被公共政策和實務所增強——創造出與家庭生活相關之額外的環境與社會角色。

環境的理論概念乃是超越個體行為，而延伸至包含同時在環境內與環境間的功能性系統，這些系統可被修改和擴充，與先前的研究形成強烈的對比。一些既有的模式通常使用一種視框來限制、蒙蔽，甚至使研究者盲目，使其無法看見環境的阻礙和機會，也看不見人類具有非凡的潛能對於可得之生態上相容的周圍環境能建構性地回應。因此，人類的能力和優勢有被低估的傾向。

生態環境的結構也可以被定義得比較抽象；如我們所見，生態環境被視為遠超過直接影響個體發展的直接環境——發展中個體所回應的物體、所面對面互動的人們。被視為同等重要的是出現在環境中的其他人之間的連結、這些連結的本質，以及它們對於直接照顧孩子的人的間接影響。這些在直接環境中存在的複雜內在關係被稱為「微觀系統」（microsystem）。

內在關聯性原則不僅被視為可應用於各環境之內，也同樣有力地應用於環境之間的連結，並有相同結果。適用於發展中的個體實際參與的環境，也適用於他也許從來不曾真正接觸但環境中發生的事件會影響到個體直接環境中的事物。我將前者稱為「**中間系統**」（mesosystem），後者稱為「**外圍系統**」（exosystem）。

最後，此複雜的層層疊疊、具內在關聯性的系統被視為特定文化或次文化中普遍的意識型態和社會制度的組織型態，這些普遍的型態即為「**巨觀系統**」（macrosystem）。因此，在既定的社會或社群中，微觀系統、中間系統和外圍系統的結構與本質傾向於相似，彷彿來自於同一個版模，而且這些系統以類似的功能運作。相反地，在不同社會群體之間，所組成的系統有顯著的差異。因此，透過分析和比較不同的社會階層、種族和宗教團體，或整個社會的微觀系統、中間系統和外圍系統，就可有系統地描繪和區辨出這些對人類發展具影響力的生態環境特性。

本理論所建構的環境面向大部分是行為和社會科學領域相當熟悉的概念：琢磨活動、配對組、角色、背景、社會網絡、制度、次文化、文化。不同的是，這些實體之間如何相關聯以及對發展的影響。簡而言之，既然外在環境的影響是十分重要的，在此所呈現的理論乃是有關環境之間的相互關聯性，和它們對各種直接影響心理成長的驅力之影響。

此外，生態取向的人類發展研究需要重新定位關於科學和政策的傳統觀點。從傳統社會科學家的觀點來看，任何社會政策應盡可能立基於科學知識上。而我在本書中所發展出的想法之取向則持不同的看法：在促進人類發展基礎研究的興趣上，**基礎科學對社會政策的依賴更甚於社會政策對基礎科學的需要**。並且，需要的不僅是兩者之間的互補關係，而是兩者功能的整合。對社會政策的知識和分析對發展研究的進展都是必要的，因為兩者提醒研究者注意對於個人認知、情緒和社會發展有重要影響之直接和非直接的環境。這些知識與分析亦可揭露隱藏下之意識型態假設，其有時會嚴重限制研究問題和設計的形成，而局限了可能研究發現的範圍。科學和社會政策的功能整合並不意味著兩者應被搞混，當在人類發展的基礎研究中檢視公共政策議題時，更需要區別出究竟是由實證資料所形成的詮釋，還是根源於意識型態的偏好。

十分清楚的是，在此融合之下，就環境的理論模式中的巨觀系統層次涵蓋特定文化或次文化之普遍的意識型態和制度結構來看，科學和社會政策建立互動關係是值得嚮往的。公共政策是巨觀系統的一部分，對於與生活密切相關的外圍、中間和微觀系統的特性有關鍵決定性，而且會影響到人們的行為和發展。

把環境視為一層包含一層區域的觀點——尤其是它正式的部分，相當借重於 Kurt Lewin（1917, 1931, 1935, 1938）的理論。實際上，本書可被視為企圖為 Lewin 出色的覺知圖像領域提供心理和社會的實質內涵。

或許本理論最不正統的部分是對發展的概念，強調的不是傳統心理學的過程——知覺、動機、思考和學習，而是在於其**內容**——**什麼**是被察覺、被渴求、被恐懼、被思及，或被視為知識而獲取的，以及當個體接觸並與環境互動時，這些心理材料本質如何改變。發展被定義為個體演變中的生態環境概念、個體與環境的關係，以及個體發現、維持與改變環境特性等能力之增長。再一次，此程式顯示 Lewin 的影響，特別是他強調密切的相互關聯性，以及個體和情況結構之間的同形性（isomorphism）（1935）。本文所提的概念同時極仰賴 Piaget 的想法，特別是他在 *The Construction of Reality in the Child*（1954）一書中的想法。然而，與 Piaget「脫離情境」的有機體論（organism）不同，本書進一步強調當兒童覺察和活躍地參與物理和社會環境時，對現實感知的演變本質和範疇。因此，在我所稱的微觀系統中，嬰兒剛開始僅對其近身環境中的事物感到好奇。在這個最接近的範圍之內，嬰兒最初的注意焦點和發展活動傾向於限制在與他有直接接觸的事件、人和物件等。後來，幼兒才覺知到環境中的事件與人之間的關係，這些並非在一開始就能引發他的主動參與。在一開始，嬰兒一次僅意識到一個場域，即他此時此刻所在的環境。我所處理的發展不僅包括嬰兒對在不同場域中持續出現的人之覺知——如同 Piaget 所提的知覺一致性（concept of perceptual constancy），也包含他對不同場域中所發生事件的關聯之逐漸了解。如此一來，發展中的兒童開始了解到中間系統的存在，並萌發出對它的意識。這種對場域之間可能有關聯的理解，加上了解口語和書面文字的能力，使兒童能夠理解那些他尚未真正參與的場域中發生的事件之本質，如學校，或那些他們根本從未進入的場域，如父母上班的地方、在外國的某個地方，或在故事、戲劇或電影中出現的幻想世界。

如 Piaget 所強調的，兒童也變得能創造和想像一個他自己的世界，而這個世界正反應出他的心理成長。再次地，根據此幻想世界形成的生態觀點——包括其結構和發展軌道，對兒童想像的領域同樣是從微觀慢慢連續性地擴充到中間、外圍和巨觀的層次。

兒童幻想世界的發展說明了一個事實：兒童萌發中的知覺和活動並不僅是一種所見事物的反映，也是一種主動創造的表現。使用 Piaget 貼切的用語來表示，即兒童展開出來的現象學世界（phenomenological world），實際上是一種「現實的建構」（construction of reality），而非僅是表徵再現而已。如 Lewin 和 Piaget 所指出的，兒童最初困惑於環境中的主體與客體的特性，因此會經歷沮喪，或當他想嘗試一些身體無法做到的事時，反而會傷害到身體。但漸漸地，他會調整自己，用想像力把客觀存在的現實限制轉換成他可以控制的環境，使環境可以與他的能力、需求和願望相符合。從生態發展的觀點來看，這種可以依據人類的需要和抱負重新改造現實的能力，呈現出兒童發展的最高表現。

就研究方法而言，我們無法直接觀察到兒童形成中的現實建構，僅能從兒童活動型態中的口語和非口語行為來推測，尤其是其所涉及的活動、角色與關係，這三種要素也構成了微觀系統的重要組成元素。

綜合言之，本書企圖整合理論，尋求以一個統一但又完全不同的概念系統來描述，並使影響兒童一生發展的近身環境和遠距環境相互產生關聯。此整合之努力乃是有系統研究人類如何在其人類情境脈絡中發展的第一步。

在整本書裡，理論概念以下列內容呈現：基本概念的定義、理論構成的前提、待探究之假設——關於發展過程與關係之假定。

雖然本書所提出的假設有些僅是推論——從既有定義和前提邏輯推演而來的，但大部分是源自於應用本書理論架構而進行的具體實證研究，因此，我未僅限於理論的闡述。我努力將想法轉變成可操作的名詞；首先，我嘗試找出能描述或示範被質詢的議題之研究，若沒有的話，就指出研究者沒有做到的部分。其次，我使用已發表的研究論文，來展現如何應用本理論的概念和主張以更有效的呈現這些研究結果。第三，若沒有辦法找到適當的研究，我就提出一些尚未被進行但值得進行的假設研究。本書中所引用的研究文獻來自許多領域，同時反映出此一理論取向的範圍。此外，相對於較廣泛的社會背景（如社會階層、種族和宗教團體，以及整個社會環境）和從嬰兒期開始的不同年齡層，我也嘗試選擇會在不同場域

（如在家庭、醫院、托兒所、幼兒園、學校、大學、機構、辦公室和工廠等）中進行或與之有關的研究。不幸的是，想取得這些生態環境和年齡層的代表性樣本之企圖僅有部分是成功的，這些採生態觀點取向在真實情境中進行的發展研究，大多是在家庭或幼兒園中所進行的嬰幼兒發展研究；以學齡兒童、青少年、成人為主，在家庭以外的環境進行的發展研究卻很少。

持著這些目標，本書無可否認地涉及廣泛的範圍，但也不是全部都包含在內，其中並沒有處理發展心理學的傳統內容——即描述人從小到老的認知、情緒和社會化發展的改變；也沒有特別強調現在發展學研究的第二主要重心——社會化的機制，例如增強與示範。這種刪減並不意味著對那些議題沒有興趣，相反地，之所以寫作本書乃是因為相信，未來對基本內在心靈和人類發展之人際過程的科學理解，有賴於對人類實際生存的周遭環境和外在環境的探究，此任務需要建構一個理論架構作為系統性的描述和分析不同場域環境之間的關聯性，以及場域和場域間關聯性所造成對發展的影響過程——包括直接與非直接的。

因此，我偏離發展議題的傳統組織方式——無論是就連續的年齡層（如嬰兒期、兒童期和青少年期）或典型的心理過程（知覺、動機、學習等）。相反地，本書的章節反映出人類發展生態學的理論架構，接續基本概念的定義之後，接下來的章節將處理微觀系統的要素（從第三章至第五章）、這些要素在不同場域中運作的聯合效應（第六章至第八章），以及在中間、外圍和巨觀層次等更高層系統的結構與運作（第九章至第十一章）。

有人也許會問：人類發展生態學一方面與社會心理學相比，另一方面與社會學或人類學相比，究竟有何不同？概括言之，答案在於對「情境脈絡中的發展」（development-in-context）現象的處理。

上述三個社會科學領域不僅範疇遠遠更加廣泛，而且發展現象也非三者的關注。若是將人類發展生態學視為人類發展的社會心理學、社會學或人類學，則又小看生物因素對於心理成長的關鍵性作用，如生理特徵和——特別是——基因性質。本書的確並未敘明生物性的影響，因為如之前所言，如果沒有一個適當的理論架構來分析環境的作用，以至於可以明確地了解生物性和社會作用力的交互作用，是不可能完全了解生物面向的影響為何的。

最後，存在於本生態取向的最核心及最能顯現它與先前其他人類發展研究的區隔，乃在於本生態取向所關注的是發展中個體與其周遭環境之間連續的調適關係，**以及**此關係如何被其相關外在物理與社會環境中各種作用力所影響。人類發展生態學對於個體在社會中的演變之關注，乃是位於生物學、心理學和社會學三者的融合處，其背負著個體在社會中的演變。

詳細描述一些試驗性探究的目的，並非對特定研究內容或方法提供詳盡的分析，也不是要對研究發現和解釋的效度進行確認評量。本書中做某種程度的評估，乃是作為描述實際的可行性、科學的應用，和以生態模式從事人類發展研究之可能重要的成果。所引述的許多作品具有許多傳統優點或缺點，應加以更完整的評論，但在此所考量的生態議題上則不需要。

更會令讀者挫敗的可能是許多引述的研究不足，甚至違反本書中所主張的原則，包括一個特定研究該呈現的基本主張。這是此領域的現狀。我試著找出最佳範例，但大多數都只能滿足部分的要求。現有的人類發展研究中，能使用具生態效度的評量工具來評定發展方程式上的自變項和依變項的嚴謹研究，同時注意到大社會的情境脈絡之影響仍是一個例外而非例行的規則。最好的狀況是有符合一個或兩個重要的判準，但對於生態要求同等重視的其他特徵仍是不足。最常見的典型是符合一端的假設，但不符合另一端的要求。例如，在一個真實生活情境下進行有系統的描述與分析物理和社會情境，通常會使用成果的評量，例如：IQ 測驗、投射技術或實驗處理，但是對所研究的環境卻不知是否適用。相反地，在另一個研究中，依變項可能是完全基於日常生活的經驗與環境，但是自變項卻限於冗長的、二元的，以及通常是有價值取向的標籤（中等社經和勞工階層、黑與白、單親家庭和完整家庭），卻沒有提供其他有關脈絡的證據。這種僅重視一端的研究形式十分普遍，以至於要留意它每次的出現是很累贅的。因此，指出偏離生態模式的要求通常只有在其違反正在討論的原則時。

在此應強調，沒有任何單一研究可以滿足生態研究的所有判準；事實上，這是不需要也不可能的。當研究者了解哪些條件符合或不符合時，即可得到有用的科學資訊。

這些引用研究的另一個缺失同樣顯示出現有發展研究的狀況。我認為發展是指從一個時空到另一個時空的改變；在缺乏關於這種歷程的證據之下，可觀察到的行為改變可能僅反映出對於立即環境的短暫適應而已。要在現有文獻中找到符合重要判準的適當範例，來支持本書中所提出的許多想法，幾乎是不可能的事。事實上，在人類發展領域中，大多數的研究並不探討個體經過一段可觀時間的改變，這些研究結果通常是根據在實驗室或測試室中進行的簡要評定，而且認定在很短時間內的過程所發生的改變，將有持續的效果。

最後兩個無法保證的並非與引述的研究本身有關，而是與這些研究背後產生的假設有關。首先，我的推理也許有時顯得有些遙不可及。再次，因為我僅能使用我所能找到的最佳實例來說明——基於相信有些相關的範例即使離實際的真實有點遠，還是比完全假設性的例子好。

其次，這個作法的辯解即本書中假設的目的，它們並非以絕對的主張被提出。我判斷它們以所被提出的形式而獲得完全證實的機率很小。提出假設的作用基本上乃是啟發性的——以找出問題、範圍和可能值得進行的探究。

本書寫作之目的在於有助於理論與實證研究，其所要達到的目標不是在於書中所呈現的想法被證明是百分之百正確的——這是幾乎不可能的，而是它們提供新的和啟發性的展望，以從科學上了解塑造人類在其生活環境中的發展力量。

第二章 基本觀念

當我們堅稱人類發展是成長中的個體與其環境互動之結果時，亦即在陳述行為科學中十分稀鬆平常的觀念。這個主張對大部分行為科學的學生們而言是熟悉的，不會有人會有意見，而只有極少數人會認為這是一個特殊的觀點，更不用想會有人認為這個觀點能有任何革命性的科學意涵。我是那極少數中的一位；我認為這個陳述是特殊的，因為它產生突出的對照：一方面它普遍地要求雙向的重視，而另一方面，顯然此原則在科學理論及實證上被單向地實行。

具體而言，此原則堅稱行為的改變乃個體與其環境互動之函數結果，用符號表示即 Kurt Lewin 所提出的經典方程式：B＝f（PE）（Lewin, 1935, p. 73）。因此我們可以預期，心理學既然被定義為行為的科學，在檢視個體與其環境時，將給予這個方程式的兩個獨立元素相當的——即使非同等的——重視，並且對於兩者之互動格外地注意。然而，實際上我們發現很明顯的不對稱，異常發達的理論與研究集中於個體的特質，而對於其所處的環境卻只有極粗淺的概念和描述。

只要檢視一般心理學或——特別是——發展心理學的基礎教科書、參考書、手冊及研究期刊，就能了解這對比。當細讀這些資料時，我們很快會發現無窮盡探討個體特質的概念與數據。研究者已可取得成列的人格特質類型、發展階段和氣質的結構，也有每一項相對應之測量方法來提供關於這些個體的能力、氣質和主要行為傾向之具有高區辨力的剖面圖。而對於環境這方面的情況——無論是在理論或實證數據，卻只是簡單的比較。現有的觀念僅限於少數未成熟且低區辨力的類別，這些類別最多只能識別出個體的社會位置——其所來自之環境。因此，當我們檢視在具代表性的兒童心理學與相關領域的課本、指定書目及期刊中出現的關於環境之影響的研究，可發現下列用來描述行為及發展之情境的公式化類型：家庭大小、出生序、單親或雙親家庭、在家或日托、家長或同儕，以及也許亦是最常出現的——社經地位或種族背景的不同。此外，這些研究中的數據組成驚人的大量資料，但不是關於個體所來自之環境，而是這些個體本身的特質，即是在描述來自多元環境的人們彼此是如何的不同。

因此，對於環境影響的解讀，常常以 Lewin 所謂理論的標準術語來措詞；所以，觀察到來自不同環境的兒童的差異（例如，較低階層相對於中產階層、法國相對於美國，或日托相對於在家）被簡單地「解釋」為研究問題中環境的特質。即使環境有被描述，也是用一種靜態的結構，這種結構不容許互動演進的過程。然而，在系統中，個體的行為乃是藉由此過程而被引發、維持，並發展。

最後，也許有點諷刺的是，這些研究中數據的取得，通常是將研究的個案從欲研究的特定情境移到實驗室或心理施測室，[1] 然而，這些非常特殊的情境對被研究行為的可能影響卻很少被考慮到。

可以確定的是，有兩個領域的研究對環境的分析有達到某些程度的明確性，但是，其結果遠不足以滿足生態研究模式的要求。其中一個領域主要是社會心理學，是關於人際關係與小團體的研究。既然人與人面對面的互動是其環境的一部分，有非常多的理論與研究處理人際互動這種環境形式對行為改變的影響。但是，雖然我們有那麼多關於環境**如何**影響行為與發展的理論，實際上，它們卻是關於人際互動過程的理論——增強原則、示範和社會學習。從生態學的觀點來看，這樣的模式有兩個缺失。第一是容易忽略環境中非社會性面向的影響，包括參與者所投入之活動的一些基本特性。第二且更為關鍵的是，將對環境的概念限於單一直接包含個案的情境，這在本書中被稱為**微觀系統**。個人在一個以上的直接環境裡的行為，或環境之間的連結對個別環境內的影響，則很少被注意到。其中最少被注意到的是，直接環境之外的事件以及狀況對於在其環境之內的個人行為和發展之深刻影響。這樣的外部影響，舉例來說可以在定義直接環境對一個人的意義上，扮演十分重要的角色。除非這種可能性在解釋研究結果的理論模式中被考慮到，否則研究發現可能誤導結論，讓我們對人類發展的指標、過程和潛力的科學認識變得狹窄和扭曲。

另外，有一些詳盡描述外在環境情境以及它們對發展之影響的學術研究；這些研究主要在人類學，部分在社會工作、社會精神病學、臨床心理學和社會學。但這些研究中的描述偏重於軼事，而因果的解釋則有高度的主觀和推論性；這是我認為在人類發展的當代研究中不幸和不必要的分裂。尤其是近年來，在這領域的研究依尋著一條分隔的路線，各自僅切過真實科學進展的表面。誤用現代科學的精神，我們擔著被困在硬與**軟**之間的風險。硬是指嚴格，和軟相對。對嚴格的強調導致了設計完美但卻範圍狹隘的實驗。範圍狹隘的原因是許多這些實驗介入是不熟悉、人為和短暫的情況，並且所引發的是難以類化到其他環境的異常行為。從這觀點來看，我們可說發展心理學現在的情況是在研究**兒童在極短時間內、在陌生情境中，並且面對陌生人時之奇怪行為的科學**。[2]

對這樣限制的部分反應是，其他工作者在研究中強調社會相關性，但卻經常不在乎或者公開反對研究的嚴謹。比較極端的情況是，這個取向採取將科學家排除於研究過程中；有一個重要的基金會之政策即本人須是社會不公平的受害者才能接受它們的研究經費。這個取向較不極端的呈現建立在存在取向上，其中「經驗」取代觀察，同時揚棄分析而採取一較個人化和直接通過親密的參與所得的「了解」。更常見且更具科學立場的是著重於自然主義式的觀察，但須基於「理論中立」的規範（Barker and Wright, 1954, p. 14），因此沒有事先明確的研究假設引導，以及在蒐集資料之前未被高度結構化的實驗設計強加汙染。

在人類發展研究中主張自然主義優於實驗方法最精采的論點，乃是強調操弄和控制關鍵的心理成長變項在實務與道德上的不可能。例如，當搜尋現代研究對發展心理學的批評時，McCall（1977）與我的著眼點相同：「我認為，當前我們根本上缺乏自然發展過程的科學研究，因為很少研究關注在自然環境裡發生的發展，而且因為我們實際上很少蒐集或分析真實發展的資料。這個問題的原因乃是對操弄性實驗方法的尊崇，以致其規定了研究問題而不是回答研究問題。」（p. 333）

McCall 接著評論說，實驗方法對於實驗室情境的研究是理想的，但卻不適合研究「在一般自然生活情況中行為的發展」（p. 334），因為實用及道德上的原因，所以不可能操弄和控制所有相關的因素。用 McCall 的話來說：

發展心理學的實驗操控研究本身並沒有錯，但是這樣的方法……往往不可能去執行……。例如，要發展兒童多

> 元的視覺功能須讓兒童接觸不同的視覺模式，但所有兒童都接受適當的光源模式。有些感覺動作活動也許是熟練「施動者—動作—受動者」語言建構的先備條件，但是，幾乎所有兒童都能適量地擁有這些經驗……。我們必須有讓個體缺乏（這些經驗）的假設情境，才能確定發展所需的因素。然而，當兒童是研究的焦點時，倫理的考量排除了大部分實驗剝奪的情況。
>
> 從邏輯與實務的角度來看，我們必須簡單地接受一個事實，就是我們可能永遠也無法驗證行為的自然發展所需之完整或必需的因素，這些行為有些卻代表我們領域的本質。（pp. 335-336）

McCall有力的論點假設，科學實驗的唯一功能是為了建立必要及充分的條件。如我之後的反駁，這樣的假設嚴重地低估實驗方法的科學力量：實驗方法不只對確認假設十分寶貴，它也同等地甚至更適合來發現假設。簡而言之，對於一般科學，尤其是關於在自然情境中之兒童發展的嚴謹研究，實驗法是有力且必要的啟發工具。

因此，我在此所提出的取向拒絕兩個觀點，包括對嚴謹和相關的二分，以及對在自然情境下研究的先備條件與於科學過程初步階段結構化的實驗的可行性二者之間不相容性的假設。此取向亦拒絕一誤導的論點，即由於在物理與生物科學領域，自然觀察法為實驗研究法的先驅，因此，在人類行為與發展的研究中也應該選擇此策略。這樣的解釋將歷史性的過程誤認為因果關係，這樣的誤解代表存在於煽動性的**事後解釋**之邏輯陷阱的又一例子。我認為，如果十九世紀擁有二十世紀的科學研究技術，將能使其世代躍過許多年為了描述生物法則與定律的辛勞與窮盡心力。這並非意指分類學不是一項基礎且重要的工作，而是強調要了解過程，不一定需要一段純粹只是描述性觀察、記錄和分類的時期。事實上，及早應用實驗設計也許可得到更恰當的分類，以達到系統化記錄自然現象的必備工作。

然而，另有一個被強加在自然觀察研究技術上的不必要限制，尤其是被其主要提倡者用在對人的研究上——包括人種誌學家（Jones, 1972; McGrew, 1972）以及堪薩斯學派（Kansas school）的心理生態學者（Barker and Schoggen, 1973; Barker and Wright, 1954）。這兩個團體採用一原本為觀察低於人類的生物種類而發展出來的模式來觀察人類行為。在此模式中所隱含的對環境的觀點，也許對研究動物行為十分恰當，但對研究人類而言，卻是不足的：其觀點只限於直接、具體容納其所研究生物體的環境，並且在僅只一個環境、一個時間點的行為觀察下，僅聚焦於一個個體，至多兩個。如我在以下所提出的駁斥，了解**人類發展**需要不只是對一、兩個人在同一地點的行為的直接觀察，而須檢視在不只一個環境中的多人互動系統，並且考慮到除了直接容納所研究對象的環境之外的其他環境。少了這樣宏觀的角度，很多現代的研究都只能被形容為**脫離情境**的研究。

本書的目的乃為在理論或實證的層面提供一個基礎，將情境的考量納入研究模式中。首先，我提出擴展，然後彙整自然與實驗取向——更準確地說，擴展與彙整根植於這兩個取向之下對環境的理論觀點。我將此漸趨成熟的科學思維稱為**人類發展生態**。

我首先將定義一些關鍵觀念。

定義 1

人類發展生態所牽涉到的科學研究，是活躍成長的個人，與其直接在其中生活且性質會不斷改變的環境，兩者之間逐漸互相的調整。這個調整的過程會受到不同的直接環境之間的關係，以及這些直接環境所屬的大環境影響。

這個定義當中，有三項特點特別值得注意。第一，這個發展中的個人並非僅被視為一張潔白的白紙，任由環境來影響，而是被視為一個成長中且動態的實體。這實體將會逐步移動，並且重新建構其所存在的世界。第二，既然環境也挹注其影響，所需的互相調整過程中，這個人與其環境的互動可被視為雙向的，亦即是**交互來回的**。第三，定義中對發展過程適當的環境並不限於單一個直接環境，而是可以延伸的——包括這些直接環境的連結，以及來自周圍更大的環境所發散出來的影響。這個延伸的環境概念比一般心理學——尤其是發展心理學——更為寬廣而且有層次。這些**生態環境**可以被想像為重疊排列的同心圓結構，一個包含於另一個。這些結構在此被稱為**微觀系統**（microsystem）、**中間系統**（mesosystem）、**外圍系統**（exosystem）和**巨觀系統**（maerosystem），我們將它們的定義羅列於下。

定義 2

微觀系統是指發展中的個人，在一個具獨特物理與物質性質的環境中所經驗到的活動、角色和人際關係模式。

上述環境（setting）是指，人們可以自然地面對面互動的地方，例如：家庭、托兒所、遊樂場等等。而活動、角色和人際關係這些因素，則組成了微觀系統的成分，或其建構元素。

在微觀系統的定義中有一個關鍵詞為經驗到。這個詞是用來指出任何環境中可被視為科學性的特色，不只包括其客觀的性質，也包含在環境中的個人覺知到那些性質的方式。對這個現象學式的強調並非因為任何對行為學觀點的反感，或對存在哲學基礎的偏好，這只是對一不爭事實的簡單陳述。對人類行為及發展影響深遠的外在力量很少可以被客觀的物理情境與事件描述得完全；環境中對塑造心理成長軌跡最有力的面向，絕大部分都是在特定情境中對個人有意義的部分。

當然，這個觀點並非原創的，而是取材於不同領域的許多學者。從哲學與心理學來看，其建構於 Husserl（1950）、Köhler（1938）及 Katz（1930）等人之現象學的觀念。在社會學，有一類似的論點源自於 George Herbert Mead （1934）的角色理論，以及摘要自 Thomas 之「情境的定義」的概念（Thomas and Thomas, 1928）。在精神醫學，同樣的觀點被 Sullivan （1947）巧妙地應用在人際關係與精神病理的研究。在教育方面，此取向可以在 Dewey 對課程設計應反應出兒童的日常生活經驗的重視 （1913, 1916, 1931）中發現。在人類學，此取向已被延伸到對更大的社會系統的分析，其中最值得注意的是 Linton（1936）與 Benedict（1934）的作品。此取向對人類行為普遍的研究的重要性，可以用社會科學的一個主張（也許是唯一的一個，幾乎可說是不變的定律）來概括，即 Thomas 堅定的名言：「如果人所定義的情境夠真實，他們也將得到真實的結果。」（Thomas and Thomas, 1928, p. 572）。

然而，此環境的現象學式概念之結構與論述主要來自於 Kurt

Lewin 的想法，尤其是他所建構的「生活空間」或「心理領域」（1931, 1935, 1951）。Lewin 的觀點認為，最能適當地科學化了解行為與發展的環境，並非所謂的客觀世界，而是個人心中所呈現的世界的現實情況；換言之，他著重於人類所覺知到的自身在其中並與其互動的環境。這個覺知到的環境有一個方面特別重要，即是想像、夢幻與非真實的世界。然而，儘管似乎很豐富，Lewin 的心理領域的理論圖像卻奇怪地缺乏內容。用他自己的話說，他的心理學是「拓樸學式的」（topological），對空間而非實體的系統化描述，充滿了中空的區域與重疊的結構，被界線隔開，而由互通的連結與通道相連，並且在前往非特定目標的途中被障礙物與迂迴的通道包圍住。Lewin 的思維最不正統的部分是將引發動機的力量處理為從環境本身發出，而非由個人的內在。物體、活動，以及特別是他人所傳送出的力道、原子架和向量會吸引或排斥，也因此操縱行為與發展的方向。

這些到底具體而言是什麼意思呢？先不論其應用性，一個這樣的理論有什麼道理？其中，個體所覺知的比實際發生的還重要，不真實的比真實的還要確切，而那些引發行為的動機竟存在於外在物體、活動和其他人；並且，這些複雜結構的內容仍不具體？更明白地說，怎麼有人可以將如此空泛的抽象概念運用在日常生活的環境，或者，為什麼會有人為了這個目的而希望這樣做？

這些問題的答案可能可以從 Lewin 最早的論文〈戰爭風景〉（Kriegslandschaft）中尋得。這篇文章發表於一次世界大戰結束時，當時，他在陸軍度過幾年，大部分在前線，並曾在前線的戰役中受傷。此文刊登於 *Zeitschrift für Angewandte Psychologie*（1917），代表了他所有基本理論概念的精采草圖。在這篇傑作中，Lewin 描述當一個人更接近前線時，他所覺知到的真實風景是如何改變的。本來看為可愛的鄉村景色（如農莊、田野及林地）漸漸轉變。林木隱蔽的山丘頂成為瞭望台，它所遮掩的一邊成為槍手的掩護；一個未曝露的空洞被視為可能的兵力支援站；僅幾公里外本來悅目的自然風景，現在被視為不利的：讓人害怕的小路、掩護的樹木、藏匿著看不見的敵人的山丘、將被擄獲的看不見的目標；戰爭的環境特徵恐嚇著、招引著、安撫著與操縱著一個人通過此地的途徑，雖然只在前線後方一小段距離，卻無法客觀地從背景裡分辨出安全的地點與時刻。

此處呈現了後來成為 Lewin 清晰且系統化的理論：現象學式的環境超過真實環境對行為的主導性；完全用環境的客觀性質而不考慮對其中的人的意義來了解行為的不可能性；環境中物體與事件明顯的趨動特質；以及——特別是——不真實與想像的重要性：看不見的敵人、熱騰騰的一餐的允諾、活著入睡或清醒地度過另一個夜晚的盼望。有什麼比這更實際？

在此也同時解釋了為什麼 Lewin 不願意預先確定心理領域的內容：它是仍待探索的區域。因此，這樣的探索成為心理科學的一項重要工作：我們必須實際發現人們如何覺知其所在的情境。再一次，Lewin 區分出在日常生活中可能會捉住人們注意的兩個面向而未明指其內容。第一個面向是 Tätigkeit，也許最好是翻譯為「持續進行的活動」；這指一個人認為他自己或其他人所投入的任務或操作。第二個明顯的面向牽涉到在情境中的人們彼此間連結的覺知，這並不是指不同團體間關係的人際感覺，而是一個團體的成員投入於共同、互補或相對而言獨立的工作。

除了 Lewin 特別強調的這兩個面向，微觀系統的概念牽涉到第三個特徵，即角色的問題，這也是被 Mead 及 Thomas 學派的社會學理論所強調的。在此，我們可以採用社會科學對角色的標準定義：在社會中，與某一身分相關的一組行為與期望，例如：母親、嬰兒、老師、朋友等等。

這個現象學式的觀點亦適用於下一個，以及更多層的生態結構。

定義 3

中間系統是由一發展中的個人活躍參與其中的兩個或更多個環境之間的連結（例如，對兒童來說，即家庭、學校，以及鄰近社區的同儕團體間的關係；對成人而言，即家庭、工作及社交生活間的連結）。

因此，一個中間系統乃是一組微觀系統的系統。當一發展中的個人一旦進入一個新的環境，中間系統就被形成或延伸了。除了這種主要的連結，還有其他不同形式的連繫：也同時活躍於這兩個情境的其他人、一個社交網絡間的連接、環境間正式與非正式的溝通，以及——顯然又是屬於現象學式的領域——在一環境中對另一環境的知識與態度之範圍與性質。

定義 4

外圍系統指一個或多個發展中的個體未主動參與其中的環境，但其中所發生的事件卻會影響到個體所在的環境，或被其所影響。

例如，對幼兒而言，外圍系統可能包括父母工作的場所、兄姊上學的班級、父母的朋友圈、地方學校委員會的活動等等。

定義 5

巨觀系統指在較其低層的系統（微觀、中間及外圍）之形式與內容上的一致性，其存在於或可能存在於次文化或文化整體的層次，包括在這些一致性底下的信念或意識型態。

例如，在一個特定的社會——就以法國來說，一間托兒所、學校教室、公園遊戲場、咖啡座或郵局，看起來與其功能都和另一間很像，但卻和在美國的相對應部分不一樣；宛如在每個國家的各種環境是依同一組藍圖所建構的，呈現出超出微觀系統層次的一種形式上相似的差異。因此，家庭與學校的關係在法國與在我國迥然不同。但是，在每一個社會之內也有著一致性的差別模式。在不同國家裡，家庭、托兒所、社區、工作環境，以及這些環境之間的關係，對富有的家庭與貧窮的家庭都同樣不同。這類在個別社會之下的對比，亦代表巨觀系統的現象。對不同社經地位、種族、信仰，以及其他次文化的族群之系統藍圖是不同的，反映出相對的信仰體系及生活方式；反之，也確立了對每一個族群獨特的生態環境。

我故意在巨觀系統的定義中提到「或可能存在」的字眼，是希望能超越現有的巨觀系統的概念，並將其延伸以產生未來可能的藍圖，如社會政治領導者、社會計畫者、哲學家，以及從事批判分析與實驗非主流社會系統的社會科學家所反應的景象。

既然已經介紹了生態環境的結構，我們現在要來確認穿越生態空間的一種普遍的移動現象——這是發展改變的一個產物，同時也是改變的生產者。

定義 6

一個生態轉銜發生於當一個人在其生態環境的位置因角色、情境，或兩者同時變化而被改變的時候。

如在這裡所定義的，生態轉銜事件可發生在整個生命歷程中。在此僅有限地指出一些例子：母親第一次見到她的新生兒；母親和嬰孩從醫院回家；保姆的更換；孩子進入日托；更年幼的手足出生；強尼或瑪麗去上學、升級、畢業，或者或許退學。之後，還有找到工作、換工作、失業；結婚、決定有孩子；有親戚或朋友搬進來（和再搬出去）；買第一輛家庭用車、電視機或房子；渡假、旅行；搬家；離婚、再婚；改變職業；移民；或轉向更加普遍的主題：生病、就醫、康復；返回工作、退休；還有最後沒有例外的轉銜——死亡。

我提出的論點為每個生態轉銜是發展過程的結果，同時也是誘因。由上述例子可知，轉銜是生物性變化和環境情況變動之共同作用；因此，它們是呈現個體與其周圍環境互相調適過程之最好的代表範例，即我所謂的人類發展生態學之主要重點。此外，環境的變化可能發生在生態環境的四個系統中的任何一個。更年幼的手足的誕生是一個微觀系統的現象，開始上學會改變中間及外圍系統，而移民到其他國家（或者僅是參觀一個來自不同社經地位或文化背景的朋友的家）則牽涉到巨觀系統的範圍。最後，從研究的觀點來看，每一生態轉銜實際上構成一個現成的具備前後測設計的自然實驗，而每個個體就是他自己的對照組。整體而言，生態轉銜為發展現象的發生與系統化的研究提供了很好的場景。

回歸到最基本的問題是：從生態理論的觀點如何看待發展。這裡所呈現的論點自主張發展從未在真空中發生開始；發展總是根植於且藉由特定環境中的行為而表現。

定義 7

人類發展是一成長中的個體獲得對生態環境更加分化及準確之概念的一個過程，同時，也因此被引發動機和能夠投入活動以發現此環境的性質、維護或重建此環境成為形式與內容相似或更加複雜的層次。

這個定義有三個特別值得注意的特點。首先，發展所牽涉到的個體特質的變化既不是瞬息的，也不是視情況而定的；它暗示了時間和空間之連續性的重整。其次，發展的變化同時產生在兩個向度，即感官知覺與行動。第三，從一個理論觀點來看，這些向度的每一個都有個與生態環境的四層系統相對應的結構。因此，在感官知覺的向度的問題為成長中的個體對其直接環境之外的世界觀到何種程度，包括他活躍參與的其他環境的全貌、這些環境之間的關係、那些他未親身接觸的外在環境的本質和影響，以及最後他自己或其他文化及次文化中之社會組織、信仰系統和生活方式的固定模式。相似地，在行動向度的問題是個體使用有效策略的能力來：第一，提供關於存在於較遙遠層次的系統的本質之準確回饋；第二，使這些系統繼續運作；以及第三，重整現有的系統或創造新的相當或更高層次的系統，以更符合他的需求。稍後我將盡力解釋這個雙面的發展生態觀可以如何卓有成效地同時被應用於從現有的研究研究結果獲得更加豐富的科學結果，與設計新的研究以促進對人類發展的本質、途徑和條件的認識。

在情境脈絡中的發展的生態觀也對研究方法和設計有一些啟示。首先，它賦予重要性給一個最近經常在發展研究相關的討論中被提及的概念——**生態效度**（ecological validity），並提供一系統化的定義之理論依據。雖然這個名詞仍沒有可被接受的定義，但你可從這些討論找到一個共同的基礎觀念來推論：如果一個研究是在一個自然情境中進行，並且融入日常生活中的物體和活動，它就具有生態效度。雖然我最初被這個觀點吸引，但反思過後，我不僅認為它太過簡單，而且在幾個方面是不科學的。第一，當我完全同意應該將研究活動延伸至實驗室外時，我卻懷疑僅僅因為是在真實生活情境下進行，就直接肯定這樣的研究科學上的正統性。更加武斷的是其相反的應用，在一個非自然情境進行的研究就必定無生態效度，因此，在科學上的質疑只是根據事前的基礎。這樣肯定是先論斷了這個問題。再者，照**生態效度**這個名詞目前被使用的情形，邏輯上與傳統的效度的定義並沒有關係；傳統的效度是指一個研究測量它應該測量的準確程度。的確，以這兩個名詞為基礎的理論假設之間是有基本上的衝突。在傳統的定義上，效度最後是由研究的問題的本質來決定。相反地，生態效度如依此所定義的看來，是絕對地由研究所進行的情境來決定，與所研究的問題無關。對任何研究企圖來說，評估無論何種種類的效度，這個最後的考慮一定是最具決定性的。

同時，根據目前證據顯示，有另一個與考量生態效度有關的原則不容被忽視，就是主張研究所進行的環境或研究對象所來自的環境之性質會影響研究的過程，從而影響研究結果的解釋和推論。

因此，我試圖擬定一個同時考慮到這兩項原則的生態效度之定義。一旦開始進行這個任務，它其實不難達到。僅需要在邏輯上引申對效度的傳統定義。傳統定義的焦點是局限的，只適用於研究操作所採用的測量步驟，這裡所提的生態效度的定義擴展原來概念的範圍，以含括研究進行的環境的情境。

定義 8

生態效度指在一個科學研究中，研究對象所經驗的環境與研究者所假設的環境性質的一致程度。

再次用「經驗」這個詞在定義中強調現象學領域在生態研究中的重要。只要研究對象對所研究的環境的感知與研究者所假設的環境條件有差距，任何科學努力的生態效度將令人懷疑。這意味著在對人類行為與發展的探究中不僅被期許，而且必須考慮到研究對象是如何感知和理解研究的情境。這個原則的重要性將在本書的後續部分中越發明顯，我們將由生態效度的角度來檢視特定的研究，而我們將發現合理並可以取代原來解釋的不同解釋——這些不同的解釋若非我們至少有些了解研究對象對情境的定義是無法達到的。

在少數對生態效度的概念系統化的分析中，Michael Cole 和他的同事（1978）指出，要確定研究對象如何看待情境是非常困難的任務，而心理學研究者還不知道怎樣做到這點。他們接著辯稱，Lewin 強調這個原則為生態效度的中心（1943），其很難符合與 Lewin 同期的 Egon Brunswik（1943, 1956, 1957）對此概念所提出的另一種模式的科學要求。Brunswik 對這個名詞的使用更加狹隘，其用在較傳統的心理學的感知問題——指一個在近處的線索和在遠端環境中與其有關的物體之間的關係。這個觀念中的生態部分源自 Brunswik 堅持的「表徵設計」（representative design）。他認為，要建構一心理過程的存在必須證明它不僅發生在個體的樣本，也發生在不同情境的樣本；這種環境採樣的目的是顯示這個現象「具有相當於正常生活情境的普遍性」（1943, p.265）。

雖然我讚賞Brunswik強調日常生活情境是基礎研究重要的參考值，但我之後（在第六章）會對Brunswik及大部分當代心理學的論點之基本假設提出討論，即他們認為研究人類行為時，只有在不同情境中都不會改變的過程才有科學價值。不過，此時這裡我們所關注的是Cole和他同事的論點，就是無關理論而在實務上，Lewin和Brunswik的生態要求亦是彼此不相容的。他們聲稱若要堅持研究在各種不同的情境下進行，同時要求檢視每個情境對研究對象的心理意義，將造成研究者「極大的負擔」，其「或許超過心理學可以（或心理學家有意願）去做的」（Cole, Hodd, and McDermott, 1978, p.36）。

這是一個嚴重的控訴，值得我們認真以對。第一個回應並不會解決這個難題，只是重申這是不可避免的。無視情境對研究對象的意義，將置研究於獲得不正確結論的危機之下，尤其是研究人類發展的公共政策。因此，忽視這樣的可能性對科學與社會都是不負責任的。但如何處理Cole和他的同事們所提出的難題？諷刺的是，一種解決方式可以在 Cole 自己的研究中發現。在兩本重要的著作中（Cole and Scribner, 1974; Cole et al., 1971），他和他的同事所持的立場是在特定的社會環境，很多行為的意義是可以被理解的，只要觀察者與研究對象在那個情境中擔任類似的角色，並且觀察者是該情境所屬或研究對象所來自的次文化的一員，或者對其有相當豐富的經驗。這種條件仍有很大造成錯誤解讀的空間，但已大大減少了可能的嚴重錯誤解釋。這很像一個人在國際會議上進行同步翻譯時所面臨的情形；要完成這項任務，一位說母語的本土人士是有幫助的，但並非絕對必要；然而，必要條件是對國際會議的方式有經驗、對主題有相當的認識，並且能完全掌握兩種語言。

這些條件的性質和必要性對同步翻譯而言，顯然是足夠的。此外，它們也被嚴格地遵守，這主要是因為與會者能取得會議紀錄，並且具有更正翻譯內容的權力。至於人類行為研究者的情況則有所不同的。在此情況下，條件的要求是比較單向的：重點是掌握知識、技術和科學語言的環境，而不是被研究的環境或人。確實，後者很少被告知科學實驗紀錄的內容，並且無權改變它。在沒有人能指認基於對事實錯誤的認知所產生的不實解釋的情況下，我很誠實地說，不智的研究者可能會做成錯誤的結論。只要被研究者能參與科學的探索，錯誤的風險將大幅降低。

讓研究對象的世界中的人參與研究過程，意味著行為科學中的研究者與研究對象的傳統關係之重大調整。如實驗室中典型實驗者—研究對象的模式所反應的，前者通常被雙方共同認為擁有更多的知識和掌控力，而後者則被要求和期望來接受設置好的情況，並應要求予以合作。生態取向則強調研究對象對情況的定義，比參與研究的人的知識和主動性更重要得多。實驗的指示與操弄並非被排除，但是朝釐清或確定環境的客觀特性的方向（如選擇環境、調動角色、分配任務），而不是指定研究對象應表現的特定方式。因為讓在特定環境下的活動自然浮現時，研究者可以取得參與者對此情境之心理意義的證據。

當然，還有其他策略可以探測心理領域的內涵，包括事後訪談參與者，以得知他們對情境所回溯的觀點是否與研究者的用意一致，並且在不同環境（例如家庭和實驗室）進行同一活動，以確定情境是否有系統化的影響。

但即使所有的這些措施都做到了，即使觀察者充分熟悉環境和次文化，研究情境能讓參與者十分自由地主動開始一些活動，之後有機會檢視並回饋科學研究的結果及其解釋，並且在不同情境下進行研究以顯示特定環境的特點——即使是實現這一切，要確認被研究的人如何感知研究情境仍然存在著嚴重的問題。特別是在發展研究上，有些有趣但無法解決的問題在於了解尚無法藉由語言透露其心理經驗之嬰幼兒的現象世界。即使是成年人，也無法避免因研究者所沒有察覺到的、基於以往經驗與內部狀況而產生的特別感受。

無疑地，是這些因素使 Cole 和他的同伴在其特別有興趣的領域——認知發展——對於建立現象學式基礎的生態效度的重要性和可行性，採取有條件地認同的立場。在他們分析的最後一段落，提出這個嚴肅的結論：

> 我們需要盡可能知道研究對象對所面對的任務的反應，因為這對 Brunswik 和 Bronfenbrenner 所提的生態效度的概念而言是很重要的資訊。目前對達成這些目標的方法尚無共識。由於一些研究者——包括我們自己——已致力於必需的方法，闡明認知操作的生態效度應作為未來規劃的盼望。自從 Brunswik 和 Lewin 在前一個時代的討論以來，我們在這個問題上進展甚微。（1978, p. 37）

與 Cole 和他的同伴的工作相同，本書企圖藉由提供一理論架構，從微觀系統的三個成分（活動、角色和關係）來分析心理的生活空間，讓此領域能超越 Brunswik 和 Lewin 的先驅想法再往前一步。這個努力不一定能帶領我們走得太遠，但任何有關被感知的環境特質的額外訊息，就是情境脈絡中發展的科學研究的收穫。此處的基礎較Cole和他的同伴所正確地提出的實作困境樂觀，因為沒有必要也不可能完全了解研究參與者所感知的情境。就像物理上的無磨擦運動，生態效度是要努力趨近的目標，但永不會達到。不過，當對它的估計越接近真實時，科學就越清楚了解發展中的個體，以及與其功能有關的物理和社會環境的面向之間複雜的相互作用。

這個相互作用的範圍提醒了研究對象與研究者對研究情境的觀點之間的對應關係，更合適的名稱應叫**現象效度**（phenomenological validity），其只是生態效度的一個部分。錯誤的解釋也可能是因為研究者沒有考慮到在特定情境中所運作的各種環境影響力，包括來自研究對象所處的直接環境之外的情境——中間、外圍和巨觀系統的影響。

我所提出的生態效度的問題，可被視為隱含在科學效度的傳統定義之內，因為當一特定的科學測量步驟無法辨認出在研究對象與研究者間，關於對情境或研究情境之外影響的定義之差異時，此步驟能否測出應該要測的，終究是值得懷疑的。這個論點是十分合邏輯的；問題是，它準確的推論事實上是否會被肯定和注意——當缺乏明確的要求要考慮（無論是實際或感知的）會左右研究操作的效度之環境影響。這個考量指出定出一套生態效度的標準的必要性。

最後，這個定義並不事先認定任何特定的情境為有效或無效。因此，根據研究問題，實驗室也許就是對一研究最適合的情境，而有些真實生活環境則非常不適合。假設某人有興趣研究當兒童被放在一個陌生而不熟悉的環境時，母親和兒童之間的互動情形。很顯然，實驗室遠比家裡更接近這個情況。相反地，若研究的焦點是普遍在家庭中親子活動形式的模式，限制於實驗室中的觀察就會誤導了。如我將在第六章中指出的，許多研究的發現顯示，親子在家中和在實驗室中的互動模式，可以是全然且是系統化的不同。不過，再一次，在實驗室與在家中所觀察到的研究結果不相同，這個事實不能被解讀為一個環境優於另外一個的證據，除非是針對某個特定的研究問題。這樣的差異最低限度可用來顯示實驗室作為一個生態情境的特別性質；更重要的是，這展示了實驗室作為生態對照的力量——此對照尚未被運用於顯示其他種類的情境影響行為與發展的獨特特性。從這個觀點來看，透過實驗室與田野研究密切與持續的互動而得到的新知，乃增加了生態取向而非減少了實驗室研究的機會。

在較普遍的層面上，實驗室與實際生活情境中所得結果的比較，提供了基本策略的一個例子，可以示範生態效度或發現對生態效度的需求。就像這個概念的定義一樣，這個方法代表傳統形式檢視效度所使用的步驟的延伸。這個測試研究操作背後的生態理論的例子——關於研究所進行的環境之性質與普遍性的假設，基本上是建立構念效度的一個過程（Cronbach and Meehl, 1955）。當一個實驗室內的研究要被視為可以代表其他地方所出現的行為時，需要提供類似的活動在其他情境實證上相關的證明；換句話說，必須對照一套外在生態標準來確認，並且明確考慮到系統化變異的可能性。此外，也要了解到這樣的變異可能以差異的形式出現，其不僅在平均的反應，也在關係的整體模式，以及在它們被假定會反應的隱含過程中。

在人類發展生態的研究中，能類化到不同情境之重要性還有另一個原因。即使生態效度已經被建立了，仍往往需要達到另一個標準：每當研究假設表示——而常常是如此——發展實際上已發生了，就必須為這樣的結果提供證明，才能說這個假設得到實證支持。如我之前所強調的，發展意味的改變不僅僅是短暫或在特定環境。因此，只顯示在環境中的某一變動所造成的行為改變是不夠的，還必須展示這個改變顯示了在不同時間、地點，或兩者同時的不變性。我們稱此為**發展效度**（developmental validity）的建立，其定義如下。

定義 9

為顯示人類發展已經發生，必須證實個體的觀念與活動的改變在其他情境與時間仍繼續存在；這樣的展示就稱為發展效度。

即使最粗略地檢視已發表之關於人類發展的研究，也可知這個原則被違反時較被奉行時更受人重視。尤其是在實驗室的研究，聲稱有發展效度的研究提供的證明數據，往往都只限於單一情境與非常短暫的時間。

研究設計的決定是根據理論上的考量所訂定的，這對任何科學的努力應該都是真確的。既然關於在互相依賴與重疊的情境中，有人與環境互動的複雜概念，關於這些相依性該如何被實證地研究的問題就會浮現。我辯論的觀點是，對未來的研究，在最初的階段，特別適合這個目的的策略是一個**生態實驗**，定義如下。

定義 10

一生態實驗是透過在兩個或兩個以上的環境系統，或它們的結構成分之間的系統化對照，盡力來探討成長中的個人與其環境間之不斷進展的調適，並且以隨機分派（計畫性的實驗）或配對（自然實驗）小心嘗試控制其他影響的來源。

我故意避開在研究文獻中普遍使用的**準實驗**（quasi-experiment）這個名詞，因為它意味著較不嚴謹的實驗方法；我認為這樣的用法是無嚴格的科學基礎的。有些自然實驗設計的例子使用較關鍵的對照，以確保更多的客觀性，並且融入更準確及理論上更重要的影響——簡而言之，較針對同一研究問題之最可能做到的實驗研究更精緻與更符合「實在」的科學。

就其他方面來看，這個定義的語氣讓人感覺熟悉。為了保持一開始對嚴謹的承諾，這個定義的主要內容是對實驗方法之基本邏輯的重述。在這個陳述中新鮮的和也許是可爭議的，不是所倡導的步驟，而是時間點與應用的對象。我在此提議的是，這樣的實驗在科學探索一開始的階段被採用，不是為了測試假設這樣尋常的目的（雖然這個策略常被用以達到此目的），而是為了**探索性的目的**——即系統化地分析存在於個人與周圍環境之間的調適的特性。

早期實驗的需要來自於研究問題的特質。個人與環境之間的「調適」或「配合」不是一個容易辨認的現象。在這裡，光是看是不夠的，如同歌德以其詩人的先見所寫的：「什麼是最困難的？就是對你而言看起來似乎是最容易的，就是透過雙眼來看是什麼呈現在眼前（Was ist das Schwerste von allem? Was dir das Leichste dünket, mit den Augen zu sehen, was vor den Augen dir liegt）。」（*Xenien aus dem Nachlass* #45.）

如果光看是不夠的，還要做些什麼呢？觀察者如何能夠激發他對所觀察對象的重要特質的敏銳度？四十年前，這個問題的答案遠在我可以了解之前，我在研究所的第一位導師 Walter Fenno Dearborn 就已告訴我。他曾以溫和、清晰的新英格蘭口音說：「Bronfenbrenner，如果你想了解某件事，就試著去改變它。」無論一個研究改變的人是否設計實驗來特意改變情境，或者有系統地利用「自然的實驗」，其科學的目的和效果是一樣的；其實驗方法的核心是透過列出相似但不同的可造成它放大的力量，來最大化個人對現象的敏感度。

這裡對早期和持續應用的實驗模式所呈現的例子，不應該被誤解為對其他方法的異議，如俗名誌描述、自然觀察、個案研究、田野調查等等，這些策略能提供寶貴的科學訊息與洞見。這裡所提的觀點是正面的——就是實驗在生態研究中扮演著關鍵的角色，不僅是為了測試假設的目的而已，也是為了在較早階段發現與分析直接環境以及其他環境的特質。透過修改Dearborn的金玉良言來運用在生態領域，可以顯示出實驗對這個目的特別適合：如果你想要了解發展中的個人與其環境的幾個面向之間的關係，試著使一方微微移動，然後看看另一方會如何。隱含於這個指示的是，認定個人與環境之間的關係具有一個系統的特質，且有其自己的動量；發現這個慣性之特性的唯一方法，就是試著去攪亂其既有的平衡。

從這個觀點來看，生態實驗的主要目的不是測試假設，而是發現——指認出那些系統的特質，以及個人的行為與發展所影響或被影響的過程。此外，如果目標是識別系統的特性，那麼很重要的是，當考慮將觀察限制於單一環境、單一變數，或是一次一個研究對象時，不由研究設計中排除這些系統特性。人類的環境以及——更加如此的是——人適應和調整環境的能力，是如此複雜的基本組織。因此，它們不太可能被簡單的單一面向且不提供生態結構和變化評估的研究模式捕捉到。有別於在傳統實驗中，研究者一次專注於一個變數，然後企圖「排除出」其他的變數，生態研究者在實際可行和嚴謹之實驗設計的範圍內，試圖「控制住」越多越好的理論上相關的生態對照。只有這樣，才能評估一個現象在一具體生態情境之外的普遍性，從發展的角度來看，同樣重要的是，確定成長中個體與其變化中的環境之間相互調適的過程。例如，研究社會化策略時，研究者最好不僅如一般所做的，使用社會階級來分層抽樣，並且也用家庭結構和／或托兒環境（家庭或托育中心）。這樣由兩個或兩個以上的生態面向的分層提供了一個系統化的分化，並且因而具敏感潛力的網絡，因此，可以探測和描述個體—環境在一系列生態脈絡的互動。另外，既然現代人適應環境的能力優越，這些模式很可能會複雜而非簡單。有點瓦解傳統實驗設計的專門說法是，**在生態研究中，最主要的效果很可能是互動。**

有一個論點的趨勢是呼籲在不止一個情境中執行研究，以及依在情境內和跨情境的生態類型多重分類。這論點招致的反駁是，在執行上的工作量與所需的研究對象數目是不切實際的。因此，在這種情況下，批評者會認為，只能在大型專案研究人類發展的生態，其大大地超出許多已有所成就的科學家通常可得到的人力和物力資源，更遑論年輕的研究者與研究生了。雖然一些大型的研究確實是值得嚮往的，對這裡主張的研究模式卻沒有必要的關係。重要的並不是規模，而是結構的設計。舉例來說，研究生態轉銜——如弟妹的出生對孩童的影響、入學和持續就學所對應的兒童在家行為之改變、一個新手父親對青少年的適應、父母失業對家庭的衝擊——絕不需要一大批研究對象，而且可以輕易地讓研究生或甚至大學生來執行，特別是如果他們攜手合作。更進一步來看，分層不一定需要增加更多的研究對象，只需要有系統地確認研究對象所來自的不同生態情境，並且刻意選擇以確保至少最重要和無法避免的對照都有系統性地被呈現，而不是任由機率產生。若不留心地任其發生，不僅加大實驗誤差，也可能讓研究者對會影響發展方向的不同生態環境間的相互作用一無所知。使用分層所引發的自由度的喪失，我認為其超過了關於整體情境效果的知識之獲得所能補償的。接下來的幾章所回顧的具體研究，描繪出這樣相互作用的發生，以及其對科學和社會政策的重要，這裡面很多都是由單一位研究者所執行的小規模研究。

我強調了用生態實驗來研究發展中的個體所處的直接環境之外的情境影響在科學上的重要性，在這方面最有力的是針對巨觀系統之性質的研究。有兩個主要策略被用來研究情境中的發展一致的模式，這些模式能描繪出文化和次文化特徵。首先是比較現有族群，如很多社會經濟和種族差異研究育兒的作法和行為的例子，但由於這些研究著重於個人特質，幾乎排除個體所來自的社會情境的特質，他們對開啟個人與環境之間的調適過程——即人類發展生態的核心，幾乎沒有貢獻。雖然在這種狹隘的觀點中有一些例外，但這些視野較廣的研究者與所有嚴謹的自然研究都有的共同缺點是，只限於現在存在或過去曾發生的巨觀系統的變化，除了冒險的推論外，並未計畫探索未來的可能性。

這樣設限於對現狀的興趣，呈現出美國在人類發展研究的一個獨特特徵。首次提醒我注意這樣短視的理論觀點的是莫斯科大學教授 A. N. Leontiev。當時，在十多年前，我是那裡心理學研究所的交換科學家，我們一直在討論蘇聯和美國人類發展研究背後基本假設的不同。總結其意見，Leontiev 教授提出了以下判斷：「在我看來，美國研究人員一直試圖解釋兒童如何發展成他現在的樣子；但我們在蘇聯並非努力於發現兒童如何發展成他現在的樣子，而是他怎能成為他還不是的樣子。」

Leontiev 的說法自然令人想起 Dearborn 的指示（「如果你想了解某件事，就試著去改變它。」），但其更進一步；事實上，Leontiev 認為這是革命性的影響。蘇聯心理學家常說「改造實驗」，他們的意思是實驗從根本上重新建構了環境，產生新的格局，能激發出研究對象之前未被了解的潛在行為。俄羅斯發展心理學家的確高明於設計巧妙的實驗來引發新的反應模式，主要在心理動作與認知發展方面（Cole and Maltzman, 1969）。但是，一旦蘇聯研究移到實驗室之外，失去控制組，以軼事資料取代系統化資料，所有的改造實驗往往退化成按照預設思維所指定去遵行的過程和結果。

雖然原因大不相同，美國人類發展研究進行在現實世界中的改造實驗同樣罕見。如 Leontiev 暗示的，我們進入現實社會的科學冒險大多數永遠使現狀不朽；以至當我們在研究中納入生態環境，我們選擇和對待這些環境如同社會學上已知的事實，而非易受重要轉變影響的演變中的社會系統。因此，我們研究社會階級差別的發展、種族差異、城鄉差異——或在下一層次，單親相對於雙親家庭的兒童、家庭規模的大小，好像這些結構的性質發展的結果是永遠固定不變的，除非發生了激烈的變化則也許會改變。我們不願嘗試以新的社會形式為情境的實驗來了解人類的潛能。「畢竟，」我們說，「你不能改變人性。」這個戒律是我們國家社會政策的立場，和我們許多人類發展的科學研究之基礎。

要研究巨觀系統的改變需要轉換被用在實驗中的對照之特性。比較對已存在文化中的系統發展或系統成分的影響是一件事，運用代表重新建構既有制度的形式與價值的實驗修正，則又是另一回事。

最後一個亦是最需要的：闡述人類發展生態研究的性質和範圍的基本定義，指出一個這領域的科研工作可以採取的策略。

定義 11

改造實驗牽涉到系統化地改變和重新建構現有的生態系統，以挑戰在一特定文化或次文化之社會組織形式、信仰體系和生活型態的方式。

改造實驗系統化地改變一巨觀系統的某些部分。這樣的改變透過消除、修正，或增加成分與連結，可能影響到任何層次（從微觀到外圍）的生態環境。

有一個貫穿所有人類發展的實驗生態學之基本概念的通用原則這個原則就是一系列描述適合用來研究情境脈絡中的發展模式之獨特特徵主張中的第一個。

主張A

在生態研究中，個人和環境的特質、環境背景的結構，以及在它們之內和之間發生的過程，應視為相互依存，並且可以用系統的方式來分析。

這些相互依存方式的具體描述成為這裡所提出的取向的一個主要任務，本書的其餘部分代表朝這個方向努力的一個開始。在之後的章節，我從理論和研究設計上，同時更詳細地概述了適合用來分析四個環境層次的發展情境和過程的生態模式之獨特特性。在每一層次，我舉一個或多個具體研究實例，若有就用實際範例，若無則用假設的例子；用示範或預設的例子以說明這些獨特的特性。

如之前指出的原因，設計精緻的生態實驗仍然不容易找到，因此，我得創造一些不存在的例子。此外，在許多情況下，不僅缺乏相關的研究，同時也缺乏研究構想，因此，接下去各章所包括的為提出的假設多於研究。

既然提出的假設從來沒有被測試過——至少是在它們被提出的形式和情境下，通常不會有與其效度有關的直接實際證明。不過，在選擇研究說明實例時，我盡力挑選那些至少顯示出保證所假定之關係的；這些證明大部分是依情況而定，並且絕不會完全令人信服或完整。因此，就目前而言，這些假設只能從理論基礎上來判斷與辯證，最終實證研究的測試仍有待向前邁進。

當測試來臨時，這些假設可能被證明無效，但是這樣的結果在科學上既不是少見的，也不是不值得尊敬的。不過，所提出的研究可能會有較不光榮的命運。既然它們是從未被嘗試的研究構想——如德國心理學家所稱的想像實驗（Gedanken experiment），努力實施即可能發現其觀念、設計，或可行性上致命的缺陷。但我希望至少它們能為未來的研究者指出一條通往豐碩的科學發現的道路。

PART

第二篇

情境的要素

第三章

琢磨活動的本質和作用

我將從關於琢磨活動（molar activities）的討論開始考量微觀系統的成分，因為這些活動構成了個體發展，以及誘導和影響此發展最強有力的環境力量之主要且最直接的展現——即其他人的作為。更加明確地說：由發展中的個人所表現的琢磨活動，是心理成長的程度和本質的指標；而在其情境中的其他人所表現的，則將構成環境對發展中個人**直接**影響的主要媒介。

所有琢磨活動都是以行為的形式進行，但不是所有行為都是琢磨活動。這樣區分的原因乃基於相信並非所有行為在發展上的展現及影響都同等重要。許多行為是如此短暫，以至於只能產生微少的意義；這些可被稱為**分子行為**（molecular behaviors）。有些其他行為較為持久，但因為它們對環境中的參與者並無意義，其影響可被忽略。琢磨活動的定義因而強調除了一段時間的持續，並且對在現象場域中正在發展的個人和在場域中的其他人具有其獨到之處。

定義 12

琢磨活動是指持續進行中的行為，擁有自己的動量，並對環境中的參與者具有意義或意圖。

琢磨（molar）和**持續**（ongoing）這些詞是用來強調這樣的活動不是僅僅像一個動作或一句話那樣的短暫事件；反之，它是一個不僅只於起點或終點的**繼續的過程**（continuing process）。琢磨活動與**動作**（act）的區別在於動作是瞬間的。因此，動作的特性是分子，例如：微笑、敲門、問一個問題或回答；以下則是琢磨活動：堆積木塔、挖掘水溝、讀一本書，或在電話中對談。

琢磨活動第二個更加獨特的特性——也就是被 Lewin 和他的學生所強調的——是具有自己的**動量**（momentum）之事實，即一能堅持一段時間並抵抗干擾直到活動完成（Ovsiankina, 1928）的張力系統（Lewin, 1935）。這動量的絕大部分是由意圖的存在而產生的（Birenbaum, 1930）——即繼續做正在做的事的慾望，無論是為了它本身的緣故，或作為達到另外目標的手段。意圖的存在創造了完成的動機，並相對地，產生堅持不懈和對干擾的抵抗。有些琢磨活動的意圖並不明顯，至少不是以有意識的目標形式（例如：睡覺、做白日夢，或在房間裡無目標地亂跑），但是在這些例子中，意圖的缺乏反而使其意圖益發明顯。因此，從眾所認定的可知感知得到目標，是與定義一個活動相當相關的問題。

換言之，活動因驅使它們的目的之程度與複雜度的不同而變異。這變異被反應於另外兩個向度，這些向度的特性是完全現象學式的，也就是說，是根據行動者如何感知它們而被定義。第一個主觀的向度是**時間視野**（time perspective），取決於行動者是否感知正在進行的活動只發生在他／她參與的當下，或是更大的時間軌跡的一部分，超越持續行動的界限，延伸到過去或未來。最後這個預期的成分經常與第二個現象式的向度相交：即此活動被清楚地意識到具有一個明確的**目標結構**（goal structure）之程度——無論達到此目標是直接，只牽涉到單一歷程（例如，爬去拿到一個想要的物品），或牽涉到一系列的步驟或次級目標，包括一系列預先計畫的階段（舉例來說，安排與弟妹的海灘遠足，以尋找下個聖誕節為母親做一條項鏈的貝殼）。

具備一個複雜目標結構的活動往往也意味著深遠的時間視野，但反之則不一定如此。目標結構可能相當簡單，僅包含一個行動過程，但是需要長時間地延遲滿足，例如，將買玩具的錢存在存錢筒中。

另外一個琢磨活動的複雜性隨之變化的向度，遠在時間視野和目標結構之外。即活動所**喚起不實際存在於直接環境的物、人和事的程度**是不同的。這樣的喚起也許是透過交談、講故事、幻想、圖像，或各種各樣的其他媒介。當活動與發生在其他地方、其他時候的事件對照時，反映出行動者的現象世界擴展至直接環境之外。因此，是可能有「精神生活的生態系」（ecology of mental life）的，其結構可能與生態環境同形。如果在一個特定環境中的一個人談到她自己在某一其他環境的活動，無論是在過去或將來，她都展現出創造一「精神中間系統」（mental mesosystem）的能力。電視帶入在其他地方的兒童暴力事件的日常經驗，然後，這些經驗在幼童每天的活動中找到其暴力的表達管道，如此，在兒童現象世界加入了外圍系統，或者——更悲哀地——一整個巨觀系統。

即使當一個人的活動被限制在直接環境的經驗中，透過引入微觀系統的另一元素——**人際關係**（relations with other people），其仍可以呈現高階的複雜度。雖然許多琢磨活動可以獨自進行，有些卻需要與其他人互動，特別是兒童花很多時間在與成人或同齡夥伴的共同活動。開始時，這些活動偏向是二人的，一次只涉及一個他人；但很快地，兒童能察覺到並同時與兩個或更多人打交道，如此，維持和甚至最後創造了在生態模式中被定義為 N+2 的系統。

兒童成為能獨立建立複雜人際關係的事實，反應一項在人類發展生態上的重要原則：當兒童的現象領域越擴展至包括更寬廣並且更分化的生態環境面相，他／她不僅能活躍地參與環境，而且還能修改和增加它現有的結構和內容。

最後，當兒童逐漸發展，他／她變得能**一次不只進行一項琢磨活動**。雖然沒有研究支持，但兒童獲取和熟稔這個技能很可能是透過與父母的接觸，特別是母親；母親通常出於需要，能很純熟地和孩子打交道，並且同時繼續進行一個或更多其他重要的活動。

兒童的琢磨活動的萌發反應了其所察覺到的生態環境之範圍和複雜度的變化，包括在直接環境之內和之外，也反應了兒童根據其需要與慾望面對和修改這個環境的能力之增進。琢磨活動還有另一個重要的面向：當由在環境中的他人展現時，它們成為當下環境對心理成長的**直接**影響之主要來源。從前述可知，兒童發展乃是有其他人參與的琢磨活動之範圍和複雜度的函數，這些人藉由讓兒童一起共同參與或吸引其注意，而成為兒童心理領域的一部分。

依照 Lewin 學派的先例，到現在為止，除了琢磨活動的結構特性之外，我仍未提到任何關於其實質的本質問題。不先明確指出主題的原因已經提過了：這是一個實證性的問題，只能在獲得相當的數據之後才能回答。也正是在此，我們遇到對人類發展生態學的理論框架加以詳細說明的一個重要障礙；研究學者至今對兒童及其照顧者在真實生活環境的琢磨活動知道得很少。實驗室內的研究得到無數關於分子行為的數據，但關於在自然環境裡更大的行為單位的資料則十分稀少。一個值得注意的例外是，Barker、Wright 和他們的同事（Barker and Wright, 1954; Barker and Gump, 1964; Wright, 1967; Barker and Schoggen, 1973）對童年「心理生態學」（psychological ecology）之煞費苦心的研究。我自己的理論建立於他們的工作之上，但與其在一些重要的地方有所不同。首先，雖然我們都同樣強調研究行為在琢磨層次的重要性，但Barker和他的同事著重於其互動的**過程**（process）甚於**內容**（content）。因而，他們大多的分析是關於像主控權、教養、服從和逃避等變項，而非在這些關係模式展現的歷程中之活動本質的類別。其次，其注意焦點是在一次一個對象的行為，例如，研究者分析兒童或照顧者的行為，而不是以兒童和照顧者為配對單位；換句話說，個體行為的分類並不考慮其和在場的其他人之行為的關係。簡而言之，不是從人際脈絡的角度來看活動。第三，與此取向一致，環境的設想完全是用行為的術語，毫不考慮直接或更遠的環境之社會結構。最後，也未從發展觀點來檢視琢磨活動——看它的複雜度和內容以反映個人心理成長的程度。總之，人及環境的特質皆未以系統的角度概念化。

在缺乏關於在不同發展階段的人表現在日常生活環境中的琢磨活動之內容和人際結構的概念、方法和數據之下，我和同事開始起頭進行這項三重任務（Nerlove et al., 1978）。我們選擇的出發點是調查三到五歲之兒童和他們的照顧者在家及學前機構（包括托兒所和日托中心）的持續行為。開始的目標我們定為根據其內容、複雜度和人際結構發展之琢磨活動的分類法。我們採用兩個普遍的方法。第一，觀察員被要求專注於一個特定兒童及在他附近的人的活動，並且用他自己的話描述兒童在做什麼，以及在他附近的人在做什麼。參與這項任務的田野觀察員對兩種被觀察的環境都很熟悉，並且來自於與被觀察者相似的文化背景。觀察員被指示從環境中被觀察者的角度來描述活動。第二個策略為詢問兒童的主要照顧者——通常是母親，提供一天中的某段時間類似的描述——早晨、下午或晚上，包括用餐時間。

兩套方法都進行內容分析，以找出自然地被用來描述兒童和照顧者行為的類別，隨後由獨立編碼者判斷是否符合我們對琢磨活動的標準。各活動被分為四個領域：內容；「心理動量」（psychological momentum），依照主動、專心的程度、對分散其注意的抗拒、被干擾後再繼續等等；活動結構的複雜度，表現在同時進行的琢磨活動的數量、擴展的時間視野、接續之副目標的存在；以及所察覺到的生態場域的複雜度，反應在人際系統的人的參與（二人、三人組合等等），與其他環境中的事件的對照，和在透過想像或實際重建客觀環境來修正或擴展生活空間。

分別獨立描述十五分鐘中同樣事件的兩位觀察員之平行紀錄的編碼，獲得令人滿意的判斷者間信度（r=.70至.80）。其分類將在一個於五個現代工業化社會中對兒童和家庭生態進行的持續比較研究中被交叉確認（Bronfenbrenner and Cochran, 1976）。

預試資料的統計分析仍在進行中，除了信度數據之外，系統化的研究結果尚未完成；不過，檢視美國樣本中的琢磨活動的內容頗具啟發性。針對大約二十五個家庭的觀察和與超過一百個母親的訪談，經內容分析後可以大致分為以下類別。在較被動的極端之第一類別，標題為「無參與」（nonengagement），包括睡覺、休息、恍神（無目的地漫遊）；這個類別中的焦點行為是等待。第二個類別的活動包含注意人或進行中的事件，但沒有主動參與其中。其他類別的特徵為持續的情緒狀態、非幻想和幻想的假扮、遊戲、音樂活動、責任和工作、教育過程，以及具一個主要社會目的的活動。

根據所反應出同時發生的其他持續的行為、時間視野、目標結構、在一人際系統中投入的程度（二、三人配對組合或更多等等），以及無論是在交談中、幻想扮演，或象徵性表達中，對不在當下情況中的事、物或人的引用，各活動的複雜度也被加以分析。

考慮在美國預試研究中，兒童所表現的幾種琢磨活動類型之潛在意義，也許亦頗具啟發性。在強調動機動量以及目標結構和人際系統的複雜度之重要性的理論前提下，無參與性的活動（例如：睡覺、休息、作白日夢、無目的地漫遊、躁動不安地過動）被預計為發展光譜上較低的一端。被觀察到花很多時間在這些活動的兒童，其心理成長被視為是較不發達的。同時，與人類動態觀點一致，他們入神於這些活動乃為其建立和尋找他們能較有效地發揮的狀況之努力；同樣的解釋更加強力地適用於情緒性活動，包括負面（譬如哭泣不止、憤怒的表達，或打架）和正面（快樂的狀態、持續表達喜愛，或認同）。而且，這些可視為企圖改變使其能力削弱的情況，以持續並加強促進發展過程。這些假定之效度必須由實證研究來決定，透過研究無參與性活動的相關行為和後果，以及它們對在其他環境的琢磨活動的長遠後遺症。

關注的領域——對其他人和事件的留心——在發展上是重要的，因其構成了觀察學習的必要條件。這樣的學習是否實際上有發生，可以由檢視兒童是否隨後設法去做他看過其他人做的活動來確定。

教育性和音樂活動對學習和發展的適當性是不言而喻的。但其他方面（包括非想像和想像扮演、比賽遊戲、責任和工作，以及社交活動）是蠻值得討論的，尤其因為它們不是美國對社會化過程和結果研究所提出的重要優先領域，或就此而言，其不在美國社會實際發生的社交性活動的優先順序。

扮演、想像和比賽遊戲特別明顯地被忽視。雖然這些活動對發展過程的重要性，在 Piaget（1962）的理論論述和臨床觀察中被強調，但是把這些想法融入研究和實務者極少，至少在美國是如此。不過，在另一些社會中，扮演、想像和比賽遊戲是許多科學研究的主題，並且其結果成為家庭、幼稚園和學校課程所推薦之實務的基礎；蘇聯即是一個很好的範例。此研究重點源於Vygotsky和他學生的理論（Elkonin, 1978; Leontiev, 1964; Vygotsky, 1962, 1978; Zaporozhets and Elkonin, 1971）；他們認為，扮演、想像和比賽遊戲是認知、動機和社會發展的重要活動。根據這理論基礎，蘇聯教育家將許多扮演活動（包括虛構和真實的）融入幼稚園和小學的課程（Venger, 1973; Zaporozhets and Elkonin, 1971; Zaporozhets and Markova, 1976; Zhukovskaya, 1976）。隨著兒童長大，俄國人稱之為 rolevaya igra（角色扮演遊戲）的教育益處更加重要，兒童扮演在成人社會中之普遍的角色，例如：售貨員、顧客、護士、患者等等。在另一篇文章對這些活動有更加完整的描述（Bronfenbrenner, 1970a）。

蘇聯教育家使用扮演、想像和比賽遊戲，主要為了發展他們所謂的「共產主義道德」。從美國觀點來看，俄國結果會被視為相當高程度的社會一致性和對權威的服從；這些影響記錄在一系列比較蘇聯與美國和其他西方社會的小學生對社會壓力之反應的實驗中（Bronfenbrenner, 1967, 1970b; Garbarino and Bronfenbrenner, 1976; Kav-Venaki et al., 1976; Shouval et al., 1975）。有理由可以相信，扮演、想像和比賽遊戲能同樣有效地被運用在發展主動、獨立與和平主義等方面。事實上，這樣的活動可能正以這種方式運用在當代美國學校校內和校外。相關的研究仍待進行，並且需要適當的活動分類，一直到小學年齡的兒童和甚至更大。然而，我們可預期扮演、想像和比賽遊戲的各方面不僅與順服或相對於自主的發展相關，而且也與特殊形式的認知功能的變化相關。在此值得注意的是，在我們對活動編碼的預試過程中，在想像遊戲領域觀察到了最複雜的認知操作。

社交和與工作相關的活動對人類發展的適切性，可以用兩段陳述來表達，但研究文獻尚不存在（這個事實可矛盾地解釋為反應出這些陳述的效度）。首先，在美國，可能有十八歲的人從高中畢業了，之前卻從沒有需要從事任何被其他人實際依賴的工作。如果這個年輕人繼續上大學，這個經驗又會被延後四年，而如果他繼續讀研究所，有人也許會說這個經驗就永遠地被延期了。

第二個陳述所指出的更具長遠破壞性的結果。在美國，可能有一位十八歲的人，無論男性或女性，從高中、大學畢業了，之前卻沒有照顧過或甚至抱過一個嬰兒；沒有看護過老人、病人或孤獨的人；或沒有安慰或協助過另一個真正需要幫助的人。再次，這樣經驗剝奪的心理後果仍是未知數，但可能的社會意涵是明顯的，因為遲早——通常會早一點，我們大家都會經歷病痛、寂寞，並且需要幫助、安慰或陪伴。沒有任何社會能長期獨自維持，除非它的成員學會與協助及照料其他人有關的敏銳性、動機和技巧。

然而，學校身為負有對青年人有效參與成人生活做準備的主要責任之環境，卻不認可應提供機會讓這樣的學習能發生之優先重要性，至少在美國社會是如此。[1] 這並不是無法達到的，多來年，我一直主張，在我們學校從最低的年級開始加入我所謂的一門**關懷課程**（Bronfenbrenner, 1974b, 1974c, 1978b）。這個課程的目的將不是學習**有關**「關懷」的知識，而是**投入**其中；學童會被要求負責花時間與其他人相處，並且照顧他們——老人、幼兒、病人和孤獨的人。這樣的活動絕對必須在嚴謹的督導下執行，並且這督導工作不能由已經工作過重的老師負責。反之，督導員應該從在社區中有關懷經驗的人中去找——父母、年長者、義工，以及其他能了解那些需要被關注者的需求和願意付出須承擔的要求的人。顯然地，這樣的關懷活動不能限於學校之內，它們必須在外面的社區進行。需要找出當地的關懷機構，例如鄰近或甚至是學校附設的日托中心。更加重要的是，使新手關懷者了解他們所負責的對象所居住的情境，以及生活中的人物。例如，一個較年長的兒童負責照顧一個較小的兒童——透過護航他從學校回家，認識其家庭和熟悉其鄰里。如此，較年長的兒童與介入在此計畫的成人將會第一手得知關於在他們社區的人們的生活情況。

我在此描述所提出的想法的目的不是在倡導採用它，而是說明生態學的概念、它們對發展研究的具體應用，以及在於公共政策議題與情境脈絡中的發展研究的基礎科學間的基本交互作用。從社會政策觀點來看所建議的計畫，顯然在任何這樣的關懷課程被大規模地引入之前，它應該被實驗測試，並且一起評估預期的影響與可能發生的不在預期內的結果。但一旦它成為一個研究領域，這類努力亦成為一個我所謂的改革實驗之絕佳例子，因為它質疑和根本地改變在美國的巨觀系統中的一個普遍模式，即目前關於學校課程應該和不應該包含什麼的「藍圖」。實際上，作為科學工作，所提出的計畫要改變所有四個層次中生態環境；因而，它除了觸及教室的微觀系統，亦引發在中間系統層次內家庭、學校和社區鄰里間新的連結。如此一來，參與此計畫之社區中的成人將被影響，而把改變引入他們所參與的其他環境（例如：委員會、辦公室和機構組織），這樣課程也許還有外圍系統的影響。在最直接的環境界域之內，所建議的計畫將不僅改變琢磨活動，還有微觀系統的角色和人際互動結構的元素。事實上，當導入對學生和兒童傳統的角色期待之改變，新活動所牽涉到的新社會互動模式也就啟動了。我們將發現（第五章），創造和分派角色是一個非常強而有力地影響人類發展歷程的策略。

即使提出的課程沒有帶出對普遍認為什麼是學校要或應該要達到的方面的重大改變，但是在科學和公眾政策上，記錄現在發生於我們教室的琢磨活動之類別仍然很重要。為了得到這些資訊，無論是在學校或其他人類所處的生活環境（家、日托中心、遊戲場、同儕聚集場所、工作場所、退休之家等等），應允許評估個人的發展狀態及「活動情境」對刺激或抑止心理成長的力量。

由於琢磨活動能同樣地——有時同時地——成為心理成長的原因、情境脈絡和結果，因此，它們對於人類發展有多面的功能。但為了研究的目的，需要把這些功能分開，尤其是原因或情境脈絡皆不該與結果混淆。依據此方法學上的原則，關於琢磨活動對發展之重要意義的結論被陳述為兩個部分：首先是把琢磨活動當作發展的結果之主張；以及第二，假設活動情境之功能為發展過程的情境脈絡和潛在影響。

主張 B

個體的發展狀態被反應在未受他人鼓動或主導時，其所開始或維持琢磨活動的多樣性和結構的複雜性。

多樣性乃指這些活動內容的範圍。結構的複雜性則展現在變化的範圍，以及發展中的個人所感知到無論在其直接環境之內或之外的生態環境的分化，還包括根據她／他自己的需要和慾望來面對並改變環境之持續成長的能力。

假設 1

個人的發展與某些其他人所投入的琢磨活動之多樣性和結構之複雜性具函數關係，這些其他人是透過讓這個人共同參與或由吸引其注意，而成為他心理領域的一部分。

如同前兩個聲明所暗示的，這個人的感知和與其他人的互動，無論在直接和較遠的環境裡，都特別明顯地成為發展的影響和展現。因此，這些關係所浮現的結構和內容，以及它們的發展意涵，讓我們特別感興趣。

第四章 人際結構作為人類發展的情境

我們從一個定義開始。

定義 13

每當一個人在一環境中注意或參與另一個人的活動時，一段關係就開始了。

雙向關係的出現建立了符合**配對關係**（dyad）存在之定義的起碼條件：每當兩個人注意或參與彼此的活動時，一段配對關係就形成了。

配對關係在兩個方面對發展是重要的。首先，它本身就構成了對發展關鍵的情境脈絡。第二，它是微觀系統的基本組成元素，讓更大的人際結構有可能形成——三人組、四人組等等。就它對進一步心理層面的成長潛能而言，一段配對關係可能會有三種不同的功能形式。

1. **觀察性的配對關係**（observational dyad）開始於當一個成員密切並持續地注意另一個成員的活動時，相對地，另一個成員也至少表示對其所展現的興趣的認可。例如，當父母準備一頓膳食並且不時對孩子說話時，孩子密切地觀看著。這種配對關係明顯地符合觀察性的學習之最低要求條件，但也定下另一個對人際關係的要求：另一個人的活動不僅必須是實際上注意的焦點，同時，對方也必須對得到的注意做某些公開的反應。一旦一段觀察性的配對關係存在時，它很容易就演變成下一段更加活躍的配對關係的形式。

2. **共同活動的配對關係**（joint activity dyad）是兩個參與者認為他們正一起做某件事。這並不代表他們在做同一件事；反之，他們各自投入的活動通常是偏向有些不同但有互補性的——一個整合樣式的部分。例如，父母和孩子也許正在看一本繪本；母親講故事，而孩子回應她的問題來命名物品。一段共同活動的配對關係不僅在此活動過程中提供學習特別有利的條件，而且也提高繼續進行此活動和使其更完善的動機——即使當參與者並非一同活動。

共同活動之配對關係對發展的力量來自於一個事實，即它增進且因此更加明顯地展現出所有配對關係的某些共同特性。

來回互動（reciprocity）。在任何的配對關係中——特別是在共同活動的過程，A 所做的影響 B，反之亦然。因此，一名成員必須協調他的活動以配合另一位的活動。對一個幼兒來說，這樣協調的必要性不僅促進互動技巧的學習，同時也刺激相互依存之概念的形成，這是認知發展的一個重要步驟。

此外，來回互動以及伴隨它的相互回饋，產生了其自有的一股動量，能引起參與者的動機，以致不僅能持續，還能逐步投入更加複雜的互動模式。例如，在乒乓球賽中，隨著球賽的進行，來回的交換會變得越來越快和複雜。結果經常是節奏加快，並且學習過程的複雜性提高。發展於來回互動過程中的這股動量，也很容易被帶到其他時間和地點：未來在其他情境，此人可能會重新啟動他或另一個人在共同活動的「一邊」，無論是與其他人一起或獨自一人。正因如此，配對關係——特別是在共同活動的過程中——產生最強有力的發展作用。

權力平衡。即使配對關係的過程是交互的，其中一位參與者仍可能比另一位更具影響力。例如，在網球賽中，一個球員以一個長的截擊，迫使另一位退到角落。在一段配對關係中，A 主控 B 的程度即稱為權力平衡。這種配對關係的面向在幾個方面對發展是重要的。對一個幼兒來說，參與配對關係的互動，提供他機會來學習概念化和回應不同的權力關係。這樣的學習同時對認知與社會發展都有助益，因為權力關係描繪出成長中的個人在一生中於不同的生態情境所遇到的物理及社會現象。

從另一個更加動態的面向來看，權力平衡也是重要的。因為有證據支持，學習和發展的最佳情況是當權力的平衡逐漸移向發展中之個人時，也就是當這個人被賦予越來越多的機會來主控情況時。

共同活動之配對關係特別適合這樣的發展過程。他們刺激孩子概念化和回應權力關係；同時，他們提供一個讓權力逐漸轉移的理想機會。的確，這樣的轉移經常「自發地」發生，並且其發生與發展中的個人與環境相關的主動特質有函數關係。

情感關係。當參與者投入配對的互動時，他們可能會對彼此發展出較明確的感覺。這些感覺也許是相互正面的、負面的、矛盾的，或者是不對稱的（例如，當 A 喜歡 B，但是 B 不喜歡 A）。這樣的感情關係在共同活動的過程中容易變得分化和明確。當以正面和相互性的關係開始，並且在互動過程中益發如此時，他們可能提升發展過程發生的步調與機會。他們也會促進第三個類型的二人配對系統的形成，即主配對關係。

3. **主配對關係**（primary dyad）是即使當參與者不在一起，其關係的現象仍繼續存在。這兩人出現於彼此的思想中，是強烈情感感覺的對象，即使分開也繼續影響彼此的行為。例如，父母和孩子或兩個不在一起卻互相想念的朋友；想像他們在做什麼事，另外一個人可能說些什麼等等。這樣的配對關係無論另一個人在或不在，都被視為具有引發學習動機和引導發展方向的有力力量。因而，相較於從一個只當其與兒童同時處在同一個環境時才對兒童有意義的人，兒童比較可能從與其建立了主配對關係的人身上習得技能、知識和價值。

雖然這三種配對關係各有其特別性質，卻不是互相排斥的；亦即，它們可以同時或分開地發生。母親和她的學齡前孩子一起讀一本書，顯然是一個共同活動發生在主配對關係的情境；但是，如果兒童的部分主要是專心地聽母親大聲讀，這也清楚的是一個觀察性的配對關係。正如可預期的，這樣聯合的結構比局限於一個單一類型的配對關係更加有力地影響發展。這點將被列入對特定配對關係的假說和研究方法的考慮。

我概述出的配對關係之特性和原則，也許可以用一系列的假設來描述不同類型配對關係之結構對發展過程的預期影響作為總結。我以配對關係本身之層次的演變過程為開始的關注重點。前兩個假設假定配對關係就如個體一樣可經歷一發展的過程。

假設 2

一旦兩個人開始注意彼此的活動，他們就較有可能發展成共同參與那些活動。因此，觀察性的配對關係易於轉換成共同活動的配對關係。

假設 3

一旦兩個人參與共同的活動，他們就有可能對彼此發展出更特殊及長期的感情。因此，共同活動的配對關係易於轉變成主配對關係。

下一個假設明確地指出有助於發展的配對關係的性質。

假設 4

一種配對關係對發展的影響力直接與幾個因素成正比關係的增加，這些因素包括來回互動的程度、彼此的好感，以及權力平衡逐漸轉移至發展中的個人。

接下來的假設處理當不同種類的配對關係同時發生時的聯合作用。

假設 5

當觀察者和被觀察者認為彼此是共同做一件事時，將促進觀察性的學習。因而，當觀察性的配對關係發生在共同活動的配對關係的情境之下時，對發展的衝擊更大（一個孩子看著父親或母親煮飯時，如果這個活動被安排為與其父親或母親一同動手的話，他將更可能經由此活動學習）。

假設 6

觀察性的學習與共同活動對發展的影響將被增強——如果其中任何一種是發生在互有好感的主配對關係情境下（當我們與一個老師有親近的關係時，我們從他身上學得較多）。相反地，相互對抗的主配對關係特別能破壞共同活動，並且阻礙觀察性的學習。

最後，如果所有的這些點都被考慮到，我們將能規劃在一主配對關係中學習和發展的最佳情況。

假設 7

透過發展中的個人與其有強烈且持久依附情感的某人，一起參與在越來越加複雜的交互活動模式中，並且當權力平衡逐漸轉移至發展中的個人時，即增進了其學習和發展。

有人也許會質疑，是否在一配對關係的成員間的正向關係是必要的，或者只要參與者持續投入逐漸複雜的交互活動模式即可。這個問題假定第二個情況是獨立於第一個。我將從研究援引證據支持參與者間的對抗性將削弱配對關係作為一個發展系統的影響力。

由於它們在人類發展生態上的重要角色，因此若能有一個統一的詞彙可方便描述符合假設 4 到 7 的最佳配對關係情況，包括交互性、漸增之複雜性、互相正面的感覺，以及權力平衡的逐漸轉移。根據這些，我將稱展現這些性質的二人系統為**發展配對關係**（developmental dyads）。

雖然關於配對關係的研究在社會和發展心理學相當普遍，但這些研究很少直接探討關於發展的問題，且再次由於它們局限於單一情境及單一時間點，因此無法符合發展效度。能提供贊成或反對配對關係的假設的研究更少。然而，有一系列的實驗和追蹤研究儘管明顯地遺漏某些數據，但很顯然地記錄了配對關係作為發展的情境所提供的動力和長期的影響。

配對關係中的行為通常是互動的，這在理論上是廣泛被接受的論點，但它在實證研究上經常被忽視。疏於考慮雙向過程反應了傳統實驗室模型與它的典型參與者之不足——一位實驗者（experimenter）可含糊地稱其為 E，以及另一個人即實驗對象（subject），同樣描述不清地被稱為 S。**實驗對象**這個詞相當貼切，因為除了少數的例外，E 和 S 的運作過程是被視為單向的；實驗者呈現刺激，而實驗對象予以反應。當然在理論上可以有雙向的影響發生，但是一旦研究者穿上隱形的科學白色外套時，他傾向於僅聚焦在實驗對象的行為上，即使當在其情境中有除了實驗者以外的活躍參與者。

有一個例子是 Klaus、Kennell 和他們同事在 Case Western Reserve 醫學院的作品（Hales, 1977; Hales, Kennell, and Susa, 1976; Kennell, Traus, and Klaus, 1975; Kennell et al., 1974; Klaus and Kennell, 1976; Klaus et al., 1970, 1972; Ringler 1977; Ringler et al., 1975）。研究者的出發觀點為，動物在生產後馬上展現複雜、族群獨特的母嬰互動模式（Rheingold, 1963）。他們的目標是探討人類的這種現象。我們應注意的是，當時仍然盛行的醫院實務是讓母親和新生兒之間的接觸減至最小，而研究者修改了原有的作法：讓母親和他們赤裸的嬰兒在生產後不久共處大約一小時，之後每天幾個小時。為避免著涼，在母親的床上放了加熱墊。隨機分配的控制組體驗「典型美國醫院中與他們嬰孩的接觸（在出生之後，瞄一眼他們的嬰孩，六到十二個小時之後一次短暫的訪視以為確認，然後在白天每四個小時一次二十到三十分鐘的哺乳時間）」（Kennell et al., 1974, p. 173）。為了確定可以比較，在控制組母親的床上也放了加熱墊。兩個組別都不知道另一組接受了不同的對待。

這些實驗報告的結果輕易的抓住了讀者的信賴。在最初的實驗（Klaus et al., 1970）中，於充足接觸組，所有足月嬰兒的母親表現出「循序進步的一個行為」：「開始時，母親用指尖接觸嬰兒的四肢，然後在四到八分鐘進展到按摩，手心觸壓軀體……正常早產兒則在出生後的三到五天允許母親接觸他們，他們的接觸依循一個相似的順序，但是以緩慢得多的速率。」（p.187）實驗組中足月嬰兒的母親亦「在僅僅四到五分鐘，即大量地增加其『面對面』姿勢的時間」（p. 190）。

在對新的實驗對象的第二項研究中（Klaus et al., 1972），有十四組「充足接觸」的母親嬰兒配對和等數的隨機分配控制組，並且以發展和家庭背景因素加以配對控制，在他們的孩子一個月大時做比較。所有母親都是初產孕婦與健康、足月的嬰兒。在這個和其他的追蹤研究中，觀察員都不知道實驗對象屬於哪個組別。在出生一個月以後的醫院檢查，充足接觸組的母親顯著地較常站在檢查檯旁觀看，並且在他們的嬰孩哭泣時安慰他們。當哺乳嬰孩時，他們也表現出更多的愛撫和眼神對視；並且，在訪談中，當他們的嬰兒吵鬧時，他們表現出較高的意願抱起嬰兒，對於把嬰孩留給別人照顧的母親，則表現出較高的猶豫和憂慮。而且，當這些嬰兒在一歲時再回診，這些差異仍然明顯存在（Kennell et al., 1974）。充足接觸組的母親表示，當與嬰兒分離時，會較想念他／她；在身體檢查時，他們再度較常站在檢查檯旁協助醫生，而當嬰孩哭泣時，安慰他們，並且親吻他們的嬰孩。

在隨後的追蹤研究（Ringler et al., 1975）中，當嬰兒兩歲時，在一個有玩具和書的環境中的自由遊戲時間，觀察和記錄母親與孩子的交談。「母親的語言模式顯示，在嬰兒初生期間被給予額外與其嬰兒接觸者，比控制組的母親顯著地使用更多的問句、形容詞、在每個陳述中的字詞，以及較少量的命令和實詞」（p. 141）。

這個系列最近的實驗（Hales, Kennell, and Susa, 1976）不僅提供了複製十分重要的原始研究的更大樣本（N=60），也在不同的文化背景下加入更加嚴謹的實驗設計，其用來解決一個問題：是否在讓母嬰能充足接觸上，存有一段敏感的關鍵期。雖然原來的研究者提到「對成年婦女而言一段特別的依附時期」（Klaus et al., 1972, p. 463），他們承認其數據無法回答關於時間點的問題：是出生後最初的數小時，或者是在接下來幾天的充足接觸？在瓜地馬拉的Roosevelt 醫院進行的最新實驗， Hales 和她的同事透過介入兩個早期接觸組澄清了這個問題，一組限制在生產後立即的四十五分鐘，第二組為相等的間隔時間，但起點是嬰兒出生後的十二個小時開始。結果是毫無爭議的，只有立即接觸組母親受到影響：

> 相較於充足接觸組與控制組的母親，在出生後馬上與他們的嬰兒接觸的母親表現出顯著更富感情的行為（「面對面」、看著嬰孩、與嬰孩談話、愛撫、親吻、對嬰兒微笑）。……充足接觸組與控制組的母親則沒有顯著的差別。這項研究顯示母性的敏感關鍵期是在十二個小時之內，指出肌膚接觸的重要性，迫使醫院重新考慮即使只是短暫分離母親和嬰兒的作法。（Hales, Kennell, and Susa, 1976, p. 1）

從生態學的觀點來看，比這系列實驗所報告的顯著成果更值得注意的是他們省略的數據。在所引用的這些論文中，沒有一個字提到嬰兒在母嬰配對關係中的行為，所有實驗的結果完全被歸因於母親。因而，研究者一再提到「母性敏感時期」（Klaus et al., 1972, p.463），或一段特別依附或敏感時期存在「於人類的母親」（Kennell et al., 1974, p. 173; Kennell, Trause, and Klaus, 1975, p. 87）。在來回互動的配對關係前提下，有個問題自然產生，即若不是對**發展中的嬰兒主動開始的**序列活動的一個反應，然後被母親用逐漸演變的社會互動模式回應，是否實驗組母親獨特的行為在最初的早期接觸、隨後的充足接觸，以及後續的追蹤中可能——至少一部分——不會發生；這個可能性仍未被探討。為了保持典型的實驗模式，這些研究的科學關注焦點被限制在其實驗對象；其在這個例子中，不是孩子，而是母親。既然，事實上，嬰兒不僅一直都出現在研究情境中，而且所有母親被觀察的行為都是導向他們，這樣的忽略顯得更加令人震驚。

進一步確認，在最近的報告（Kennell, Trause, and Klaus, 1975; Ringler, 1977）中，提供關於兒童五歲時的發展情形——那些與母親在兒童較小時對兒童的行為有關的發展情形之追蹤數據。雖然這些報告仍未提供任何關於在早期嬰兒相對於母親的行為，這些結果仍然值得慎重考慮。Ringler 發現，與控制組比較起來，「早期接觸母親組的五歲兒童有顯著更高的智商，經由接收性語言評量的測量，對語言的了解顯著更佳，能理解較多具兩個關鍵成分的片語」（p.5）。智商的差別大約 7 分。此外，母親在嬰兒兩歲時對他們使用的語言模式的複雜度，與其五歲時的語言理解和表現之間有顯著相關。Pearson 相關係數之範圍為 0.72 到 0.75。兒童五歲時的智商和「母親在嬰兒一個月大時被拍攝於餵奶時間看著他們的嬰孩的時間長度」，達 0.71 的顯著相關（Kennell, Trause, and Klaus, 1975, p. 93）。

這些最新的研究結果亟須被重複，尤其是其實驗對象的數量很少。然而，儘管令人惋惜於其配對關係的公式中缺乏嬰兒部分的數據，這系列實驗仍為前述的概念和假設的科學效力和承諾提出令人信服的證據。因此，這些研究讓我們一瞥（雖然是惹人乾著急的一面）母親和新生兒的共同活動導致主要配對關係的形成過程，這種配對關係反過來掌握未來兒童發展的節奏，並且操縱其路線。由於我們只有看見互動中之母親的部分，無法估計交互作用的程度、彼此好感的程度，或者權力平衡從母親到嬰兒的轉移（或從嬰兒到母親？）。如同在聽生動的電話談話的一邊，我們也許能感覺到一來一回的運轉、反應的種類，以及來自電話線另一端的壓力的起落。但科學家仍待同時記錄「交談的」兩端，特別是追蹤合成發展軌道的兩邊。

因而 Western Reserve 研究中的單面聚焦諷刺地提供了一個重要的理論上的洞見。透過記錄母親對嬰兒的行為和情感投入的演變——而非相反歷程，研究者揭示了在配對關係的互動過程中，母親經歷過的發展經驗的深刻與影響不亞於她的子女所體驗的。以我們對發展變化的概念和標準，母親對其環境的一個新的重要面向（就是她的孩子的到來），的確體現一逐步更加延伸和獨特的看法，並且變得有動機和能承擔在形式和內容上高度複雜的環境中的新活動。而且，建立實際上已產生的發展時，最重要的是，這些最近開發的概念和活動顯然在其他地方和其他時候有它們的後遺症，這在這個例子常達五年之久。

既然認為在這個期間，孩子同樣經驗了心理的成長是安全的假設，我們達成一個關於配對關係的發展特質的關鍵主張。

主張 C

如果配對關係的一名成員經歷了發展變化，另一位也可能會如此。

這個主張的基本原則當然絕不是新的。談到母嬰互動，十年前在 Harriet Rheingold 的經典論文〈社會性與在社會化中的嬰兒〉（The social and socializing infant, 1969a），它即被明確地陳述了。然而，就研究實務而言，其原則卻絕大部分都被忽略。Western Reserve 的實驗即使不認為這個配對關係是一個來回互動的系統，但其的確代表了比典型實驗研究前進的一步；那些典型研究被限制在單一情境與時間點，無法證明持久發展影響的發生，這樣的影響與對當下情況無持續意義的短暫反應有所區別。

這個條件凸顯主張 C 的一個獨特點，不僅把這個配對關係當作來回互動也是**相互發生**（reciprocal development）的一個情境。就是從這個觀點來看，特別是當它轉變成一個主要關係時，這個配對關係構成一個「發展系統」；這成為一輛有自己動能的車，能刺激和維持其乘客的發展過程——只要他們保持連結在一個二人組。其他高階的人際系統亦展現這個動態屬性，但是，有另外的特點將更高的複雜度帶入這個發展公式。

在開始考慮這些較高階的次系統之前，我希望能就較廣的生態層次強調 Western Reserve 研究的重要。整體來說，這一系列針對早期延長母嬰接觸之影響的研究，藉由示範與預設提供生態研究模式的幾個定義性質的極佳範例。正面來看，這個研究是一個直接以發展過程為焦點且具生態效度之實驗的清楚例子。此外，它所呈現的是細緻地描繪出實驗介入如何能切入一生態系統的關鍵特性，這是在未被改變的固有環境中直接的自然觀察所無法確認的。最後，但絕非最不重要的，這個研究提供了一個實驗改革實際被執行的例子。研究者特意且大幅地改變美國醫院既有的例行作法，很顯然是一巨觀系統的現象。並且，他們做的方式「是挑戰社會組織、信仰系統和生活方式」（定義 11）；在這個例子中則是整體社會的層面。諷刺的是，在同時，這一系列的研究示範了一個生態上的重大疏忽——未能考慮在特定環境下系統真實的運作。

在一個讓人印象深刻的研究中的重要留白引發了下一個主張。

主張 D

對巨觀系統的分析必須全面考慮到人際系統在特定情境之下的運作。這個系統通常包括所有出現的參與者（不排除研究者），並且牽涉到在他們之間的相互關係。

一旦這個主張形成了，它隨即指出，或許嬰兒不是唯一在 Western Reserve 實驗被忘記的參與者：護士呢？訪客呢？更不用提照護的醫師，在他們之中的其中兩位顯然是這個計畫的主要研究者。當這些人出現時，而他們肯定有出現，他們是否以相同的方式對待實驗組與控制組的母親和嬰兒？或在充足接觸情況下，母親和新生兒之間更長和更加密集的互動為母親贏得對她的嬰孩以及她對待嬰孩的方式較被肯定的評語？明顯與醫院通常的規定不同的作法是否引起母親的疑問，如果有，工作人員如何回答？

至於家庭成員或其他訪客，值得注意的是，在美國和瓜地馬拉，這些試驗進行的醫院主要服務非白種人及弱勢社經背景之族群。在美國的實驗（Kennell et al., 1974），唯一提供這些背景資料的實驗中，每一組各十四位母親裡，除了一位以外，全部都是黑人；三分之二是未婚的；並且所有孩子都是第一胎。是否可以想像這些母親的次級社會地位、文化背景，和（大多數）他們作為懷第一個孩子的單親母親的特別處境，讓他們預先處於會形成他們對其兒女所表現出的這種強烈依附的位置？用操作性的術語問同樣問題，即若以白人、中產階級、有第二或第三個兒女出生的雙親家庭為實驗對象，是否會有同樣的結果？原來的研究者承認了這個問題的重要性。

用弱勢階級母親的實驗組進行母性依附研究有其好處和壞處。這些母親未上過生產課程，因此，他們不知道在醫院應期待什麼。他們讀過的資料很少，因此，就這項研究的目的來說，他們是十分「乾淨的」。幾乎都是黑人，並且兩組的收入和情況都很相似。研究母性行為的困難是，當人們開始在團體裡聽到某些東西，他們的行為就改變了。受過教育的母親也許由於他們聽見或閱讀的東西，就用一種特別的方式表現。（Kennell, Trause, and Klaus, 1975, p.96）

由於將參與者設限在二人模式，Western Reserve 的研究者還反應出傳統實驗室模式的另一個影響。如先前提過的，古典心理實驗只容許兩個參與者：E 和 S。即使在那些考慮到超過二個人的活動的研究中，每個人的行為亦通常被分開分析，以及被解釋作為一個獨立作用。有一個例子是關於父親—嬰兒互動的研究。[1] 許多這方面的研究針對父親的行為，將任何引發的兒童反應，用絕對古典理論的術語（Lewin, 1935）完全歸功於父親，完全不考慮父親的行動和兒童的反應也許被母親所影響——她的出現、缺席，以及她的行為對父親與孩子互動可能的影響。我稱這種間接影響為二級影響（second-order effect）。以主張的形式陳述這個議題為：

主張 E

在一包含超過兩個人的研究情境中，分析的模式必須考慮到第三者對一配對關係之成員間互動的間接影響。這種現象稱為二級影響。

這個主張是對主張D的引申，和進一步具體應用主張D於超過兩個人投入的系統，因此，可稱為N＋2系統。最近三項關於父母—孩子互動的研究，明示或暗示了使用一個三人模式說明應用的原則。Parke（1978）和他的夥伴在醫院情境觀察父母與他們的新生兒，以確定父母各自對彼此與其嬰兒的互動有什麼影響。在每個個案：

> 配偶的存在重大地改變了對方的行為，具體而言，父親和母親都對他們的嬰兒表達出更加正面的情感（微笑），以及當另一半也在時，表現更高程度的探索……這些結果表示，父母—嬰兒互動的模式會因其他成人存在而修改；反過來說，其涵義是我們過早地假定要了解父母—嬰兒的互動可以僅經由聚焦於父母—嬰兒的配對關係。（pp. 86-87）

Pederson（1976）的研究支持了Parke的結論；在他的研究中，二級影響是較遙遠但同等有效的。這位研究者調查夫妻關係（透過訪談）對母親—嬰兒在餵奶時的互動之影響（透過在家的觀察）。他的結論摘要如下：「夫妻關係與母親—嬰兒有關聯。當父親是支持母親的……她能較有效地餵嬰孩……婚姻上高度的緊張和衝突與母親部分的較不適任於餵食相關。」（p. 6）透過 Brazelton 量表的測量，Pederson 並且發現嬰兒的發展狀況，與婚姻中的緊張和衝突程度有反相關。與來回互動的原則一致，他提到因果關係能發生於雙方。

Pederson 的結果指出，二級影響可能有抑制或促進的效果。實際上，Lamb 由其三個清楚針對研究二級影響而設計的先趨性實驗之結果解讀，從第二年開始，另一個父母的出現會減少而不是增加父母—孩子互動（Lamb, 1976b, 1977, 1978）。他的資料的確顯示，雙親健全的父母—孩子系統表現出更高程度的互動，但結果的解釋因生態效度的兩個問題而複雜化。首先，所有的這些實驗是在實驗室裡進行的。如同我以下將陳述的，有一些比較研究（包括一個 Lamb 的研究）指出，父母和孩子二者在實驗室和在家庭情境的表現皆截然不同。其次，更加重要的是，這三個實驗的設計使用了混淆大小的系統，對照於如何與嬰兒互動，關於成人實驗對象應該怎麼彼此互動有不同的指示，雖然成人被要求回應孩子的主動行為，然而被禁止主動與孩子互動，但卻被告知「成人彼此如常地聊天」（Lamb, 1977, p. 640）。這個指令意味著，當一個成人和一個孩子單獨在房間裡時，沒有什麼能分散成人對兒童行為的反應。然而，一旦兩個成人同時存在，他們應該會互相談話。因而，他們的注意力會集中於彼此，而非嬰兒。在這些情況下，成人與孩子的互動在三個人的情境中會低於兩個人的實在不值得奇怪。

Lamb 對觀察到的差異的解釋：將二級影響完全歸因於第二個成人的存在，是另一個未考慮實際情境中人際系統運作的例子（主張 D）。這也說明人為限制研究對象尋常行為的危險——如同在實驗室裡的實驗常常做的。即使其結果在統計上也許是可靠的，它們仍可能是實驗的人工結果，且因而無生態上的效度。

再次地，這個批評並不意味實驗室的研究都必定是可疑的。當使用適當的生態觀點時，它們經常是被選擇的科學策略。例如，如果實驗室（幾乎不變地）被視為對一個幼兒來說是所謂的「陌生環境」（Ainsworth and Bell, 1970）時，它清楚地顯示父母作為孩子安全來源的角色，且就一個三人模式而言，為一種兒童與環境互動的催化劑——包括其他不熟悉的人。因此，在所有陌生環境的實驗中，母親在實驗室的出現皆減少了兒童對「陌生人」的焦慮和抗拒；這樣的作用在家中更顯著。例如，Lamb（1975, 1976c, 1977）發現，在父母陪同下的嬰兒，相較於他們的母親，更常看著陌生人與對其微笑。

當然，N ＋ 2 系統和二級影響也發生在其他情境。Seaver（1973）提出一個在學校教室裡具啟發性的例子，他巧妙地利用一個「自然的實驗」來研究具爭議性的教師期望的誘導現象，這個現象首先由 Rosenthal 和 Jacobsen（1968）提出，並且稱其為「教室中的畢馬龍」（Pygmalion in the classroom）。Seaver 的研究動機來自關於之前針對此現象所使用的研究方法的生態效度之爭議。用他的話來說：「大部分之前探討教師期望作用的努力所使用之對教師期望的實驗性操控，是人為的且在老師的經驗中是不尋常的。這些操弄還很可能對老師而言是難以置信的，並且會引發一些不同於所欲得到的期望之心理狀態。」（p. 334）

為了達到生態效度，Seaver 研究不同學業成就的小學生——這些學生有兄姊被同樣老師教過，且表現得不是格外差就是格外好。那些沒有兄姊被同樣老師教過的學生作為控制組。與之前產生不一致、微弱，或可疑的影響的研究對比，Seaver 的自然實驗結果提供了教師期望假說的重要支持；然而，Seaver 自己承認無法確認誰是觀察到的影響之傳遞者。教師期望的改變是由於他／她之前與兄姊的經驗，或者兄姊或父母塑造給弟妹的期望，讓弟妹引發老師不同的反應（基於他們之間與老師的熟識），或者兩者都有？解釋上的模糊繼續存在著，證明了在主張 E 中確認和分析存在的人際系統和高階影響的重要性。

在已經有兩位手足和一位老師的過程中，又加入一位或兩位父母作為中間者，將系統從三人組合升級到四人或五人，或更廣義而言，一個 N + 3 的系統。就我所知，尚沒有使用這樣模式的實證研究被執行，儘管實際上所謂的典型美國家庭，包括兩個父母和兩個孩子，即已構成了一個可易於採用的例子。[2]

家庭即刻成為研究 N + 2 系統和二級影響對發展的作用之自然實驗的最豐富和最未被充分利用的來源。在家裡和家人中，我們甚至不必介入設計好的不同大小系統，它們每天自然就會發生。父母和兄弟姊妹——還有親戚、鄰居和朋友——經常來來去去，提供自然天成且已具生態效度的實驗，以及用於各個研究對象作為自己的控制組的前後測的設計。那些來來去去的人可分為兩類。有臨時且重複的來到及離開，如大人和孩子進出屋子、朋友和鄰居突然造訪；或較可預測的情況——家庭成員去工作、上學和休閒活動，之後回家，親戚來一個週末或一個星期，或父母休假。然後，有更加持久的變動：第二個孩子出生；祖母搬來協助照顧孩子；當孩子夠大時，母親去工作（「夠大的年齡」每年越來越小）；祖母去世和家庭請一位固定的保姆；還有分居或離婚和父親離開，然後幾年以後母親再結婚等等。

臨時和持續在系統大小上的變化都可能導致二級影響。在下列情況發生時，我們可以觀察母親與孩子的互動有否與如何改變：當父親進入或離開房間；或當第二個孩子出生後，母親開始工作，或父親搬出去時，如何限制家庭活動的整體模式。按照這些事情發生的頻率我們應期待，這些自然的實驗不會逃過科學的關注，特別在現代社會的某些地方。但努力從研究文獻去發現例子時，我只能發現兩項研究使用這裡所提的策略。第一篇——也是少數記錄家庭中生態轉銜影響的其中一個研究，當一位婦女成為第二個孩子的母親時其角色的改變。這個研究是三十年前一位此領域的先驅者所進行的（Baldwin, 1947），即觀察母親在懷另一個孩子之前、期間和之後，對待第一個孩子的方式。Baldwin 總結如下：「所有的這些變動皆是線性的形式。結果指出在家庭中另一孩子的加入易減少父母和其他孩子之間的溫暖和接觸，導致一個更多限制但卻較不有效的家庭。」（p. 38）

不幸地，Baldwin 採取傳統的研究模式，如同 Western Reserve 的研究，完全聚焦於配對關係中的一名成員；只提供了父母行為的數據，而不包括孩子的。而藉由 Hetherington 和她同事的研究說明了採取雙面觀點能獲得的科學益處。

即使今日主要由於分居或離婚，使近一半的兒童將在某些時期裡處於單親家庭中（Glick, 1978），在統計上，恰當的縱貫性研究仍然需要一個非常大的樣本提供足夠的個案，來研究當結構變化從三人到二人時，發生在家庭的改變。然而，藉由觀察離婚發生時的家庭生活歷程，能學到很多，特別是如果能從相配對的完整家庭同時蒐集資料時。這是 Hetherington 和她同事的策略（Hetherington, Cox, and Cox, 1976 , 1978）——使用四十八對剛離婚的中產階級父母的追蹤研究，其中監護權均屬於母親。通過法庭紀錄和律師確認以連繫離婚的父母。對照組選取與離婚家庭的兒童在同一托兒所與社經背景相似的雙親家庭，並且年齡、性別和出生序相同的兒童。另外，也試圖配對父母年齡、教育和婚姻的長度。只有第一和第二個出生的孩子被納入此研究中。兩組的家庭都來自中產階級背景的事實，讓研究者避免一個常干擾單親家庭研究的來源——因為單親家庭中幾乎有一半（44%）收入在貧窮線之下（U.S. Bureau of the Census, 1977）。這個研究的步驟使用了很多種不同的方法，包括父母訪談、父母和孩子在實驗室和家裡的互動觀察與兒童在托兒所的行為，以及父母和老師所提供的兒童行為檢核及評定量表。施測的時間點為離婚之後的二個月、一年和二年。

和主張 C 一致，不僅在孩子也在父母身上發現發展變化。最初，父親被分離的經驗衝擊得最重的。感到焦慮、不安全和不適任，他們開始絕望地在各種各樣的活動中尋找一個新身分。但危機在一年之內消退了，主要因為他們建立了一個新的異性關係。母親和孩子體驗問題的歷程更長，而且不是那麼容易解決。以下綜合從這個研究所得的豐富和多元化的資料所出現的情景。

母親不習慣被置於一家之主的位置，由於財務狀況的減縮，經常發覺有尋找工作或換一個比現在更高報酬的工作之需要；同時，她必須照料房子和孩子，為自己創造新的個人生活就甭提了。結果是惡性循環；孩子在沒有父親的情況下，需要更多的注意，但母親有其他任務必須關注，因此，回應孩子變得更加令人吃力。資料顯示，與完整家庭的小孩比較起來，離婚家庭的孩子較不會回應母親的要求，讓母親更加不好受的是，離婚的父親有類似的要求時孩子卻會順從。即使孩子回應她，離婚的母親也較不易稱讚或獎勵其行動。用作者的話來說：

與維持婚姻狀況的父母相較，離婚的父母較少做出成熟的要求，較不會溝通，傾向較少關愛，以及在管教和控制孩子上明顯的表現不一致。差勁的親職在離婚的父母與他們兒子互動時是最明顯的，尤其是離婚的母親。離婚的父母較少溝通、較不前後一致，並且比起女兒，對兒子有更多不認可。（1978, p. 163）

與來回互動的原則一致，同樣的模式反映在孩子對他們父母的行為。

在回顧……研究結果以後，我們也許會傾向說，父母離婚之後的兒童的偏差行為可歸因於父母的情感困擾和差勁的親職，尤其是男孩的母親。但是，在我們把一個譴責的手指指向這些父母之前——特別是面對每日養育孩子問題的離婚母親，讓我們看看孩子……離婚家庭的孩子比完整家庭的孩子有更多的負面行為……這些行為最常出現在男孩身上，而女孩，則大部分在離婚兩年以後這些行為就消失了。男孩這樣的行為也會大幅地消退。相較於父親，孩子對他們的母親表現出更多負面行為，這在父母離婚的兒子身上特別真實。

離婚的母親被她的孩子——特別是她的兒子——困擾。比起完整家庭的父親和母親，離婚婦女的孩子在離婚

後的第一年會不服從、不接納或不關心她。他們找碴和抱怨、做更多依賴的要求，而且更可能忽略她。（pp. 169-170）

離婚對父母、孩子和彼此之間關係的傷害在離婚後一年到達最高峰，而第二年逐漸下降，但是，離婚的母親從未能掌握到和他們配偶同等多的控制力。不過，根據我們對發展效度的標準，關鍵的問題是長期的影響。是否有任何證據證明，分居和離婚在其他環境和時間會對孩子的行為留下印記？在最近 Hetherington 和她的同事對他們自己和其他關於在母親當家的單親家庭中的孩子發展的研究之回顧，總結道：「在母親當家的單親家庭中的孩子比核心家庭的孩子看來有較高的認知、情感和社會發展的風險。」（Hetherington, Cox, and Cox, 1977, p. 31）他們所回顧的研究包括的樣本從學齡前早期、青少年時期到成人階段，並且包含各種不同的社經背景。

全國兒童調查（National Survey of Children）（Zill, 1978）的結果提供了更廣泛和更系統化的統計基礎的確實證據。使用分層隨機抽樣美國家庭至少一個孩子在七到十一歲的年齡範圍的樣本，研究者訪談孩子和其父母，因為父母應最能提供關於那個孩子的訊息。經過用按照父母親教育和收入計算的社經地位做統計控制以後，離婚家庭孩子的資料顯示了一個普遍的一致模式。整體研究結果摘要如下：

離婚大幅增加兒童發生情感和行為問題的風險。父母離婚時剛好是孩子學習語法的年齡，這樣的孩子可能需要或有得到精神疾病治療的幫助，是完整家庭孩子的兩倍。由於離婚或其他在離婚前後的生活情況的因素，這樣的孩子較可能有嚴重困擾的經驗。那些少數在家、在學校或在遊戲中表現挑釁和反社會行為的孩子，以離婚家庭較完整家庭為多。離婚家庭的孩子也更可能覺得被他們父母忽略和拒絕。（p. 53）

重要的是，更仔細地檢視單親家庭的孩子表現發展困擾的特殊方式。Hetherington 和其同事（1977）的文獻回顧中提供了相關的訊息。在社會情感領域，這樣家庭的孩子可能經驗在性別角色認定上的困難、表現出缺乏自我控制，以及展現反社會行為。在五歲之前就與父親分離的男孩，很容易發生性別角色上的困擾（表現如更高的依賴、較少積極進取性，以及對男性活動的較低興趣）。從學齡前開始就有明顯的差異，並且有一些證據顯示其一直到青少年期和成年早期的長期影響。對女孩而言，差異直到青少年期才發生，並且主要集中在異性關係。在缺少父親的家庭長大的女人，會難以與男人建立令人滿意的關係。總之，不論男人或女人在單親家庭長大，會比他們來自完整家庭的配偶更可能體驗婚姻的不穩定——特別是如果其單親父母是女性，並且分離是因為離婚而不是死亡。

類似的模式也發現在自我控制和反社會行為的問題，加上另外的特性——即如果孩子是男性，經歷的困擾更加嚴重。一個離婚家庭長大的男孩可能會是衝動、需要立即滿足、不替別人著想、挑釁，或易於少年犯罪的。Hetherington和她的同事（1976, 1978）認為，這些症狀在他們觀察的離婚家庭中，是十分敵對的母親—兒子關係的產品。

對於在分居和離婚家庭長大的兒童、青少年和成人——尤其是男性，類似的解釋也用來說明其一致較差的智力和學業表現。Hetherington 和她同事認為，這些認知缺陷是在父母—孩子配對關係中的社會化過程被打亂的結果。根據他們自己的研究發現指出：

> 研究發現在離婚家庭中，家長在對孩子適當及前後一致的管教上有明顯的缺失，對成熟和獨立行為的要求較少，以及較少溝通、解釋和與孩子講理。這些不良親職的實行與兒童高度的分心、衝動、短暫的注意力，和缺乏堅持力相關；進一步地，與成就表現和數學的解題，以及在某些類型問題解決的成績下降相關。問題解決和學業成就需要集中和堅持的能力。相較於像詞彙這類的問題，在牽涉到如數學問題解決這類理解的問題時，聚焦和維持注意力的能力似乎更加重要。因此，常常在母親為一家之主的家庭發現兒童數學與語言之間的落差……此處所提出的論點，是不良的家長管教造成兒童的高度分心和缺乏堅持，導致較差的問題解決的表現。看起來，單親母親家庭的母子互動之質與量都應該被重視。（1977, p. 13）

這個結論當然完美地與我所提出關於最有助於人類發展的假設一致。更加精確地，這些情況的失控描繪出在離婚家庭的母親—孩子配對關係的特性，特別是在分離以後的第一年期間。與假設 4 至 7 一致，我們可以看到相互敵對的主要配對關係對發展具有特別強力的破壞性，且來回互動的程度逐漸減少、人際間負面感覺的強度增加，此外，權力的平衡不是逐漸轉移往孩子，而是成為母親口中所謂的「宣告戰爭」、「為生存的奮鬥」，或「像死鴨子嘴硬」（1976, p. 425）。

遺憾的是，Hetherington 和她的同事未提供對雙親家庭的母子關係同樣完整的描述和分析，他們的研究報告中不包含對這個族群的文字描述或具體例子。我們只能從內文和表格推論，在三人家庭系統的母子配對關係具有一個更有效的社會化模式的特性。在父母和孩子之間有更好的溝通，而且母親投入更多的解釋和講理、要求較多成熟和獨立的行為、在管教上有較大的一致性，以及與孩子的感情較好。孩子們相對地表現出更多的自我控制、較少的反社會行為、一個更加清楚的性別定位、更體貼別人、對不順心的事有更大的包容性，以及較高的智力和學業表現水準。

如果這些推論是正確的，就指出了二級影響令人印象深刻的範圍和結果。這樣看來，有一個與母親有一正向關係的成人存在，能使她與孩子互動時的表現更加有效率。相反地，夫妻關係間的相互對抗性——在分離時達到最高點——打亂了母子關係的運作，和破壞它作為有效的社會化情境的能力。

第三者對包含在三者中的配對關係的影響，可以廣義地用一定義其關鍵過程和 N ＋ 2 個系統的獨特性之假設的形式來呈現。

假設 8

一個配對關係有效地作為發展之情境的能力，取決於三方中其他配對關係的存在和本質。原來的配對關係的發展潛力被提高的程度，為每個這些在其中的外在配對關係中彼此正面的感情，以及第三者對於原本配對關係進行的發展活動的支持程度。反之，配對關係的發展潛力被破壞的程度，為每個外在配對關係的互相敵對，或第三者對原本配對關係進行的發展活動阻止或干擾的程度。

這個假設的研究顯然需要應用在至少是一個三人的模式。雖然，Hetherington 和她的同事沒有使用這樣的模式來分析他們樣本中的組別，即使在他們的樣本中，三人模式是最容易應用的——雙親家庭，不過，在他們對離婚家庭中的人際關係的討論，提供了一些關於在一個三人系統中的配對關係如何被另外兩個配對關係影響的很棒的例子。而且，這些例子與假設 8 所擬出的影響過程完美地契合。

可以從研究者對來自離婚家庭的孩子有困擾的心理狀況整體發現的例外所做的調查來看。沒有這樣行為困擾的孩子與其母子關係的某些正面特點有關。例如，「若母親可以抽空陪伴、堅持嚴格但敏感的管教，以及鼓勵獨立成熟的行為，離婚家庭的孩子不會展現出認知的缺陷」（1977, p. 13）。研究者隨即提出問題：是什麼因素讓這些母親可以有效地與他們的孩子互動。這方面最重要的影響，就是離婚父親的行為和在離婚父母之間的關係：

有效地與孩子互動和配偶在孩子教養上的支持有關，以及和配偶在管教孩子的共識……當在孩子教養上有共識、有對配偶正面的態度、離婚父母之間低度的衝突，以及如果父親在情感上是成熟的……父親與孩子連絡的頻率等與較正面的母親孩子的互動相關，也和孩子較好的調適相關。當對孩子的態度有分歧和不一致以及在離婚的父母之間有衝突和惡意，或當父親適應不良時，頻繁的探視和母子的不良互動與兒童的行為困擾相關。（1976, pp. 425-426）

其他第三者對母親—孩子關係的效能有類似的影響，但這些不如有涉及到父親的主要關係有力。

其他支持系統（譬如來自祖父母、兄弟和姊妹、親密的朋友，特別是其他離婚的朋友，或有一個親近關係的男性朋友，或一位能幹管家）都與離婚母親能有效地與孩子互動有關，但與完整家庭的母親則無。不過，這些支持系統都不像離婚夫婦間的正面、相互支援的關係，以及父親持續與孩子互動之效果那樣明顯。（p. 426）

這個方向的分析讓研究者達成一個令人興奮的結論。回顧了研究上對離婚家庭所體驗到的問題、經歷的過程，以及他們對生長在這些家庭的孩子之困擾的證據，Hetherington 和她同事們論及歸因因素這個關鍵問題時，得到基本上算是一個生態性的解釋。

這些發展困擾似乎主要不是因為父親的缺席，而是壓力和缺乏支持系統，導致單親母親和孩子之家庭功能改變……越來越多的孩子將會生長在單親、以母親為一家之主的家庭。

重要的是，制定社會政策與防治措施來減低單親家庭的壓力，並發展新的支持系統，以提供這些家庭更具建設性和滿意的生活方式。（1977, pp. 31-32）

Hetherington 和她的同事的研究顯示，能看到母親—孩子的配對關係之外，並且能應用 N + 2 模式把家庭當作一個系統來分析，就不可避免地將研究者的注意力引導到孩子所處的直接環境（或者即我們所謂的微觀系統）之外，到從依序地越來越往外更遠的外在環境所發生的影響，即我們所謂的中間、外圍及巨觀系統。因而，母親—孩子的配對關係執行其發展功能的能力，不僅取決於其他家庭成員的行為，也在於外在世界的其他人。這些人中，有些人（譬如日托工作者）與孩子在其他環境相處（中間系統）；其他人（譬如一個工作上的朋友）也許與母親認識，但從未與孩子有過接觸（外圍系統）；最後，如同研究者在他們的結論中強調的，這樣外在壓力和支持的存在和本質，很大部分是由更大的社會中普遍的習俗和信念所決定的（巨觀系統）。要能從根本有效地改變離婚家庭的孩子目前所在心理發展上有缺陷的生活，必須改變這些既存的習慣和思想模式。

我希望在這裡呼籲對 Hetherington 和她的同事卓著研究的另一重要方面的注意。這與理論、本質或方法都無關，而是就有效的科學研究一個同等重要的條件——研究者的動機和足智多謀。這個對九十六個離婚家庭和配對的控制組為期二年的追蹤研究，在沒有任何研究經費的支持下進行，同時，主要研究者得全職教書和編輯一個主要研究刊物。許多計畫是在一個研究所的討論課程中完成，而所有訪談和觀察則是由學生義務進行（E. M. Hetherington，個人通信）。這不是暗示研究情境中的發展不需要大量的經費，但是，它展示了對人類發展生態的原創研究可以被沒有大型資金來源和領薪的工作人員所協助的工作者來進行。另外兩個上述所討論到關於 N +2 系統的研究，是由年輕、個別的，只有一些經費的研究者所完成的（Lamb 和 Seaver）。

關於在微觀系統之內 N + 2 個結構的分析，仍有一個議題需要被考慮，即第三者用以提高或破壞一配對關係執行它發展功能之能力的獨特方式。我們已經注意到，母親能作為嬰兒與陌生人互動時的安全感來源（Ainsworth and Bell, 1970），並且為父親與他的嬰兒互動時的增強者（也可能是一個示範者）（Parke, 1978）。相反地，父親與母親正向的關係——特別是在她教養孩子的角色——增加她照料和哺養嬰兒的效率（Pederson, 1976）、提高母親—孩子互動的品質（Hetherington, Cox, and Cox, 1976, 1977, 1978），並且因此促進兒童的心理發展（Hetherington, Cox, and Cox; Pederson）。藉由親戚、鄰居和朋友的鼓勵也能達到相似的正面作用（Hetherington, Cox, and Cox）。雖然仍缺乏系統化的證據，但看來這些人很可能在許多方面有建設性的功能：作為女性知己、助手、代班者或代罪羔羊的角色；提供需要的資訊、忠告或資源；增強主動性、促進新社會關係的形成、加強第二人稱的力量作為第一人的行為示範（例如，當兒子的表現像父親時，母親稱讚兒子），或者，如 Seaver 的研究所顯示的，為其他人應該怎樣對待孩子塑造期望。

從負面來看，第三者可能成為分散注意的來源（Lamb, 1976b, 1977, 1978），被視為對手（Baldwin, 1947），或者——像在 Hetherington 和她的同事的研究中記錄的那麼生動——由於他們自己在與另一父母的配對關係中相互的敵意和挫折，破壞了孩子主要關係的品質。全國兒童調查（Zill, 1978）的一個發現是，很重要的原因就是在此。在心理困擾指標中，有一群孩子的得分幾乎和離婚家庭的孩子一樣高。這些孩子的父母在婚姻幸福三點量表中描述，他們的婚姻是最不快樂的；這些家庭占所有雙親家庭的 3%。他們的孩子被父母通報有心理問題需要專業幫助的百分比，僅次於那些離婚的夫婦。父母和老師也都描述這些孩子是屬於較挑釁的一群。

即使全國調查的資料只是橫斷的而非縱貫的，離婚家庭的孩子通常表現出至少同等心理困擾程度的事實顯示，父母合法的分離不會讓孩子的情況改善。這個嚴肅的結果指出的也許是第三者在人類發展上最具破壞性的作用——因他們的缺席而導致的傷害。這樣的缺席意味某人無法擔任我所描述的建設性角色，如一個青少年母親有了一個新生兒的例子，沒有人能讓她尋求忠告、協助、鼓勵，或僅是陪伴（Furstenberg, 1976）。

關於能擔任一配對關係的第三者的人數問題，引發對 N + 2 系統另一個特性的注意。雖然一配對關係的形成——如我已經做的定義——需要雙方參與者同時間出現在同一處，但在 N + 2 結構中的互動模式可能是連續的。之前所描述的許多二級影響是實際運行的，即使所有有關的參與者並非在同一時間互動。為離婚的母親在她教養孩子的角色上提供支持的前夫、親戚或朋友，也許是當孩子實際上不在時這麼做。這樣一個連續互動的系統構成我所謂的**社會網絡**（social network）。

既然至少要有三個人才能有連續互動發生，故社會網絡是 N + 2 系統特有的。一個連續的人際結構中，每個成員之間在某個時間點都能彼此互動到構成一個**封閉的**社會網絡。[3] 一些理論上可能發生實際上卻未發生的配對關係的結構，稱為**殘缺不全的**社會網絡。

社會網絡可以發生在單一的環境之內；例如，在某個辦公室有些員工從未同時出現，而是必須透過留言或通過第三者來溝通。然而，最共同和最廣泛的社會網絡是那些延伸橫跨情境，和因此構成中間或外圍系統的元素。因此，我將關於社會網絡特性和它們對發展的意義之討論延後到之後的章節。

在 Hetherington 和其他人所記錄中（Felner et al., 1975; Hetherington, 1972; Hetherington, Cox, and Cox, 1977; Santrock, 1975; Tuckman and Regan, 1966），重要差別在於生長在寡母家庭與在離婚家庭的孩子的發展之間，無論在認知、情感或社會領域困擾程度上，後者一致高於前者。探測造成這些發展差別的因素，Hetherington 和她同事（1977）不僅指出，在離婚父母之間經常持續的尖酸相對，和母親對被拋棄的憤怒，也指出「關於離婚更大的社會標籤」和實際上「寡婦似乎比離婚的人有較大的支持系統」（p. 28）。從全國兒童調查（Zill, 1978）與這發現一致的結果是，離婚與寡居的母親在精神健康的評估結果上有顯著的差異。前者經常表達緊張和消沉的感覺，而「寡居的母親雖就教育或收入來看，並沒有較優越，但是，令人驚訝的是卻沒有心理困擾的問題」（p. 24）。

至少在美國社會，看起來一個須照料幼兒的單親母親被對待的方式，依其婚姻是因離婚或配偶死亡結束而有不同。因此，婦女發現自己在這些情況中會受到不同的壓力，並且相應地回應。這種現象顯示微觀系統中另一個重要元素的運作——**社會角色**（social role），讓我們感興趣的是它刺激、維持，以及——有時候——顯著地改變人類發展的歷程。

第五章

角色作為人類發展的情境脈絡

在前一章對單親家庭與雙親家庭的兒童和母親間的行為差異所提出的解釋，乃基於一個未被陳述出來的假設，即所觀察到的影響可歸因於母親社會身分的不同（結婚相對於離婚），以及與這些身分相關的角色期待。還有另一種解釋認為，母親的離婚狀態是結果而不是起因，是婚前個性失調的產品，並導致了家庭內衝突，此衝突以合法的分離告終。根據這觀點，Hetherington 和她的同事所記錄到這些母子關係中的行為問題，應該在離婚前就已存在，因此，無法解釋成是兩人系統相對於三人系統這兩者之間的不同所造成的影響。此外，母親寡居而非離婚的兒童表現出較少心理困擾的這項發現，與其被視為與角色假設一致，可以說是與個性取向的解釋較契合：離婚的母親是——而且早就有——適應失調；那些丈夫去世者則沒有，他們單純是命運受害者，在其他條件上並未經過篩選。

雖然最後一點難以自圓其說，因為事實上，寡居母親比那些離婚者通常較年長和富裕；不過，了解到這點的差異並不會推翻個性取向的解釋。要推翻將需要要求未來的父母被隨機分派到一種或另一種婚姻狀況，由於道德和實務原因，這是一個在現代文明社會不可能進行的實驗操弄的完美例子。至少我們希望是如此。

儘管有道德的考量，仍有可能在其他真實生活情況做角色的隨機分派，而其結果成為有力的證據證明，即使在相同的環境，將人們分派在不同的角色，將可以完全改變他們參與的活動和人際關係，想必會因此改變他們的發展歷程。我說，「想必」是因為迄今實際上所有進行過的實驗，與典型的研究模式一致，僅限於對單一情境且是在有限的期間內；沒有證據證明實驗產生的改變在地點和時間上的延續性，因此，仍未符合發展效度的標準。不過，若因而假設在這些實驗中所發生的經驗之性質和強度，如果持續一段更長的時間，不會有一些在研究情況之外的持續影響，是相當不明智的。

另有一適當的警告。有一些實驗也許不至於誇張到依據機率來決定一個人是否應該結婚或離婚，但這些實驗的確創造了一個將人隨機分派到嚴重情緒和社會困擾的經驗之情況，並且其影響強度超過了進行此實驗的科學家所能預期的。因此，從科學倫理的角度，這樣實驗的合理性被嚴重地質疑。我不僅認同在這個方面的保守態度，同時也認為，未能了解到這種實驗可能會造成心理傷害的部分原因是來自於傳統研究模式的限制，即未能看到當研究對象處於研究以外的情境之結果。導致甚至最嚴謹的研究者都會輕忽不同環境對同一個人可能的影響，或者對這個人生活中的其他人際關係（如子女、配偶、父母、朋友等等）的影響，以及即使此研究對象也許未受影響或未察覺到，卻因而影響到這些重要他人本身。因此，可以想像並希望如果原來的研究者接觸過，並且運用生態模式在他們的實驗設計，就會看到以及避免那些潛在的危險了。

在此有必要澄清在本書的理論架構中所採用之角色概念的內涵。生態取向需要對一般所接受的角色定義做一些修改，一般的定義為「對居於某特定地位或狀態者所期望的行為」（Sarbin, 1968, p.546）。雖然這個定義包含了一個現象式的參照架構，卻未考慮到互動性這個元素，其對本書所發展的系統取向乃為一中心元素，也確實包含在 G. H. Mead（1934）和 Cottrell（1942）的古典公式對角色的構念中。這些原創的概念不僅包含對在特定社會地位的人該如何對待他人的期待，還包含其他人如何對待那個人（因此，當老師解說時，學生被期待要注意聽）。就微觀系統的成分而言，這些可以被描繪為關於交互活動和關係的期望。因此，我們對角色的定義應融入所有這些特徵。

定義 14

一個**角色**是指對一個位於社會中特定地位的人的整套活動和關係之期望，以及對與那個人相關的其他人之期望。

角色的辨認往往是藉由在一文化中被使用來指明不同社會地位的標籤。這些角色標籤通常因年齡、性別、親屬關係、職業或社會地位而有所區別，雖然其他參數（譬如種族和信仰）也可能有所影響。操作上，可用從與某人熟識且了解此人社會情境脈絡的人對下列問題的答覆——「那個人是誰？」來定義這個人的社會地位和其對應的角色標籤。

與社會中每個地位相關的是對居於某社會地位者的**角色期待**：她（他）如何對待他人以及他人如何對待她（他）。這些期待不僅與**活動內容**相關，也和雙方之間的**關係**有關，根據前述對配對組之參數的概述，包括：來回互動的程度、權力的平衡，以及情感關係。父母和老師角色的對比即是例子，兩者皆被預期提供年輕人引導；反之，年輕人被期待在一互動性高、相互關愛，和權力平衡傾向於成人一方的關係中，接受這樣的引導。但以父母來說，其與孩子的互動性較高、相互的關愛也應該更深，而且預計父母的權威在孩子的生命中，要比老師的權威延伸得更加寬廣——至少在現代西方社會是如此。

顯然地，角色之概念牽涉到整合基於社會期望的活動和關係等要素。因為這些期望是在次文化或整體文化的層次上被定義，故而角色的作用雖為微觀系統的一個元素，實際上，有它在較高層次的巨觀系統中的根源，以及它相關的意識型態和約定成俗的結構。

就是因為角色建置於這更大的情境脈絡之內，以致它們被賦予特殊的力量去影響——甚至強迫——一個人在一個特定情況中的行為、其所參與的活動，以及此人與在這環境中的其他人之間關係的建立。

角色的特殊力量在 Zimbardo 與其同事（Haney, Bank, and Zimbardo, 1973）的一個實驗中被完美地呈現出來，其標題為「在一所模擬監獄的人際關係動力」。Banuazizi 和 Movahedi（1975）的文獻回顧提供了此研究設計及過程的簡要描述。

此研究……在 1971 年的夏天於 Stanford 大學心理學大樓地下室的一所模擬監獄進行。實驗對象從一則徵求願意有酬參與「監獄生活的心理研究」登報廣告的七十五位回應者中挑選出來。選出的二十四位實驗對象主要是男大學生，大部分來自中產階級背景，是由實驗者判斷為「最穩定（生理和心理）、最成熟，並且最少參與反社會行為者（Haney et al., 1973, p. 73）」。以隨機的方式，將半數的實驗對象分配到守衛的角色，而半數分配到囚犯的角色。

在實驗開始之前，研究對象被要求簽署一份具以下規定的表格：(a)所有實驗對象同意扮演囚犯或守衛的角色為期最長兩個星期；(b)那些被分配到囚犯角色者在監禁期間將預期會是處在監視之下、受到騷擾，和被削減一些他們的基本權利，但不會受到肢體暴力；並且(c)實驗對象至少被保證有適當飲食、衣物、住處、醫療，和在實驗期間每日十五元美金的報酬作為回饋。

在實驗開始的前一天，守衛被邀請參加一說明會。他們被告知研究的目的是：「在現實和道德考量所規範的範圍內模仿一個監獄環境」，而他們的任務是：「在監獄內維護合理的秩序程度，讓它可以有效地運作。」囚犯實驗對象被電話通知要在指定的星期天在家等，那時研究就會展開。接著，在Palo Alto市警察局的合作下，這些實驗對象被「大量突擊拘捕」。在經歷精心設計的拘捕與登記手續後，實驗對象被蒙上眼睛，並被帶到模擬監獄。

研究者沒有任何具體的假設要測試，此研究的整體目的是要透過實際運作的模擬監獄，來探索監獄環境中人際關係的動態。在囚犯和守衛之間原先並沒有性格上的差異，二組扮演其各自的角色最長為期兩個星期。

此研究的結果相當戲劇化，並且不完全在研究者的預期之內。在實驗開始之後不到兩天，暴力和反抗就爆發了。囚犯撕掉他們的衣物和識別號碼，並且把自己隔離在牢房裡，同時對守衛大叫和詛咒。相對地，守衛開始騷擾、羞辱和威逼囚犯。他們用複雜的心理技巧打破同房者之間的團結，並且在他們之間製造不信任的感覺。在不到三十六小時內，囚犯當中的一位表現出情緒困擾的嚴重症狀、混亂的想法和無法控制地哭泣和尖叫，並且被釋放了（之後，有謠言說他是偽裝的，並且藉由假裝贏得了他的釋放）。很快地，囚犯要求成立一個申訴委員會，並且提供教會禮拜。在第三天，有一個關於大逃亡的計謀的謠言傳開來，讓守衛和督導（即在背後操控的Zimbardo教授）採取了各種的預防措施。同時，守衛增加了他們對囚犯的騷擾、威逼和酷刑。在第四天，有兩位囚犯顯出嚴重情緒困擾的症狀，並且被釋放了；同時，第三個囚犯身心失調全身發疹，他也被釋放了。在第五天，囚犯顯出個人和小組崩解症狀，他們大部分變得被動和馴服，並且深受與現實脫節的困擾。另一方面，守衛繼續他們的騷擾，有些表現得殘酷成性，並且「對所謂極度權力的麻痺樂在其中（Zimbardo et al., 1972）」。（p. 153）

原作者總結這個研究的主要結果如下：

關於行為互動持續、直接的觀察，被佐以錄影紀錄、問卷、自陳量表和訪談。整合所有的這些資料得出的結論為，這所模擬監獄發展成了一個強迫心理的監獄環境。如此一來，它激發出許多參與者意想不到的強烈、現實，和往往是病態的反應。囚犯經歷了失去自我認同和行為控制，導致其被動、依賴、消沉和無助的症狀。相反地，守衛（只有少數例外）體驗到獲得有力的社會力量、地位和團體認同，讓其角色扮演得到回饋。

一半的囚犯運用最劇烈的行為來適應這個緊張情況，即產生明顯的情緒困擾——嚴重到足以確保他們的提早釋放。至少三分之一的守衛經判斷變得較在一般模擬研究中所預期的對囚犯更加兇悍和缺乏人性。只有少數在這監禁經驗中觀察到的反應，能被歸因於在研究對象開始扮演他們被分配到的角色之前的個性特徵的差異。（Haney, Banks, and Zimbardo, 1973, p.69）

Banuazizi 和 Movahedi 質疑前面結論的效度，從嚴謹的方法學的角度來看，他們的立足點為實驗對象的行為之正確解讀，並非 Zimbardo 和他同事所謂的「一個心理壓迫的監獄環境」之產物，而是實驗對象對在實驗情境中遵照研究者所表達出的期望的回應。用批評者自己的話來說：

關於此實驗行為結果的原因，我們提供以下的不同解釋：(a)加入此實驗的研究對象對於在真正監獄中的守衛和囚犯如何互相對待及互動帶有強烈的偏見；(b)在此實驗的情境中，有非常多線索指出實驗的假設、實驗者的期望，以及——很可能是——實驗者信奉的意識型態；並且因此(c)研究對象順從實際的或他所察覺到在實驗情境中的要求，再根據與他們自己角色相關的期望來表現，產生與實驗假設十分一致的數據。（p. 156）

為了支持他們的評論，Banuazizi 和 Movahedi 發表一針對大學生抽樣的問卷調查結果。在閱讀完 Stanford 研究小組採用的實驗情形之描述，應答者被要求推測所測試的主要假設的本質，以及被分派為「囚犯」和「守衛」的研究對象可能的行為。結果顯示，「壓倒性的多數應答者（81%）能相當準確地說出實驗的意圖，也就是說，它的一般假設」（p. 157）。此外，雖然一些對囚犯的預期反應之預測有所不同，關於守衛則有很高的共識；90%的應答者斷言，他們會獨裁、壓迫和敵視囚犯。

簡而言之，引發的問題是一個生態效度的議題。就我們對此概念的定義來看，爭議點是研究對象經歷的環境並沒有它應該具備或研究者認為其應該具備的性質。

Banuazizi 和 Movahedi 評論的讀者很快就回應了。不少在同領域的研究者（DeJong, 1975; Doyle, 1975a; Thayer and Sarni, 1975）強調同樣的論點可同等有力地適用於在真實生活中第一次擔任守衛或囚犯位置的人；他們也開始依照在特定社會中所存在的對這些角色的文化偏見來行事。

此外，雖然在 Banuazizi 和 Movahedi 抽樣的學生之中，對於守衛可能的行為有所共識，但對囚犯可能的反應卻無共同的意見；一樣人數的應答者分別預測「反叛的」、「被動的」和「擺動的」反應模式。還有，就如一個評論者指出的（DeJong, 1975），Banuazizi 和 Movahedi 自己陳述原來的研究者「並沒有任何具體假設要測試」（p. 153）；實際上，Zimbardo 發表的一篇關於 Stanford 實驗（1973）倫理的文章中指出，如果實驗者當初預測到所發生的極端反應，這個研究就不可能被執行。

DeJong 要大家注意研究對象隨著時間的行為變化。當實驗繼續，守衛增強了他們的騷擾和挑釁的行為，而囚犯表現出精神狀態明顯的轉變。在第二天，他們爆發了暴力和反叛，但一旦守衛使用武力掃蕩暴動（藉由使用滅火器作為武器，和將囚犯的權利變成「特權」），隨之而來的是一段深度的被動、消沉和自我貶低。[1] 被關於監獄暴力的媒體所餵養的社會偏見，很有可能在這系列的反應中扮演一部分的角色，這裡顯然有一個動態過程在運作。

即使這個反證是令人信服的，但似乎仍難以駁斥 Stanford 實驗的結果只是人為的結果。而同時，Banuazizi 和 Movahedi 提供了社會偏見運作之具說服力的證據。Zimbardo 和他的同事所提供的解釋，在這些既已存在的偏見中如何站得住腳呢？

與 Banuazizi 和 Movahedi 相反，我認為，新證據只是為作者原本的理論提供更多實證支持。社會偏見的影響恰好適合作為他們隱晦不清的概念模式中幾個因素之一，正如 Banuazizi 和 Movahedi 所正確指出的——其一點也不明確。不過，從研究者對此監獄實驗的原因說明，其背後的假設仍可辨認。

根據它的原意，Stanford 研究的進行是為了挑戰「一個盛行的無意識的思想體系：即監獄社會制度的現狀乃歸因於執行它的人的『自然本質』，或推廣者的『自然本質』，或者兩者皆有」。研究者稱這個普遍共有的文化取向為**性格假設**（dispositional hypothesis），認為「在任何一所監獄內造成的可恥狀況：暴力、殘酷、滅絕人性和退化，主要原因之一可以追溯到監獄和同牢房的族群某些與生俱來或習得的特質」（Haney, Banks, and Zimbardo, p. 70）。

反對這個人化的取向，Zimbardo 和他的同事提出實際上是一個生態學的觀點來解釋囚犯和他們的守衛兩者的行為。他們提出，實驗對象的反應主要不是代表堅忍個性特徵的彰顯，而是在當代美國社會中，對特定角色和組織的反應模式。從研究者的觀點來看，唯一證明這個不同假設的效度的方式是進行一個控制實驗。

（一個）對性格假設的重要評估無法透過觀察現有的監獄情境直接達成的，因為這樣自然的觀察一定會混淆環境細微的影響，與同牢房的人和守衛族群的長期特徵。要將監獄環境本身的影響與從那些本來就歸屬於它的居民的性格分別開來，需要的研究策略是去蓋一所與它現存之監獄制度的基本社會心理情境相當的「新」監獄，但完全由在各個重要方面都與社會其他人無所區別的個體居住。（p. 71）

我認為這個實驗的結果——即使保守地解讀——為「監獄」環境的運作造成所觀察到的影響提供了毫不含糊的證據。因此，問題成為那個環境中的哪些部分在作用，並且如何作用。由Banuazizi和Movahedi引用的論點和證明，為存在於整個社會中的角色偏見的作用提供了一個有力的實例，但相對應的批評中具說服力的反證顯示，內涵不只如此。尤其是此論點未能解釋研究對象行為和情緒狀態隨時間持續的變化——特別是在「囚犯」角色所看到的那些行為，而對此角色顯然沒有一致的期望存在。然而，這些時間上的發展在研究者本身所提供的解釋觀點中卻占有一席之地。他們認為，此實驗的重要因素是在囚犯和守衛之間造出和隱含的社會認可的力量關係，然後，此關係因而發展出它自己無法阻擋的動量。

以下從研究者報告節錄出來的部分，指出這關係的動力。

「守衛」和「囚犯」地位之間差別權力的授予，實際上，構成了制度上對這些角色的認可……身為一個守衛具有他在監獄之內的社會地位、團體認同（當穿著制服時），和尤有甚者，有可自由行使對其他人的生活之空前程度的控制權。這控制一成不變地透過制裁、處罰、要求，並以明顯肢體力量威脅被表達出來……權力的使用會自我擴張且持續不斷……守衛的挑釁每日逐步升級——即使在多數囚犯停止抵抗以後，而且監獄狀況的惡化對他們而言是如此顯而易見……囚犯投入於守衛為他們建構的社會現實這賦予它漸增的效度，當囚犯隨著時間順從了他們的對待時，有許多人用行動來辯護他們在守衛手中的命運，他們採取有助於支持其犧牲的態度和行為……典型的囚犯症狀為下列之一：被動、依賴、消沉、無助和自我否定。（pp.89-94）

有三個元素可以在這個系統的解釋中被分別出來。第一是角色的合法性，透過將角色置於社會中已堅固建立的組織脈絡之中。這些組織中的其中一個可以清楚地被辨認出來——即現有的監獄制度；另外一個明顯地被使用，但未被明確地承認——即大學。實驗的進行在 Stanford 心理學系的支持下，清楚地給予這個「監獄」、管理者，和它的守衛認同，以及學術和科學權威。第二個結構元素為授予守衛合法的權柄，結果，他們不斷升高其行使在囚犯身上的權力。第三，囚犯最終的反應是接受由他們守衛的行為為其定下順從的、非人性的角色。

關於角色分派對行為之影響的最初幾個假設可以歸納如下。

假設 9

把一個人安置在一個角色時，容易喚出與此角色期待一致的感知、活動和人際關係模式，這期待即位在此角色應有之相當行為，以及其他人對待此人的適當行為。

假設 10

當角色恰當地建立在社會組織結構中，並且存在於文化或次文化關於這些期望普遍的共識中，即在此角色應有之相當行為，以及其他人對待此人之適當行為，喚出與角色期待一致的感知、活動和人際關係模式的傾向會被增強。

假設 11

當社會上支持給予一個特定角色越多的權力，就使位居此角色者有越大的傾向去行使和利用此權力，而其部屬的反應也就更加順服、依賴和缺乏主動。

一個更適當的——即使較不精確——表達這項原則的措詞理所當然出現在 Lord Acton 的經典格言中：「權力帶來腐敗，而絕對的權力帶來絕對的腐敗。」（1948, p. 364）

從權力與服從的動力學對 Stanford 實驗結果的解釋，以及其結果本身，不可避免地讓人想起 Milgram（1963, 1964, 1965a, 1965b, 1974）許多談論「對權威的服從」的研究，其被一些人——包括近代的 Gordon Allport——稱為「Eichmann experiment」（譯註：關於屠殺猶太人之納粹罪犯行為的研究）（Milgram, 1974, p.178）。下述關於其研究設計和主要結果的摘要，是根據 Aronson 和 Carlsmith（1968）的回顧：

在這些實驗中，Milgram 要求研究對象對一個人施以一系列的電擊，表面上是一個學習實驗的一部分。研究對象並不知道電擊實際上沒有被發出。在每次「不正確」的測驗反應之後，研究對象被要求增加電擊的強度，只要壓一下一端標記有從「輕微電擊」到另一端「危險：嚴重電擊」的連續系列槓桿。大多數研究對象持續增加電擊程度到最大值，即使事實上關在隔壁房間的「接收者」（其實是研究的共謀者）表示，他在極度痛苦中、拍打門，然後最後噤聲。既然共謀者的沉默對「學習」任務是一個不正確的反應，研究對象被要求增加強度。多數人都服從了。Milgram 提供了一個生動的描述，關於這個步驟對一般依從實驗者請求的研究對象的影響。其行為包括冒汗、口吃、大量打顫、無法控制的緊張笑聲，而且通常皆極度失去鎮靜。（pp. 22-23）

Zimbardo 和其同事認為，他們的研究結果和結論呼應 Milgram 先前的研究，並且顯示了這個主張：「邪惡的行動不一定是邪惡的人的作為，而可能歸因於強而有力的社會權力的運作」（Haney, Banks, and Zimbardo, 1973, p. 90）。但 Stanford 小組正確地指出，他們自己的研究延伸 Milgram 的範圍，澄清了一些實質和理論上的重要問題。

最重要的是，在實驗設計上一個關鍵性的差別。在 Milgram 的研究中，權威者的行為完全預先決定，並且只限於一系列逐漸增強的命令。因此，研究對象的反應亦相應地基本上只限於服從或抵抗。在 Stanford 實驗中，「關於守衛或囚犯的角色怎樣表現的指示並未明確地被定義」（Milgram, 1974, p. 91），所以，任一方的成員「基本上是可以自由地投入任何形式的互動」（p. 80）。但是，他們突發的衝突都轉變成極度地敵對，並且沿著權威相對於服從的向度尖銳地對立。這個事實以及實驗進行的六天期間逐漸發生的改變，成為對角色結構之力量而言更強而有力的證據，比在 Milgram 的研究中更能刺激和塑造行為的方向。

同時，Milgram 的調查產生的結果不僅支持和澄清 Stanford 實驗的結論，也讓大家注意到，在 Zimbardo 及他的同事的報告中，未受到重視之強而有力的社會影響。在前者，情境中適度的修改產生了極大的影響。觀察到科學實驗者的角色具有「地位成分」，Milgram 安排實驗者——那個下達對受害者執行電擊命令的人，在實驗正要開始之前被叫去接電話。接著，一位共謀者裝成是另一個等待輪到他的研究對象，志願並且實際執行在基本實驗中完全同樣的步驟。結果，「服從度暴跌……只有三分之一的研究對象像聽從實驗者一樣地聽從那個同志」（p. 97）。Milgram 總結為：「重要的不是研究對象做什麼，而是他們是為誰做的」（p. 104）。

與 Stanford 實驗的結果一致，這個發現確定權威的角色是產生服從的一個重要元素。Milgram 研究的另外一方面指出，還有另一個因素會影響角色激發行為的能耐。從 Asch 對社會服從研究的觀點（1956）出發，Milgram 探討研究對象對在實驗情境之其他人的出現及行為的反應——這些人扮演實驗者或研究對象本身的同志。他發現，如果同志鼓勵研究對象執行更高的電擊（1964），對實驗者的服從會增加；如果同志反對電擊，服從將會減少（1965a）。

這個額外的發現導出一個更進一步的假設，即關於環境狀況影響角色去引發與社會期望一致的行為之傾向。其下的原則是我們已經熟悉的，因為它代表假設 8 對角色層次的延伸（這個假設是處理第三者在 N+2 系統的影響）。

假設 12

引發與特定之角色期待一致的行為的傾向，乃和存在於其情境中其他角色邀請或禁止與此角色相關的行為具函數關係。

在 Milgram 編導的學習實驗中的同志，當然是故意被研究者引介到情境中的，並且是按照事先定好的劇本演出。但在實驗室之外的小組團體的情況中——例如 Zimbardo 的模擬監獄，這樣的同志可能自然地產生在任一方。因此，我們可以問，什麼樣的人際結構（如果有的話）在假監獄中發展出來了？在囚犯和守衛之間的敵意是明顯的，但這兩個團體之內的友誼或對立關係呢？最後，延伸到此配對關係之外的 N+2 系統，我們可以問：第三方的關係居中斡旋囚犯和守衛之間對立的互動到什麼程度？

Zimbardo 和他的同事提供極少與這些事情有關的訊息。雖然所有研究對象顯然都被實施社會計量（Haney, Banks, and Zimbardo, 1973, p. 77），但沒有任何結果報告。囚犯互動的資料僅限於透過錄音監測在廣場及牢房中私下談話的內容。研究者驚訝地發現，這些互動內容的有限：

> 當監測囚犯私下的談話時，我們知道幾乎所有（90%）他們談論的都直接與監獄情況有關，即食物、特權、處罰、守衛騷擾等。只在十分之一的時間，他們交談關於在監獄之外的生活。因此，雖然囚犯們一起生活在這樣緊張的情況，但他們對彼此的過去歷史或未來計畫了解得極少…… 守衛也很少在他們的休息時間交換個人訊息。他們或者談論「問題囚犯」，或者其他關於囚犯的主題，或者完全不交談。（p. 92）

雖然這個描述表示，很少親密或強烈的關係在任一個團體中發展出來，但顯然地有一些成員彼此交談，因為實際上有些人際結構產生。才第二天，囚犯就組織了反抗活動，即使在強制地被鎮壓之後，他們仍成立了選舉出的申訴委員會。N+2 系統實際上在監獄中運作的事實，在研究者於實驗之後的訪談中反應出來，「比在『廣場』更強的騷擾發生在當個別守衛單獨與落單的囚犯在監聽範圍之外，例如在洗手間或途中」（p. 92）。[2]

這樣事件的發生讓我們注意到，需要系統化地檢視囚犯和守衛依他們對於配對關係、群組，或半正式角色和結構（例如，申訴委員會的會員）的投入，而改變其行為函數的影響。在 Stanford 研究中，缺乏這樣的分析凸顯出這個關於重要轉變的實驗矛盾的一面。即使它提供具說服力的證明來支持生態模式，仍展現出傳統研究思維中許多典型的限制。其背後的理論架構基本上僅限於二人模式（守衛和囚犯），並沒有 N+2 結構存在或浮現的機會。更加顯著和確定的是，這研究完全限於微觀系統層次的事實。

關於實驗介入的影響之資料取得，幾乎完全限於當研究對象在模擬監獄中所表現的反應。雖然在實驗完成的幾個月後，對各個研究對象有進行一些評估，但此探討的性質並未被具體化，這些結果的唯一參考為單單一句並且稍嫌隱晦的陳述：「研究結束後的一年內，對各個研究對象的追蹤顯示，參與的負面作用只是短暫的，而研究對象個人的收穫則持續。」（p. 88）沒有系統化的資訊可得知，研究對象先前或之後在家、在學校、在工作，或在其他環境的經驗，也沒有關於他們與家人、朋友、同學、同事等的關係。

從生態角度來看，這樣的資訊在幾個方面是重要的。如果這是真的——如假設 8 所提出的，在一個微觀系統內，第三方可以對人際關係有深刻的影響，如此說來，這樣的影響能延伸至諸情境之內和之間似乎十分合理。在 Stanford 實驗，與假監獄外的人的人際連結之存在和本質，大有可能可以調和研究對象所表現的特質和反應的程度。與他們的父母、妻子或情人，或同儕團體有深厚連結的學生的反應，與那些缺乏這些親密的人際關係或經驗到失望的學生的反應是否有任何不同？這些依然未被回答，因為唯一 Stanford 小組有檢視的背景資料，或至少目前有報告的是人格特質測量的分數，這與研究者的「反個人化」取向一致，只能解釋「對這假監獄經驗之反應的變異度極小部分」（p. 81）。

類似的情況適用於 Milgram 實驗。例如，研究對象的服從或抵抗實驗者命令的準備度，是否依他現在（或過去）在家或在工作與權威人物的關係而呈函數變化？這類問題仍未被回答，並且在兩項研究中皆未被提問。往下我將從其他研究審視一些實證證據來提出：如果這些 Stanford 和 Yale 研究者探究了這些問題，他們將會獲得具理論和社會重要性的結果。

此外，增加對生態問題的注意，將可能可以夠慎密地考慮到，在這樣的研究所牽涉到的倫理問題。從傳統實驗的觀點來看，在考慮一個特殊實驗可能的傷害時，以實驗對象的福址為焦點似乎是相當足夠的。然而，一個生態取向注意的中心不僅是個人，也包括他所投入的情境，以及跨情境的人際系統。這方面特別重要的是主要的配對關係，通常涉及父母、配偶、孩子和朋友。所有在 Zimbardo 和 Milgram 實驗的研究對象都有親戚或伴侶。在 Stanford 研究中，他們有些人實際上探望假監獄，並且依推測會從囚犯聽到第一手他們的痛苦經歷，甚至直接觀察到這樣的經歷在其所親密依附的人的外觀和行為上的影響。並且肯定的是，當兩個實驗結束後，研究對象一定會對家人和其他接近的同伴談論他們的經歷。在這兩個研究都給予研究對象強烈經歷的前提之下，我們不能排除——即使他們自己不知道——他們隨後與其他人的互動已經受影響的可能性，特別是在主導、順服，和對權威的反應等向度上。這些向度當然遍及家庭、工作和——事實上——每個生活面向。總之，的確不難想像 Zimbardo 和 Milgram 進行的這種實驗，會影響到除了實際上為研究對象的那些人以外的其他人的福址，然而，這些人投入此項科學工作的意願並未被尋求或取得。

這樣的可能性大大地擴大人類行為與發展的研究者所負的責任。保持生態觀點將能擴展研究者對科學活動對人類可能帶來的衝擊之看法，並在設計具潛在傷害的實驗時，不僅針對研究對象，也包括其生活中的其他人的福址，有更多的關注和節制。

Stanford 和 Yale 實驗所引出對人類發展生態最中心的議題如下：在兩個實驗都觀察到的強烈情感反應——這些反應經常達到病

態的程度——是否對研究對象在回家以後的行為有任何持續性的影響，特別是在他們與家庭成員、朋友、同事、上司或下屬的關係上。這個疑問在真實生活的版本凸顯出它在公共政策上的意義：當人在真正監獄和集中營的監禁被釋放之後，是否對他們與家庭成員、朋友、同事、上司或下屬關係的行為有任何持續性的影響？

不幸地，由於這兩個實驗在生態概念模式上的限制，這個問題未被回答。事實上，就我所知，沒有任何對這些重要發展問題系統化的研究存在。從真的囚犯獲得相當的訊息是困難的，但顯然不是不可能；但是同樣地，Zimbardo 和他的同事進行了他們的實驗，其影響會被囚犯族群的預先選取而干擾。然而，這樣的干擾仍然可能被避免，並且透過對 Stanford 和 Yale 實驗的研究對象，或許還有與他們接近的同伴的後續訪談，這樣的訊息更加容易取得。最有效的會是前後測的設計，能評估人際關係在釋放之後不久的時間點，以及在接下去間隔的時間點間的變化。不過，使用這樣的研究策略預設了一個理論模式會延伸出一個單一地點之外，包括在轉銜與環境之間的交互作用。

雖然 Stanford 和 Yale 實驗的長期影響仍未可知，這些研究提供了有力的證據，支持社會角色導致行為改變的力量。因而產生的行為很難從社會觀點來撫平，同時，從理論的觀點也需要提出一個問題：是否能創造出引發建設性的，而非極端專制、服從與心理失調的角色？

一個較早期卻同等巧妙和優雅的研究經典之作處理了這個問題。在 1950 年代初期，Sherif 和他的同事在 Oklahoma 大學做了一次獨特的實驗（1956, 1961）。用 Elton B. McNeil 的話來說：

1954 年夏天，在 Oklahoma 的 Robbers Cave 有場戰爭開戰了……當然，如果你看過一場戰爭，你就等於看過了所有的戰爭；但是就戰爭而言，這是場有趣的戰爭，因為只有觀察員知道為何而打。那麼，這場戰爭與其他戰爭有何不同？這場戰爭是由行為科學家發起、執行並結束的。在多年的宗教、政治和經濟戰爭之後，這或許是第一個科學戰爭。它並不是那種冒險家為了興奮而加入的戰爭。理想上，你必須是十一歲的中產階級、美國人、新教徒、適應良好的男孩，且願意加入實驗陣營才有資格參與。（1962, p.77）

Sherif 展現了在幾個星期之間，他能讓這個普通男孩的樣本產生兩種非常對立的行為模式。首先，他將他們改變成具敵對性、破壞性、反社會的一幫；然後，在幾天之內再次改變他們，這次是成為具合作性、建設性的工作者，以及會關懷並甚至預備為彼此和為社區整體做出犧牲的朋友。

這個努力有多成功，可藉由以下描述男孩在達到各個階段後之行為的摘錄來評估。在第一個實驗介入開始之後：

美好的感覺很快就消散了。各個小組的成員開始稱他們的對手「臭人」、「告密者」和「騙子」。他們拒絕與對頭小組的個別成員有任何牽扯。這些男孩……與死黨變為敵對，即那些當他們剛到時選擇作為「最好的朋友」的人。大部分在各個小組的男孩給所有其他小組的男孩負面的評分。對頭的小組製作威脅海報並計畫襲擊，秘密蒐集貯藏青蘋果為彈藥。在 Robbers Cave 營區，老鷹隊在輸掉一場比賽後燒了響尾蛇隊留下的旗幟；第二天早晨，當老鷹隊到達運動場時，響尾蛇隊奪走他們的旗子。從那時起，辱罵、扭打、襲擊是每天的例行公事……在餐廳排隊時，他們互相把對方推到一旁，而輸的一方則在隊伍前方對贏的一方喊「女士優先」。在餐桌上，他們互相丟紙、食物，以及喊粗鄙的外號。當一個老鷹隊員被響尾蛇隊員撞到時，他的老鷹同伴會提醒他把衣服上的「污物」拍掉。（Sherif, 1956, pp. 57-58）

但在第二個實驗介入之後：

兩隊的成員開始對彼此感覺較友好。例如，原本被老鷹隊討厭的口才鋒利和有攻擊技巧的響尾蛇隊員變成一個「好蛋」。這些男孩停止在餐廳排隊時互相推擠。他們不再互相叫對方外號，並且坐在一起。新友誼在兩隊的成員中發展。

到最後，兩隊之間主動找機會混在一起，逗對方，並且互相「招待」。他們決定舉辦一個聯合營火晚會，輪流表演短劇及歌唱。兩隊的成員要求搭同一部車一起回家，而不是像他們來的時候分開搭車。車子在途中為點心時間

停下來。在競賽中贏得五美元獎金的一隊決定將這筆錢花在點心上，他們主動請前敵手喝麥芽牛奶。（p. 58）

這些影響是如何一個個達到的？「介入一」有個熟悉的論調，至少在美國社會如此：「要製造男生隊伍之間的爭執，我們安排遊戲競賽：棒球、美式橄欖球、拔河、尋寶遊戲等等。比賽在好的運動家精神中開始。但是隨著進展，好的感覺很快就消散了。」（p. 57）

但如何將仇恨變為和諧呢？在進行這個任務之前，Sherif 想證明，與一些研究人類衝突的學者之觀點相反，僅有互動——在反對者之間愉悅的社會性接觸——不會減少敵意：「我們將敵對的響尾蛇隊和老鷹隊一起帶去一些社交活動：看電影、在同樣餐廳吃東西等等。但與所預期的衝突減少相反，這些情況只成為敵隊之間互相指責和攻擊的機會。」（p. 57）

衝突最後被一系列的策略消除了。Sherif 給了以下的例子：「我們營地的水是經由管子來自一英哩外的水槽。我們安排將它中斷，然後將男孩全部叫來，告訴他們這個危機。兩隊馬上志願找出有問題的水路。他們和諧地共同努力，在下午結束之前，他們已經找出並改正了困難。」（p. 58）另一個情況是，當大家餓了，而且營隊的卡車正要進城載食物時，結果引擎不能啟動，而男孩們必須合力讓車子開始動。

根據 Sherif 的說法，讓人際關係達到和諧的重要元素是以一高超目標為名的共同活動。「當各隊之間聚集一起達成最重要的目標，即對所有關切的人為真實且不可抗拒的目標時，敵意就會讓路」（p. 58）。Sherif 的實驗達到目標的轉變，是透過一個與在

Stanford 研究不同的過程。在 Stanford 實驗的關鍵策略是，將研究對象置於已存在於更大的社會情境中人們所熟悉的角色，並且代表權力連續譜的極端。在 Robbers Cave 實驗中的營隊成員被塑造的建設性角色，在外在世界並沒有可輕易辨認的對應者，並且其所區分的角度不是根據權威的地位，而是依據所追求的活動內容和目標。但正如在相對的權力地位下，一旦不同的目標和活動被建立，他們將展現自己的動量，並且產生獨特的人際結構模式，在這個例子中是和諧與破裂的人類關係。

此策略和它導致的動態可以以假設的形式來歸納。

假設 13

將人們置於被期待要競爭或合作地反應的社會角色中，容易引發和強化與指定的期待相容的活動和人際關係。

Robbers Cave 的實驗並不是第一個顯示出任意的角色分派可以產生社會建設性，同樣也可產生有害的作用。類似的結果在可名符其實地稱為所有轉變研究的原型實驗中達到，Sherif 和 Zimbardo 的研究就是其直接的延續——即 Lewin、Lippitt 和 White 在 Iowa 大學的經典作品：關於三種在兒童小組裡具對比的領導風格的製造和結果（Lewin, Lippitt, and White, 1939; Lippitt, 1940; White and Lippitt, 1960）。Getzels（1969）摘要其設計和研究結果：

> （研究者）檢視三種領導角色的影響和造成的小組氣氛，他們透過觀察四個由五位十或十一歲男孩組成的「團

體」之行為，每個團體處於三種領導情況：「民主」、「獨裁」和「自由放任」。團體成員被配對以控制個別差異，並且領導者被輪流調動以控制介入的變異。相關的行為被記錄下來，包括於團體內、領導者及個別男孩間之互動、挑釁的表現，以及團體作品的生產力。有一項觀察比其他顯著。因不同的領導風格產生的社會氣氛會造成重要的差異，這可被簡單地摘要說明如下：（1）挑釁的行為在獨裁的情況下，不是非常高就是非常低，在自由放任的情況下極端高，在民主的情況下則是中間程度。（2）有生產力的行為在有領導者在場時的獨裁氣氛下，比較高或同等於民主氣氛；當領導者不在時，則遠遠較低。無論領導者在不在場，其在民主氣氛下皆是中等高的程度，至於在自由放任氣氛中則最低。（p. 505）

從生態學觀點，Iowa實驗不僅在時代上，而且也在理論範圍上領先它的後繼者。雖然未能有資料記錄關於實驗引發的團體氣氛對研究對象之後在其他情境行為可能的影響，但研究者調查了每個男孩在之前的經驗中對實驗情況的反應。他們探討家庭的親子關係對於男孩對三種對比的領導風格的行為之影響程度。這個部分的探討是由於男孩們回應特定的領導者類型時，表現出驚人的個別差異，特別是當領導者採取民主方式時。有些孩子使民主難以達成，其他人則使它較容易達成；結果，關鍵的因素是一群交互相關的個性特徵，包括誠實、謙遜、堅持不懈和不挑釁。研究者統稱這組特質為**良心**，並定義其為：「在這組特質背後，能解釋在他們之間相關性的心理過程。」（White and Lippitt, 1960, p. 200）訪談男孩母親所得的評分，以及較不系統化的個案研究指出這樣的結論：「表現依良心行事者的父母，他們的管教方式可能是有最溫暖的情感和最堅決或一致——而不是最嚴格的。」（p. 221）

在目前我們檢視過的角色轉變的研究中，這是唯一一個有去尋找並發現在主要研究情境裡，與兒童生活的其他領域中的事件之間有其連結的。這也不是唯一早期實驗認識並探討到重要的理論問題，卻被後來的研究忽略。由 Lewin、Lippitt 和 White 在 1930 年代以及由 Sherif 和他的同事在 1950 年代使用的實驗設計（1961 年發表），讓一具發展意義的現象得以被記錄，而其重要意義僅被暗示，但未明確地顯示在隨後 Milgram 和 Zimbardo 及其同事的作品中。

在 Yale 和 Stanford 的研究中，實驗者與研究對象的對比角色，以及守衛和囚犯，是由不同的人擔任。在 Lewin 和 Sherif 的實驗中，同樣的人發現自己連續地擔任不同的角色；他們經歷**角色的轉換**。這種轉換代表一種稍早被定義為生態轉銜的更加普遍的現象，發生於「當一個人在生態環境的位置，由於一個角色、情境，或兩者皆產生變化而被改變」（定義 6）。

在 Lewin 和 Sherif 的實驗中，情境保持不變，但研究對象連續被置於不同的角色中，他們自己的行為和其他人對他們的介入相對地改變。當這樣的角色轉變發生在真實生活情境裡，而不是在一個典型短期的實驗情況時，其發展意義變得更加顯而易見。例如，更小的手足的到來，將原本的獨生子女變成一個較大的哥哥或姊姊；當一個學生被留級在同一年級；一位妻子也是母親變成單親媽媽；雇員被升為督導。就回顧上述的研究結果來看，幾乎無可質疑地，這樣的角色轉變會導致行為的顯著改變。雖然這些結果是從「自然的實驗」自發發生，每個研究對象就是他自己在一個內建的前後測設計的控制組，但是在同一情境中，角色的轉變帶來行為重大的修改，就其本身而言，並不構成發展改變的證據。要符合發展效度，則必須呈現這改變在其他情境與時間皆能持續，例如，當家中的新手足來到之後，兒童開始在學校有不同的表現，或丈夫在工作升遷後，改變他作為父母和配偶的行為。

同樣地，就是為了發展效度的問題，所以我強調Stanford、Yale和 Oklahoma 的實驗之追蹤研究的重要性，以確定是否人為地引發短暫但強烈的經驗對研究對象（無論是囚犯、守衛、無情的實驗者、冷酷的競爭者或合作的營隊夥伴）在隨後的個人生活中的行為有任何影響——不管是在家、在學校或在工作上。缺乏這樣的資訊，這些角色轉變的研究都不符合發展效度的標準。而他們大可僅僅在研究設計上做一個適度的延伸即可達到，如此將最少提供前後至少一個其他情境的行為資料。用這種方式擴展科學探究，當然會將研究模式升級到我稱為中間系統的水平。許多角色轉變實際上發生在這個層次，因為他們牽涉到情境還有社會身分的改變；這些例子包括如進入日托中心、升級、畢業、換工作和退休。

在 Lewin 和 Sherif 的實驗中，同樣的兒童能扮演非常不同的角色之事實，產生的問題是接觸到各種各樣的角色是否能和怎麼能影響發展歷程。對這個問題顯然沒有實證的證據。由 G. H. Mead（1934）、Thomas 家族（1927, 1928）、Sullivan（1947）和 Cottrell（1942）所發展的角色理論之基本論點，似乎暗示這樣的接觸應該會促進心理成長的過程。所有這些理論家都認為，個性發展是角色逐漸分化過程的結果，牽涉到兩個互補的階段。在第一種情況中，兒童與那些擔任各樣角色的人之互動促進他的心理成長——首先在家庭之內（母親、父親、兄弟姊妹、祖父母），然後是家庭之外（同儕、老師、鄰居等等）。同時，和與在不同社會地位的人的接觸成函數關係，兒童自己經常處在新角色中，並且，當她（他）學會作為兒女、手足、孫子、表兄弟姊妹、朋友、學生、隊友等等，就會發展出更加複雜的自我認同。這個普遍的公式產生以下的假設。

假設 14

人類發展透過與擔任各種各樣角色的人的互動，和透過參與不斷擴展的角色型態而促進。

如果這個假設是準確的，當前在美國社會的兩個主要社會化情境（家庭和教室）內角色範圍的限制，成了令人擔心的原由。至少從1940年代晚期開始，有兒童的大家庭數目和大小加速減少（Bronfenbrenner, 1975），同時，單親家庭的比例如火箭一般上升；最新的人口資料顯示（U.S. Bureau of the Census, 1978），大約五個兒童中有一個是只與單親父母同住的。談到教室，我在別處已評論過（Bronfenbrenner, 1978b），與其他文化對照之下，特別如蘇聯（1970a）和中華人民共和國（Kessen, 1975），在美國和其他西方社會可作為學校學生的成人模範太少。要提升角色接觸最好的方式，不是透過增加已經負荷過重的學校職員，而是讓學童接觸在更大社會中的成人角色——透過將這樣的人帶入學校情境和讓兒童參與外面世界的活動。

PART

第三篇

情境的分析

第六章
實驗室作為生態情境脈絡

微觀系統的整體運作所反映出的主張，乃構成生態取向的一個基本信念。

主張 F

對於在情境中的參與者，不同類型的情境會產生特定的角色、活動，以及人際關係的模式。

以上的主張並非意味著從一個情境轉換至另一個情境時，個人的行為沒有連續性；只是表示，如此的連續性是伴隨著系統上的差異。從每天的生活經驗來看，此主張是如此顯而易見，以致它的結果顯得平凡無奇。例如，孩子在家和在學校的行為多多少少會有些不同，孩子的父母在職場上的表現也會不同於在家的模式。然而，在發展的研究中，這個相當明顯的主張卻經常被忽略，未受到重視，因此，在解釋或是整合研究發現時造成困擾。儘管絕大部分關於人類發展的研究已經在實驗室裡進行，但是，卻極少以實驗室作為情境脈絡來檢視行為與發展。由於所知太少，我們更應該停下腳步，加以省思。

最有系統地比較實驗室與其他情境的研究，將焦點放在對照在實驗室與家中這兩種情境裡的親子互動模式。以 Ross、Kagan、Zelazo 和 Kotelchuck（1975）的比較研究為例，在兩種不同的情境下，以實驗引發相同的發展現象，即所謂的分離抗拒。為了達到此研究目的，通常使用的典範即所謂的陌生情境（Ainsworth and Bell, 1970; Ainsworth, Bell, and Stayton, 1971; Ainsworth and Wittig, 1969; Bell, 1970; Blehar, 1974; Rheingold, 1969b; Rheingold and Eckerman, 1970）。研究過程中，孩子被母親（有時候還有父親）帶到一個實驗室（Kotelchuck et al., 1975; Lester et al., 1974; Spelke et al., 1973）。在熟悉環境（也包括跟情境中的陌生大人熟稔）一陣子之後，父母親離開，讓嬰兒與陌生人獨處幾分鐘。在父母離去到返回的這段期間，觀察孩子所展現的痛苦和抗議程度做成紀錄。Ross 和她的同事思索著：若是將陌生情境轉換成至少有部分熟悉的情境，像是從實驗室移到家裡，會發生什麼樣的結果？

為了解答這個問題，他們使用兩組配對的母親與嬰兒，在兩種情境下進行實驗加以比較。嬰兒的年齡層從十二至十八個月，都來自中產階層家庭；在家裡進行實驗的場所通常是在客廳，如果客廳不適合則改在廚房。研究者的發現結論如下：

> 不管是在家裡或是實驗室的情境，嬰兒被留下與陌生人獨處，都會展現出極度不安；若是有父親或母親其中之一陪伴，則會展現出些微不安；而在不熟悉的實驗室情境要比在家裡展現出顯著的不安。……兩種情境下，孩子被單獨留下跟陌生人一起時，他們在實驗室哭泣的時間將近

是在家哭泣時間的三倍。……在實驗室反應較強烈的不安，也反應在……當大人離去，遊戲持續的時間有顯著的改變……當母親離開實驗室時，跟在家裡相同情境比較之下，孩子遊戲的時間減少了兩倍之多。（p. 256）[1]

翌年，Brookhart 和 Hock（1976）使用不同的實驗設計來檢視上述現象。相同的孩子在兩種環境中重複進行陌生情境的實驗，但使用順序的對抗平衡，一半的樣本最初是在實驗室裡觀察，另一半則在家裡觀察。比較兩種情境的嬰兒回應，顯示類似於Ross和其同事所發現的模式。「隨著情境的進行，相較於在家的情境，在實驗室裡發生保持接觸行為的強度大量增加。在實驗室裡，與母親分開而被單獨留下的孩子，產生了較多延長彼此肢體接觸的堅持和要求」（p. 337）。研究者從方法學的角度來提醒大家：

所觀察的行為中，情境的特性很顯然地影響著嬰兒跟母親之間，以及嬰兒跟陌生人之間的行為。就方法學而言，在設計有關嬰兒行為的研究時，應該注意被觀察行為的情境脈絡，研究發現應該有系統地從情境脈絡的變項及其影響，來解釋觀察到的行為。同時，要具體說明在跨情境推論研究結果上的限制。（p. 339）

Lamb 的研究（1975）比較在家和在實驗室情境下，母親—父親—嬰兒之間的互動，其顯示出嬰兒在「科學的」環境裡，所展現的正向反應有減少的現象。在家裡，一個八個月大的嬰兒傾向於對父親展露更多的行為（例如：注視父親、對父親微笑、向父親伸手、對父親喃喃發聲），然而，這些行為卻在實驗室的情境下消失了；相對地，這些嬰兒反倒表現出更大的傾向想親近母親。Lamb特別用注解指出：「大部分……研究提出的報告，關於偏愛母親更甚於父親此一觀點，其實是在陌生的實驗室情境觀察得到的。」（p. 4）。

Lamb 的另一個研究在這方面的發現有重大意義。Sroufe（1970）、Tulkin（1972）與一些研究者則反駁，並認為大學實驗室所呈現的是不熟悉感，因此，對於較低階層的家庭會產生焦慮情境。Lamb 的發現與這個觀點一致，在實驗室情境裡，社經地位的不同會影響父親—嬰兒之間的互動——中產階級表現較好；但在家裡則無此差異。唯有在實驗室的情境裡，來自較低階層家庭的嬰兒才會比中產階級的嬰兒較少注意父親，喃喃自語的頻率也比較少。

關於八個月大嬰兒的行為，社會階層的影響只發生在實驗室裡。此差異有兩種可能的解釋。首先是在兒童八個月大時，實驗室情境就已經開始對不同社會階層背景的兒童呈現出不同的意義；不過，還未滿一歲的嬰兒就能形成這麼早熟的社會概念，是非常不可能的。另一個較為可信的解釋是，嬰兒在反應父母親的行為，而父母親的行為隨其社經地位而變異。令人遺憾的是，Lamb 的研究並沒有提供數據資料來支持或是反駁以上的解釋，就如同傳統的研究模式，研究目的的唯一焦點目標只在實驗對象，而這次的對象則是嬰兒。即便觀察者的焦點已經延伸擴大——包含了親子，但是，從父母角度來觀察的互動卻還是相當局限。由於在非實驗室裡之控制變項的取向非系統化的取向，因此，研究者為控制外來可能的威脅因素，指示父母不要開始互動。

Schlieper（1975）的研究引用的數據資料驗證以下的結論：相對於在家的情境，親子互動受社會階層影響所造成的差異，更可能出現在實驗室裡。在一個觀察三歲以及四歲孩子與其母親在家情形的研究，研究者發現：「極少的差異……在低社經階級與中產階級的母親之間。」（p. 470）Schlieper 將其發現與其他研究者在實驗室（Kogan and Wimberger, 1969; Walters, Connor, and Zunich, 1964; Zunich, 1961）和在其他大學裡的情境（Bee et al., 1969）中觀察家庭所發現社會階層間的顯著差異之結果加以對照；相較於中產階級的對照組母親，其他研究的發現很一致地呈現低社經組的母親，對孩子表現出較少的刺激與互動。Schlieper 做一總結：

> Zunich與其同事不僅發現更多組間差異，更在與我們的研究之相反方向發現不同的差異。他們研究中的低社經地位母親比較少主導，也比較不會互動式地跟孩子玩，但在我們的研究中，卻比較會展現出這些行為。在Zunich的研究中，參與的低社經母親幾乎是與孩子「毫無接觸」，但在我們的研究中的這部分卻無所差異。Zunich在大學實驗室觀察的個案，相當類似我們研究的個案。（p. 470）

社會階級造成的差異，可能只在實驗室情境裡觀察得到；這樣的解釋有別於一般研究對於數據資料的處理方式，卻也同時建立了一個模式，以說明這些差別顯示出在實驗室裡，較低階層父母的反應並非那麼適應。生態觀點帶來另一種可能性，換言之，在實驗室裡，出現社會階層造成的差異同時也反映於中產階級父母的行為改變上。有兩個以中產階級為對象的比較研究，其結果可驗證此解釋。

在Schalock（1956）的觀察研究中，比較了二十個來自Merrill-Palmer托育中心的三歲兒童及其母親，其在家裡和在實驗遊戲室的親子互動。結果發現，在三十項照顧者行為中，二十一個項目有顯著差異。這些差異的特性摘錄如下：

> 母親在家裡經常用命令方式來指導孩子，但在遊戲室裡卻很少使用。親子共同參與活動在家裡（七十八個事件）發生的次數顯著多於在遊戲室裡（十九個例子）。母親在家裡有三百九十七個沒有注意到孩子行為的例子，在遊戲室裡卻只有三十個。在家裡，母親偶爾會禁止、限制，甚至批評孩子，這些卻極少發生在遊戲室裡。（Moustakas, Sigel, and Schalock, 1956, p. 132）

在 Belsky（1976）的研究中，比較二十四個母親及其一歲大的嬰兒在實驗室與在家裡的行為，也有類似的結果。此研究控制了社會階層變項，參與的家庭中，父母須有一人大學畢業，或是兩人都有一些上大學的經驗。觀察發現，會依據情境的不同而有行為上的差異是母親，而不是孩子。例如：「照顧者的一般功能水準大受影響。相較於在家裡，母親在實驗室裡更是會經常參與孩子的活動、跟孩子講話、回應孩子、刺激孩子，以及稱讚孩子；除此之外，在家裡，母親還比較傾向於忽略孩子、禁止孩子，也比較少稱讚孩子。」（p. 13）

Belsky 解釋其發現，指出母親有一種在實驗室情境裡表現的是比較合乎社會期許的行為的傾向。不過，兩種不同的生態影響也可能會有作用。首先，正如同Belsky指出的，母親在家裡可能已經因忙於其他事情而分心，在實驗室則可以全心注意孩子。而由於 Belsky 的實驗設計，情境和實驗指導的混淆會讓這種差異的傾向更為嚴重。例如：在家裡，母親被要求「忽略觀察者的存在」、「照每天的慣例進行」；在實驗室裡，則被告知「假裝手邊有半個小時的空閒跟孩子在家裡的房間」（p. 5）。[2] 雖然如此，Belsky的發現類似於 Schalock，表示在相當的指令下，相同階級之間的差異會出現——也許以較細微的形式。

對於觀察到的差異，除了母親在大學情境裡的表現較「合宜」的可能傾向之外，還需要考慮另一種解釋：母親在實驗室裡之所以比較積極地參與，是因為母親對不熟悉的陌生環境之於嬰兒的可能的影響的敏感度，激發了她母親的動力。因此，母親「在實驗室裡，更會經常參與孩子的活動、跟孩子說話和回應孩子」，也會表現更為頻繁的「正面情感」（p. 15）的事實，反應出母親想要事先預防孩子將面對的壓力痛苦，而不是單單在炫耀他們照顧孩子的技能。與這個解釋一致的事實是，儘管母親在實驗室裡展現出更多的刺激與回應，孩子對於母親的主動，不管是以口語或是其他形式的回應都沒有增加；反之，相較於在實驗室裡，孩子在家裡發出非痛苦聲音的比例顯著提高許多。而且，檢視Belsky的數據資料發現，在第二次家訪觀察時，孩子顯著經常發出更多的聲音，這是實驗室裡沒有的現象。以上模式是持續一致地發生，雖然母親第二次在實驗室裡，會比第一次更傾向於參與孩子的活動，但是，卻顯現跟在家裡相反的趨勢。

因此，Belsky 的研究結果顯然跟上述解釋一致。在實驗室情境裡，母親大大的熱忱反應出，她意識到幼兒面對陌生情境可能會產生的潛在困擾，並且也是一種適應的反應。[3] 從母親的角度來看，她的行動是十分恰當的。讓我們想到 Harry Stack Sullivan 對精神分裂病患的行為合理性的精闢評語，其提醒我們從病患的情勢來看待：「我們只不過是人罷了。」（1947, p. 7）

相對於在家裡，對於在實驗室情境下對孩子展現出較高注意力，有兩種解釋，那麼，是否有方法來操作一個獨立實驗，以確知其中的推論影響？有一種可能就是讓明顯的觀察者在情境中消失，如此便可減少鼓勵母親炫耀其照顧動機與技能。Graves 和 Glick（1978）的實驗便是採用此種取向，以檢視上述的假設：在某個情境中，參與者知道被研究者觀察，中產階級的白人母親會特別想傳遞一個「好的社交者」之形象，像是會去刺激孩子、以較高層次的口語互動來介入孩子當中，以及引導孩子，而不是以命令的方式要求。

此研究的實驗對象為六對親子（母親—孩子），都是中產階級的白種人，孩子的年齡層從一歲半到兩歲之間。在大學裡兩間設計完全相同的遊戲室進行實驗，兩間都包含有一套可做比較的玩具、圖畫書、積木、軟墊、一面單向鏡，以及錄影設備。實驗過程如下：

母親事前被告知此研究在拍攝親子之間的遊戲，由於考慮研究的目的與變項，其他細節在實驗結束後才加以說明。每位母親都同意上述條件。

母親和孩子抵達後，被帶到兩間將進行錄影的遊戲室。每一對親子在每間遊戲室裡被連續拍攝十五分鐘。在

「被觀察」的情況下，研究對象知道自己被錄影——攝影機由研究者操控，就裝設在房間外。在「未被觀察」的情況下，研究對象並不知道自己被拍攝；在整個未被觀察的時段，研究者看起來像是正在遊戲室外與同事裝置設備，事實上，則是透過房間內的單向鏡攝影。（p. 43）

所有親子組都經歷過兩種實驗狀況，但順序不同以求對抗平衡。結果發現母親的行為有「顯著差異」，尤其是在「被觀察」的狀態下，母親的行為較為主動活躍。

首先，在不知道被觀察的情況下，母親的說話量大約增加兩倍，說話長度比一般要短一點，而且完全是在指導孩子。在此情況下，母親表現出教導孩子新的語彙和技能的熱忱，並且要孩子表達他們已經學會的事物；引發孩子表達的情況幾乎持續地發生。有時候，攝影機和研究者本身是親子間討論與檢視的主題。同時，母親經常會重複之前說過的話，給孩子比較好的機會去學習語言，也回應得較為合宜；在孩子正確回答問題，或是熟練操作一項活動時，母親以正面評價給予孩子的增強也比較多。一般而言，在知道被拍攝的狀態下，母親似乎非常積極地參與與孩子的互動。約有85%的時間，親子之間持續著共同注意的焦點，不管是命名或是玩遊戲。母親經常特意對孩子開始一個主動行為，對於孩子主動的企圖也幾乎都會予以回應。（p.45）

如同先前致力於研究情境脈絡對實驗表現的影響的研究者，Graves 和 Glick 認為，他們的研究結果對於解釋科學數據有重要的意義。

> 這些發現引發對一些關於親子互動研究的一個問題，這些研究在嘗試描述互動的特質時，竟然沒有考量實驗的社會情境脈絡這個影響行為甚鉅的因素。無論是在家裡或是在實驗室裡進行，我們必須考慮到，一個心理研究的測量並非不具干擾性，而是在一個特定的情境脈絡進行，在其中，母親會嘗試以他們覺得在這個特定的環境中合適並有利的「最佳姿態」來表現。孩子的整體發展環境，只以一組有所限制的觀察來推論，似乎是無說服力的。……假設研究者有類似的社經背景，母親對於這個角色的內涵可能與研究者的期待一致。如果背景不同，面對世界時便有不同的期待與策略。無論如何，所有親子互動的分析都必須考量情境脈絡這個變項，因為這個變項可能會影響互動所展現出來的特質。（p. 45）

我們必須注意這個實驗與之前研究不同的一個重要因素，即先前所檢視的研究，都有陌生人出現在實驗室情境。因此，Graves 和 Glick 明確指出，母親在觀察者面前努力製造一個好印象，這並不能排除一個可能性——當環境誘發母親回應時，母親在實驗室裡會對幼兒表現出更多照顧上的保護。

O'Rourke（1963）的比較研究支持以下論點：母親在實驗室的

行為可解釋為一種符合該情境下對母職角色的定義之適應性的回應。O'Rourke的實驗從三方面來補足和驗證先前的研究：第一，跨情境觀察母親與父親的行為改變；第二，研究對象包含有較大孩子（青少年）的家庭；第三，可能也是最重要的科學結果，O'Rourke從理論觀點來比較在家和在實驗室裡的行為。

Bales（1955）分析在團體中的適應與整合的功能，O'Rourke從Bales的推論進而假設：「當情境的物理或社會環境條件讓人不是那麼熟悉時，適應的問題便會在此時凸顯出來。對家庭成員來說，當把他們從家裡轉移到一個像是互動實驗室的不熟悉情境時，適應的問題就會超越整合問題而成為優先被解決的問題。」（p.425）從實驗操作上而言，O'Rourke依據Bales的互動項目而預測：一般來說，相較於實驗室裡，同樣的家庭在家裡會展現較多正面的社會情緒行為。之後，他理論化地減去幾個步驟，以假設一個更為複雜的模式，對於情境的轉換會有不同的反應，其關係包括：母親相對於父親，以及女兒相對於兒子。O'Rourke 的起始點是 Parsons（1955）和 Zelditch（1955）的論文：「男性在家庭中被分派也被社會認定是工具、適應型的角色，而其他主要關於表達—整合型則被分配給女性成員。」（O'Rourke, p. 424）從與這兩個情境和性別角色有關的社會規範同時考慮，O'Rourke推斷來到對工具型更具挑戰的實驗室裡，將引發母親更多的正面回應，尤其是女兒在場時；但是，父親則會減少回應，特別是跟兒子在一起的時候。

為了測試這些假設，他分別在家裡和在實驗室觀察二十四組三人成員的家庭。一半的組別，其成員為青少年的兒子；另一半則是青春期的女兒。在兩種情境裡，家庭成員一起參與完成特定的活動，以及討論兩個需要做決定的問題。

互動的資料數據之分析結果支持所有提出的假設：「當團體從

熟悉的家裡轉移到不熟悉的實驗室情境時，工具型和負面的社會情緒行為都會增加。在每一組家庭的適應問題增強時，這些改變就是我們所期待的。」（p. 434）如同所預測的，從家裡到實驗室，男孩的父親所呈現的負面行為大量增加；相對地，女兒的母親則是相反的趨勢，母親在實驗室裡比在家裡表現出更多的正面情感。回想 Schalock（1956）和 Belsky（1976）以學前孩子的母親為對象的研究，也顯示類似的差異模式。不過，在這些研究中，孩子的性別並沒有造成互動上的重大影響，或許是因為孩子還太幼小，以致無法在性別特徵上引發父母完全不同的回應。

O'Rourke 以時下相當熟悉的提醒，作為報告的結語：

> 顯然地，研究人員必須敏銳地察覺實驗室本身所引發出來的行為差異。基於在此所提出的結果，我們做一總結：相較於在「自然」的環境下被觀察，即使是相同的情況，僅在實驗室裡被觀察的團體，成員之間會經歷較多的不一致，在做決定時會較為活躍主動，卻較沒有效率，也流露出較少的情緒。因而，實驗室情境的的確確會在實驗結果上造成一種失真。（p. 435）

O'Rourke的提醒固然有其道理，但是，從生態觀點來看，他廣泛的聲明乃根據兩個條件。首先，他描述的重要差異可能是特別針對在實驗室和在家裡之間的對照，而非一般所謂的「自然環境」。其次，從理論角度來說，實驗室像是任何其他的情境，是一個人們容易面對面互動的地方。此處是否「的的確確會在實驗結果上造成一種失真」（O'Rourke, p. 435），取決於實驗室情境被假設呈現為什麼樣的環境，以及實驗發現要推論至其他什麼樣的情境。簡而言之，不管是實驗室或是真正生活中的一個地點，一個情境的生態效度是不能捨棄的結論。

儘管如此，實驗室的確有其特別的缺點，尤其是結果被認為可應用於日常生活時。當我們以人為和暫時情境下的現象作為依據，來判斷有關個人、機構或公共策略時，是冒著極大的科學與社會風險。Blehar（1974）比較了四十個兩歲至三歲孩子及其母親在「陌生情境」下的反應。在大學裡一間孩子不熟悉的房間內進行此實驗，有一半的孩子白天在日間托育中心，另一半則是在家裡。當孩子被留下與陌生人獨處時，日托組的孩子表現出更大的痛苦；同時，對於陌生人和去而復返的母親有著更多的抗拒與敵對。Blehar解釋其研究結果，認為日托組孩子在母子關係有品質的方面的干擾，因此，對於托育政策和實務方面有其意義。

雖然有證據顯示，與母親分離的反應在家以及在實驗室的情境下有其差異，但這麼廣泛的推論似乎還嫌言之過早。**母子關係**意味著一種感情與行為的交互模式，而此模式是持久的，是可以類化的。孩子被母親留下，與陌生人獨處於陌生情境時，所展露出來的不安和抗拒，對於在家裡或是其他熟悉地點裡所呈現的母子關係之品質是否有其引申意義，這部分是需要被證明的。無論是研究日托中心對於母子關係的影響，或是研究孩子在真實生活中的任何面向——尤其是研究結果若要作為決定公共政策的基礎時，在孩子所生活的實際情境中進行研究才是最恰當的。

Moskowitz、Schwartz 和 Corsini（1977）複製 Blehar 的實驗，挑戰了其數據與實驗設計。他們注意到，原本的研究中並未測量觀察者和編碼者，以確認他們是「無知」的，也就是未受到先入為主的觀念所影響，包括：研究假設，或者——更重要的是——孩子先前曾經去過日托中心等。於是，這些研究者為控制以上可能的偏見，以錄影方式拍攝研究對象的行為，然後，請不清楚研究目的或研究設計的人來編碼。在這些更嚴謹的條件下，研究發現不僅完全不支持Blehar的結果，還至少有一個面向是相互矛盾的。Moskowitz及其同事發現，孩子不管有無日托經驗，對於母親的行為並無不同。關於實驗情境的整體反應，日托孩子與其個別對照的控制組孩子相較，反而表現出比較少的痛苦。此外，還有三組設計完善以複製 Blehar 實驗的研究（Brookhart and Hock, 1976; Doyle, 1975b; Portnoy and Simmons, 1978），就照顧模式的功能而言，也沒有發現顯著差異。[4]

Blehar 的實驗及其複製實驗是非常具有啟發意義的。從最基本的層面來說，他們闡明了當研究延伸至實務與政策的範疇，而不是只局限於基礎科學領域，嚴謹的實驗設計與理論分析更形重要。至於更具實質意義的層面，則是這些研究強調將實驗室的獨特意義視為生態的情境脈絡。

孩子與父母在實驗室和在家裡表現的行為有所差異，這種差別模式的一致性，顯示在實驗室裡的經歷對研究對象是有其意義的。對這些在實驗室裡的研究對象（或許是絕大部分的人）來說，實驗室的確是一個陌生情境，很容易引發個人對於外來和不熟悉的一種獨特回應。此現象特別與幼小孩子、低收入族群、少數民族及鄉村居民有關——幾乎適用每個人，除了擁有大學學歷者。

當然，擁有大學經歷者占絕大多數；對他們來說，實驗室通常意味著一個要在「科學家」面前留下好印象的地方，也可能是一場要超越自己的比賽。然而，Milgram 的實驗很精密地發現，當人們脫離其原本生活時，即使是老練的人，會意想不到地放棄習慣性的自我控制，而進入異於平常的極端。結果，在實驗室引發的行為，尤其研究者的目的正是在發現人類缺失時，即使是真實生活情境中也會發生的任何適應不良之回應，很可能此刻就會被更誇大。

Piliavin、Rodin 和 Piliavin（1969）注意到，許多「幫助受害者」的研究已在實驗室進行了，因而在紐約的地下鐵施行「好撒瑪利亞人」的行為實驗。紐約西區從第 59 街到 125 街，搭乘地鐵大約七分半鐘。研究者以「標準舞台的崩潰者」形象出現——或是拿著枴杖生病的樣子，或是手握酒瓶喝醉的樣子。此研究最初的目的，是在測試一個引發協助行為模式的影響，但是，卻因為非常多的過往行人迅速地自動提供協助，而導致目的並未達成。在將近 80%的嘗試當中，在模式運作之前便有路人前來營救。研究者表示：「至少相較於先前的實驗室情境，前來協助受害者的頻率令人咋舌……依據過去的研究，自動協助的時間有相當長的停滯時間，因此，研究假設，一些模式將會有時間來引發，而且，模式的成效是可以評估的。」（p. 292）當需求非常明顯地發生在真實生活情境，人們變得相當樂意去協助，但是，他們為什麼不在實驗室情境裡表現出類似的行為呢？

在缺乏真的對此現象比較的研究下，我們可以推測，實驗室情境本身是不合於真實情境脈絡的。此外，所提供的暗示太過片段和造作，對實驗對象來說，其他參與者的行為表現是不熟悉，甚至是與過去經驗矛盾的；而且，當下的情境過於新奇陌生，以致實驗對象變得困惑，不確定要做什麼，因而高度受到 Orne（1962, 1973）稱之為實驗的要求特質的影響。

先前引用 Milgram 的實驗中，發現一個關於此動態的最佳例證。從對講機傳來一個求救，看不見求救者，也看不見求救者所處的房間，研究者指示實驗對象忽略這通求救電話。這種超乎情境經驗之外的影響是增加焦慮，同時，也降低了平常可能可以引發行為的暗示。利他行為是非常不可能在上述情境發生的。當某種情勢挑戰人類的極限時，人的回應是很難預期的。

再次強調，我們並非暗示實驗室裡的經驗是**自成一格**，或在生態上是毫無效度的。實驗室情境與其他情境相較之下，既不是發生更多，也不是更少。就如同我們所定義的生態效度，關鍵議題在於之所以在某實驗情境進行研究的目的，乃假設此實驗情境為具代表性的環境。因此，Milgram 深思熟慮地想建立一種不涉及個人的客觀情境，實驗對象在其中被科學與技術的力量與設備所震懾。為了借助在整體社會中具權威力量的制度和角色，他在實驗室與外面的世界之間創造了連結關係，也因此，把實驗室的經驗意義架構於範圍更大的情境脈絡裡。結果類似於個人面對一個遠遠更大的權威的小規模景況——一個警察國家的代表。為了在所策劃的實驗與現實社會之間達到類似的連結，Zimbardo 和同事從實驗室搬出來，在大學的宿舍裡建立一所模擬監獄及其所構成的角色。

從以上例子中，可歸納出一項原則能引導人類行為與發展的研究，成功地使用實驗室為一個具有生態效度的情境。

主張 G

在人類行為的研究中，實驗室作為一個生態情境的意義，取決於實驗對象如何看待此實驗室情境來決定，同時，也取決於這觀感所啟動的角色、活動和關係。因此，實驗室要成為一個在生態上有效度的情境以進行人類的研究，必須符合以下兩種狀況：研究者了解研究實驗對象對於實驗室經驗的心理與社會意義，以及實驗室情境的主觀意義符合研究者想要推論的環境經驗。

以上主張僅呈現了生態效度（定義 8）在實驗室情境應用的標準。這值得分別詳加解釋，因為其中有明確的假設和要求，並非為發展過程和結果之實驗研究向來所遵循的。第一個假設乃是實驗對象在實驗室的行為與其對情境的定義有一函數關係；其次，此定義必然有其社會面向：實驗室被感知為一個社會情境，其意義來自於實驗對象從生活中其他社會情境所獲得的經驗。

這些假設反之強加給研究者兩項要求。首先，研究者有責任去檢視實驗室情況帶給實驗對象的心理和社會意義。有許多方法可以獲得上述訊息：由實驗對象的行為也許可以推論其意義，或是後續的詢問調查等等；如我們所見，其中最強而有力的策略，則是在不同的情境中比較相同或相似實驗對象的行為。其次，根據研究對象如何感知覺察實驗室情境的證據，研究者必須評估發現結果可以推論到其他情境的程度範圍。

回顧第二章所闡述關於情境的定義，情境所涵蓋的不只是個人在研究中當前的位置，還包括周遭環境的物理面向——物體、設備，或是其他任何能夠影響事件過程的特性。有些特定情境的特性是可以遷移到其他地點的，正因為如此，科學研究者經常把實驗室的方法引進家裡、教室與其他自然環境，不僅較為客觀，也控制實驗設計，以獲取所欲達成的目的。

然而，在一自然的情境中注入不熟悉的要素，有造成**生態失真**的危險性，因為會因此錯亂及破壞原本發生於情境中的活動模式與關係。關於親子在家裡互動的研究，我們已經發現，研究者要父母盡量保持沒有表情，或者除非孩子先說話，要不便盡可能克制講話，這樣的指示有其限制效果。我們也注意到 Seaver 的結論，先前的研究者未能得到顯著之教師期望效果，是由於使用人為和不自然的實驗操作。因此，把實驗室過程轉移到其他場域，會導致原本存在的條件消失，或是會出現外來的元素。這樣的改變一方面表示可資利用的線索之不足，另一方面其實也污染了熟悉的情境。期待對參與者有所影響並不是不合理，這些因素會合併而在情境中造成模稜兩可，產生不確定的感覺，因此，便造成缺乏安全感、焦慮反應和表現不佳。如同在實驗室的情境中，孩子是最有可能經歷到像這樣痛苦和威嚇的感覺，另外還包括：少數民族、低收入戶、教育水準不高者，以及對科學研究不熟悉者。

上述考量會廣泛地擴展至心理學技術的使用。許多社會科學家（Labov, 1967; Mercer, 1971; Sroufe, 1970; Tulkin, 1972）質疑，智力與成就的標準化測驗通常是在學校、社會機構和法庭裡進行，卻要以此為基礎，來做出影響一個人生活的決定。Labov（1970）曾經表示，弱勢族群的孩子在學校情境裡被考核時，會出現對陌生情境的反應，通常是在說話和一般行為上表現得像是智障遲鈍的樣子。為證明此論點，他以相同的孩子為研究對象，孩子在放鬆的家庭情境下被觀察和訪談時，能夠很流利且很有效地表達他們的想法。

對於相同的主題出人意外的扭曲，出現在Seitz等人（1975）的研究。此研究的對象為窮困環境的學齡前兒童，分別在家裡、學校辦公室或啟蒙方案中心施測畢保德圖文測驗（Peabody Picture Vocabulary Test）。所有參與的孩子都是黑人，住在城裡鬧區附近的低收入區；主試者是一名中產階級的白人。有一半的孩子參與啟蒙方案有五個月；對照組的孩子則來自啟蒙方案的等候名單，其家庭符合參與啟蒙方案的資格，他們並沒有學前經驗。

如同所預期的，參與啟蒙方案的孩子所得之分數顯著高於對照組。作者解釋為：「此結果更像是動機因素改變之反映，而不是在表面的認知能力改變。」（p. 482）施測地點之影響的數據更是令人驚訝：參與啟蒙方案的孩子不管是在什麼地方施測，其表現都一樣好；至於非啟蒙方案的孩子在家裡施測所得的分數，要比在學校辦公室或是在托育中心施測所得的分數顯著低很多。這個結果令人困惑，研究者隨後著手調查，報告如下：

> 最初的發現……看似與直覺相左，任何孩子在家裡表現得都比在其不熟悉的辦公室差。然而，根據本研究的施測人員觀察，發現一位中產階級的施測人員進入孩子的家裡，對孩子造成一種非常態的情境。例如，孩子的穿著是為了特殊場合而穿的服裝，並不是平常的便服；母親通常會待在孩子身邊，同時監控孩子的表現，像是故意在附近的房間裡忙著，或是經常為了家事而進出施測的房間。事後，母親會表現關心，詢問孩子的表現；他們也會傳達出這種情況是特別的訊息，像是跟孩子說：不要碰這個，我剛剛才打掃過這裡。母親的態度也因此可能造成孩子一種緊張與焦慮的氣氛。接著，這種焦慮或許會嚴重降低孩子的測試表現。（pp. 484-485）

這個料想不到的發現，其解釋支持了下述概念：透過已經建立的科學過程引發的生態失真不只是限於實驗室。如同主張 G，最初的設定乃是為符合實驗室特殊生態的缺失，事實上，卻可以應用在人類行為研究上的任何情境。因為我們很容易會假設於自然環境中進行的調查，在生態上是有效的，所以，可能必須審慎地以更廣泛的形式去重申主張 G，應用到實驗室、家裡、學校、工作場所，或是包括那些為好問的人類行為學者可能流連的地點。

主張 G'

一個情境要成為一個具有生態效度的情境，以研究人類的行為與發展，必須符合以下兩種狀況：研究者了解也檢視過實驗對象對於該情境的經驗之心理和社會意義，以及研究情境的主觀意義是符合研究者想要推論的環境經驗。

不過，相較於自然環境，上述主張的必要條件在實驗室裡是較有可能被違反的。在實驗室的研究很少去檢驗研究情境中的社會現象，尤其是發展心理學；事實上，其反而努力於相反的方向：把主觀排除於嚴格的科學調查領域之外。這樣的嚴苛在實驗心理學上很少接受批評挑戰，恐怕是因為很多工作都以動物為實驗對象。但是，必須再次強調，一個研究模式用於其他物種的行為與發展上，可能是相當足夠的，卻不見得能夠滿足人類的研究。

社會學者比心理學者更早察覺對一個研究情境的社會感知的重要性。在訓練養成之初，前者即是朝向把事件置於其社會情境脈絡中來研究。這是芝加哥學派的 Cooley（1902）、G. H. Mead（1934）〔特別是 W. I. Thomas（Thomas, 1927; Thomas and Thomas, 1928; Thomas and Znaniecki, 1927）〕所特別強調的個人主觀觀點的重要性——用 Thomas 的語言來說為**情境的定義**（definition of the situation）——乃是行動的主要決定因素。

在心理學方面，由於幾乎完全被限制在認知過程，甚至完全排除社會範疇，因此，這樣的關注被視為有違客觀現實，所以其成長歷程不同於社會學。此發展始於歐洲心理學家對視覺感官的現象學研究（Husserl, 1950; Katz, 1911, 1930; Koffka, 1935; Köhler, 1929, 1938; Wertheimer, 1912）。在認知領域，Piaget 的主觀分析達到極致，他透過理論概念以及倡導「臨床診斷法」（methode clinique）來進行，以探究孩子心智發生的過程（1962），但是，並未提及社會情境脈絡。Lewin 的「心理領域」的概念確實擴展了現象學的分析到個體以外對環境的研究（1935）。不過，他對於個人生活空間的複雜圖像仍是真的拓撲學，既缺少心理本質，也缺乏社會架構（Bronfenbrenner, 1951）。直到 1940 年代後期，MacLeod（1947）出版他的經典論文「用現象學取向研究社會心理學」之後，研究個人對社會現實的主觀觀點的重要性才被清楚地確認。[5] MacLeod 強調必須回答以下問題：「對個人而言，『那裡』是什麼？……個人所生活的世界，其社會架構是什麼？」（p. 204）可是，MacLeod 的說法並未受到普遍重視——由於人類發展的實驗研究，仍然壓倒性地持續著行為主義的理論與方法，因而並沒有興趣，甚至忽略研究經驗對於實驗對象的意義。對於人類的研究，這樣的疏漏事關重大，正如 Mead 所指出的（pp. 304-355），我們之所以與其他物種最大的不同，便是我們確實有能力對外來刺激歸結出意義。

人類功能的科學研究之所以抗拒現象學取向的原因，我懷疑其實是根植於心理學養成訓練的歷史。實驗心理學已經把研究典範建立於物理學上，而非自然科學。科學的目的乃是在一個最大的控制情況下，透過客觀現象的觀察以建立普遍性的假說。在早期的天文研究中，必須排除「個人等同」的概念，導致主觀經驗被視作外來變項而需要被消弭。由於這些條件，在實際生活情境所進行的研究便被認為是不科學且不適宜的，因為這樣的情境很顯然受到多元來源的影響，超越時空而有相當大的變化，所以，極可能是非常特殊的。因此，有這樣的說法：相較於去發現一般性的發展原則，自然主義的研究更可能得到的是特定情境下的發現。在實驗室的條件下，較有優勢去發現這樣的普遍性原則，因為可以排除外來的變項，並從這個實驗到下一個實驗，把狀況維持得幾乎相同。

Weisz（1978）曾經優雅地闡述此情況。接受物理學的模式為科學的理想，他說：

如果我希望發現物體落下的原則，我會在秋天的時候站在一棵樹下，觀察飄下的落葉。不受風向和風速以及樹葉的形狀和大小變化影響的攪擾，我可能確定落葉下降的中心趨勢是遵循垂直偏南 10° 的方向。隨後在其他樹下的實驗，由於有不同的風勢，或許會逐漸引導我接近「純地心引力」如何運作的事實。不過，在一個真空空間（非持續性，非自然情境）進行一個簡單的實驗，就可以很快地發現這樣的真相——儘管這樣的實驗在生態上是無效的。

同樣地，例如在確認（或測試假設）本體或是及物的概念何者在發展上較領先發生時，以在不同的自然情境下觀察兒童包含上述兩個概念的行為，以及自然發生的各樣事件（不過，無可避免地，也帶著不同的認知需求），可能讓我所看到的被社會情況與遊戲本身干擾，然而，其實在當下我對其並沒有特別的興趣。這樣的情況下，也許透過非自然情境，使用小心建構的社會情境，經由人為策劃的短暫工作，其認知過程所需求的注意力和記憶力謹慎地減少至最小的限度，而能很快地得知好的解決方式。（p. 6）

這個思維取向的問題在於假設物理和心理的事物與環境是相等的。雖然物理學的典範已經在科學心理學上建立崇高的地位，但是，很不幸地，也對其領域提供了錯誤的基礎，因為經常缺乏生態效度。當然，在最佳控制的條件下，把自由落體放在真空環境來研究物體落下的原則，絕對是完全符合正確的科學；不過，為了類似的目的，只為了證明人在孤立環境裡是無法有效發揮其功能的，而把人放在一個社交真空的空間來研究，卻是**不對**的。就像是把魚從水中撈起來，其根本就無法存活太久。由於人類也如同其他所有的生物，有著強烈的求生機制，一個人在那樣的情境下所做的第一件事，便是以社會意義充滿那個真空的空間。

而且，物體與人類之間存在著一個重大的差異：人類總是會有知覺、情感、期許，以及對其所處的情境有所意圖，這是物體沒有的。人類一旦運作起這樣的過程，結果就如同 Thomas 所確立的原則：「人若是定義此情境為真，其結果亦為真。」（Thomas and Thomas, 1928, p. 572）

科學的道德規範是清楚的。若是要正確地解釋結果，對於人類行為與發展的實驗則不能在社會真空下進行，因此，有必要以某種模式落實於社會現實中，其落實的方式是照研究者意欲實驗對象所意識到的現實，同時，在實驗的過程中可以評量並驗證這些觀感。以上這些當然就是主張 G 和主張 G' 具體要求的條件。

主張 G' 的影響在於提供實驗室一個與其他任何生態情境相同的地位，這表示在理解實驗對象的行為，以及確立其發展含意之前，必須先建立實驗室情境對於實驗對象的社會意義。即使是此任務完成之後，Weisz 認為實驗室要解決的問題（他所謂的「跨情境效度」或是「跨情境原則的真實性」）（p. 2）仍然存在。[6] 在實驗室控制條件下所發生的特定過程，並不一定代表在其他情境中使用相同的模式也會運作出相同的過程。其中的關鍵議題是這些情境（包括實驗室）對於參與者而言，是否具有相同的心理與社會意義。

我們也可以質疑（如 Weisz 似乎暗示的），對於人類發展的科學研究，其最終目的是否為建立跨情境效度？其被 Weisz 定義為發現心理學上的「普遍性」，即發展的原則是「可以超越物理和文化情境、時間或族群皆適用」（p. 2）。然而，人類的一個獨特屬性正是在於其適應能力——面對不同的物理和文化情境予以不同的回應。既然人類行為與發展是具依變於生態的特質，經過跨情境而沒有發生變化的過程可能數量相當少，且相當接近生理的層面。因此，行為科學家最主要的應當不是尋求普遍性，而是尋求下一個更高層次的不變原則，以描述情境與生態環境更遠距的面向之一般特性是如何調節發展過程。

非常矛盾地，這第二個領域才是實驗室能夠提供獨特貢獻的地方。透過提供一個控制且對比的情境，可以看到人類所居住的較持久的情境所包含的獨特屬性。因此，能夠在實驗室裡自然或控制的實驗下複製（或者至少是模擬）在實際生活情境所發生的，這點是重要的；反之亦然。

Weisz（1978）和 Parke（1979）把研究方法視為是 Parke 所謂的「自然狀態的連續性」的延伸。Parke 認為，此連續性的自然這一端提供了一個優勢，即較大的生態效度，而相反的另一端則是提供更多機會，以採用與維持嚴密的實驗性控制。在這些情形之下，Weisz 和 Parke 表示，選擇的科學策略是順著此連續性上的不同點使用方法來建立普遍性，或者建立一個特定假設的——以 Weisz 的術語來說的跨情境效度。

從生態的角度而言，這個陳述有一個問題。如同前面所提過的原因，在自然情境中進行研究並不自動擔保具有生態效度；此外，實驗室的研究在生態上也並非總是無效度的。如我們所知，實驗室情境可以有心理與社會意義，就像是在任何實際生活情境中所具備的那麼真實、那麼令人信服；困難之處在於，目前的科學實務並沒有經常去檢視這些。為了倡導實驗室與田野的互補使用，而沒有理解方法學與實質上的複雜性，這不僅是忽略了科學效度的基本問題，更是輕忽了以某種方式結合兩種取向獨特生態屬性的優勢的可能性。

從 Weisz 和 Parke 的論述與案例中可以得知，他們都認為在不同的情境進行調查的目的在於建立某特定假設的一般性原則。但卻沒有注意到一些科學研究的重要性：人們受他們所處的環境（在其中他們發現自己）不同地影響——或用更理論的術語來說——心理與社會過程是如何被所其發生的情境加以調節？若是能夠理解這些問題的正統性與優先性，研究人類發展的學者們便會贊成在盛行的主要焦點以及分工上做一些調整修正。的確如此，在不同的情境進行研究的主要目的在於，建立跨情境的某特定過程的普遍性。因此，這些情境的不同特性並不被認為特別重要，重要的是，展現在每個情境所發生的研究問題的過程。相關研究是由相同的研究者或是不同的研究者來執行也都無關緊要，是獨立研究還是合作進行也並不重要，它們都會有所貢獻，不需要彼此挑戰。引用 Weisz 的結論：「對兩邊的倡導者來說必要的是，從事這些互補的工作時要彼此尊重，不須在發展探究的範圍上強加不必要的限制。」（p. 10）Weisz 的論述指的是以往在基礎研究與應用研究的區分。如前所述，他認為前者由實驗室提供較佳；後者則是在自然情境中進行研究較好。雖然這兩者互補，卻被認為是「不同的價值取向」。前者的目的在於「探索不變的科學原則」；而後者則是為了提升「現代社會的當前福利」（p. 10）。

只要基礎科學被定義為尋找普遍性的過程，此過程是跨情境不變的——這是 Weisz 明確表示，而 Parke 與其同事也暗示的立場，Weisz 的結論自然合乎邏輯。但是，如果人類發展的研究目的包括尋求掌控行為和發展過程的原則，也就是行為與發展被所發生的環境誘發且改變的過程，則將會需要更多的整合概念與策略。發展科學的概念系統必須包含情境、人和行為等方面的一般特性；也必須允許人與影響行為結果的情況之間有所互動。這些必要條件意味著，在沒有分析的情境下是無法進行研究的，或者在沒有明確考慮相關的其他生態情境及其發現結果所要推論的情境下，也是無法進行研究的。這也反過來暗示了局限於單一情境，並且在沒有其他生態參數的理論框架內探究之研究的一些科學上的缺點。同理可知，使用來自超過一個情境的數據資料，並且密切與在不同情境下調查的研究者合作並交換意見的作品，可視為優質科學。

我曾經在別處說過（Bronfenbrenner, 1974a），當考慮到**情境脈絡中的發展**在這個領域的概念，不只意味著互補的關係，還有科學與社會政策之間功能性的整合。公共政策問題之所以對基礎科學相當重要，主要是因為這些問題能夠提醒研究者注意當前局勢，尤其是注意到會影響發展過程與結果的其他較為遠距的環境。

在此，我們所期許的那種科學與公共政策之間的功能性互動，意味著在實驗室與田野研究之間能有一種更接近、更整合、更具成效的關係。目前的模式只是平行、功能獨立的活動，若是能夠完全匯集，透過使用不同方式來獲取類似結果，便能支持關於會跨社會情境而不變的心理過程的假設。若我對於現有數據資料及其對相關理論的含義的分析是正確的，就表示在人類發展科學方面若要有更進一步的發展，必須強調更高層次的不變關係，其能描述發展過程與其所發生的生態情境所具有的系統化特性之間的函數關係。要完成這項富於挑戰的工作，研究者不只是必須把實驗室或是任何其他研究情境視為一個可以進行實驗的地方，也要看作是研究的中心對象，其會不變地影響觀察的過程，以期能因而清楚顯示環境帶領人類發展歷程的力量。

第七章

兒童所處的機構作為人類發展的情境脈絡

除了家以外，兒童所處的機構是唯一可視為人類發展上早期階段的一個綜合情境。從生態的觀點來看，如此生態情境脈絡的存在是重要的，因為提供我們機會來檢視一個主要的對照情境對發展過程帶來的影響，包括兒童期、青春期，有時候甚至還擴及中年期與老年期。

對我們而言，令人遺憾的是，絕大部分在機構中所從事的研究都還是聚焦於傳統模式——其特性在於個體的心理結果，卻幾乎完全忽略其所處的直接環境的結構（用我們的術語而言，即所謂的微觀系統）。很少提及能描述機構情境，以及能使其與家裡這個更為常見的發展情境脈絡有所區別的活動、角色與關係。

不過，有一些值得注意的例外，其中之翹首乃是1940年代，以精神分析為主的精神科醫師René Spitz（1945, 1946a, 1946b）所發表的經典卻具有高度爭議性的比較研究。不管是在方法學或是實質層面，Spitz的工作一直都受到相當的批評。當中較為嚴厲者（Clarke and Clarke, 1976; O'Connor, 1956, 1968; Orlansky, 1949; Pinneau,

1955）認為他的假設含糊，研究設計有干擾，數據資料不可相信，分析不充分也不適當，結果從未被複製過，發現可輕易被另做更差的解釋；簡而言之，他們認為 Spitz 的個案已被推翻，論文不值得再認真思考。

對於這些批評，我則持相反的意見。仔細地檢視 Spitz 的原始工作、相關研究，以及很多他人對於他的評論和辯護，反而讓我看見 Spitz 是一位超越其時代，把發展置於情境脈絡的先驅研究者，他的實驗的確有其嚴重缺失，卻展現一個生態模式的早期原型。他分析兒童所處機構的獨特性質，並視之為一個發展的情境脈絡——基本上，就是我所謂的琢磨活動、角色，特別是共同活動，以及有兒童與照顧者都參與的配對關係。除此之外，我堅決認為，Spitz 的假設與研究設計要比所評論的來得精準；同時，他的結果更是對人類發展生態學主要過程的假設，提供了相當的支持與澄清——「一個主動積極成長的個人，與其所生活的直接情境不斷改變的特質之間，兩者逐漸互相調整」（定義 1）。

為了理解 Spitz 工作的重要性，有必要明瞭何以發生衝突的原因與背景，甚至此衝突還延伸至今。衝突之所以造成並非關乎事實，而是在於解釋。在早期階段，**在某些特定的情況下**，兒童處於機構而產生的機構化現象，會造成心理功能與發展上的缺損的重要證明由我（Bronfenbrenner, 1968）以及近年來 Clarke 和 Clarke（1976）所整理。此爭辯來自於我們如何定義這些關鍵情況的性質。有一派主要以精神分析角度為主的專家（Ainsworth, 1962; Fraiberg, 1977; Heinicke, 1956; Heinicke and Westheimer, 1965），在 Bowlby（1951）之後聲稱，重要因素乃是缺乏母親照顧，即母親與兒童之間連結關係的消失或中斷。另一派（基本上是在實驗室接受傳統研究訓練的反對者）則是強調物理刺激（Casler, 1968;

Dennis, 1960; Dennis and Najarian, 1957; Dennis and Sayegh, 1965; O'Connor, 1956, 1968; Orlansky, 1949; Pinneau, 1955）；他們主張觀察所得到的影響，完全不是僅針對母親—兒童之間的關係而已，而是由於一般在機構情境下的環境刺激貧乏所衍生而來的。

從最開始，Spitz 的研究便在此爭論中占有相當地位。Spitz 在兒童出生後的第一年進行關於發展的觀察與心理測量的研究，其在位於包括兩個不相同的西半球國家的四個環境下進行。有兩個環境是機構型的（每個國家都有一個），另兩個則是在自己的家裡養育相似文化背景的兒童。一般來說（只有極少數的例外），在機構（托育中心）的嬰兒——兩組皆為控制組——這一整年都表現出正常的發展（以 Hetzer-Wolf 嬰兒測驗施測）；至於那些棄嬰之家的兒童所展現的發展商數則是顯著下降，分數從 124 到 72。在這個相同階段，對照在自己家裡養育的控制組兒童，其分數則是 107 和 108；到了滿兩歲之前，棄嬰之家兒童的發展商數更是降到 45。除了嚴重的發展遲緩之外，這些棄嬰之家的兒童很容易受到感染，也有顯著不正常的行為，表現範圍從極端的焦慮、怪異的典型行為，甚至到極重度的痴呆。

根據 Spitz 的說法，在棄嬰之家的兒童之所以有逐漸遲緩的退化現象，並不能歸咎於營養不良或醫療護理不周（Spitz 描述兩機構間在此方面是相當的），也不是母親的社會背景（事實上，棄嬰之家的個案的母親背景反而較佳）；不過，存在於兩者環境之間的主要差異的確是存在的。在托育中心，每個兒童從自己的母親處得到全職照顧，或者在特殊案例之下，也有替代的保母；當不是由母親親自照料時，兒童便放在個別的小隔間，四周都是可以透視的玻璃，直到六個月大才轉到另一個房間，裡頭有四到五張小床。在棄嬰之家，嬰兒被自己的母親照料到斷奶，大約是在第四個月的時候，之後全都由護士照顧，大約是一個照顧者看顧八個小孩的比率；直到十五至十八個月大時，兒童才睡小床，但有被單掛在床邊柵欄，以「有效率地隔離外界」（1945, p. 62）。而且，「可能由於缺乏刺激，寶寶仰躺在他們的床上許多個月之後，床墊上形成一個凹陷……這個凹陷多多少少限制了寶寶活動的程度，以致他們無法有效地轉向任何一個方向」（p. 63）。除此以外，至少在此研究的早期，與托育中心的同齡兒童相較之下，棄嬰之家兒童的玩具少得多了。

在評估棄嬰之家的兒童之所以逐漸退化的因素中，Spitz認為缺乏母親照顧扮演關鍵角色，從 Orlansky（1949）開始並持續到近代（Clarke and Clarke, 1976），這個解釋一再受到批評。主要是由於Spitz「無法區辨分離與其他可能（極為可能）造成遲緩的因素」（Clarke and Clarke, p. 9），尤其是「機構環境中缺乏刺激的特質」（O'Connor, 1956, p. 184）。

事實上，Spitz確實詳盡考慮在棄嬰之家的嬰兒之所以表現逐漸退化的可能性，是「由於其他因素……例如，感官動作能力的喪失是因為他們被剝奪」（1945, p. 66）。儘管如此，他還是認為母親—兒童之間的關係是最重要的主因：「棄嬰之家的兒童在他們所處的小床上受到孤立的限制，這是事實，但是，我們並不認為整體地缺乏知覺刺激算是對他們的剝奪。我們相信，兒童之所以會被剝奪，是因為他們的知覺世界沒有夥伴，他們的孤立切斷了從任何人能夠帶來的所有刺激；其中在兒童這個年紀，最重要的人物代表就是母親。」（p. 68）

Spitz提供好幾項證據與說明來支持其結論。首先，他要我們注意棄嬰之家的嬰兒開始落後在托育中心同齡嬰兒的時間點，其變化發生於第四個月到第五個月之間；也就是就在斷奶之後，轉交到必須同時照顧其他七個嬰兒的護士手上沒多久。Spitz表示：「這個推論很明顯，棄嬰之家的嬰兒曾經被抱在母親胸前哺乳，與母親接觸，一斷奶之後，連這並不太多的人與人之間的連繫也都停止了；同時，他們的發展也開始落於正常之後。」（p. 66）Spitz認為，人與人接觸的中斷是相當關鍵的，因為對於未滿十二個月大的兒童來說，若是沒有「人類夥伴的介入——也就是母親或是替代保母的介入」，無生命的知覺刺激根本無足輕重。於是，Spitz發展其論述如下：

與他人情感互動的逐步發展，提供兒童對環境的知覺經驗。兒童被抱在母親胸前哺乳，以觸覺經驗結合情感的滿足時，他由此學會了抓握。兒童從母親那帶著滿足情感的面容，學會了分辨生命與無生命個體的差異。在母親與兒童之間的互動中充滿了感情因素，兒童正是在此互動中學會了遊戲。透過母親帶著兒童遊走，他逐漸熟悉周遭環境；透過母親的協助，兒童得到在移動及其他各方面的安全感，當他呼喚時，母親的存在與回應更增強這份安全感。在與母親的這些情感關係中，兒童被引導開始學習，然後模仿。我們先前曾經提及在棄嬰之家沒有母親的兒童不會說話，不會自己吃東西，也不會養成清潔的習慣，因為是母親在其移動時提供了安全感，母親呼喚兒童給了情感的誘因，「教導」兒童有動機走路，若是缺乏這些，恐怕兒童到了兩歲或三歲都還不會走路。（p. 68）

Spitz的分析中關於發展過程是如何受母親—兒童的關係而做調整的部分與我在假設 7 的陳述相符，說明在促進學習與發展的過程中，主要的配對關係——親子——所扮演的角色；其關鍵因素為：「一個正在發展中的人與另一個已經發展成熟的人（兩者間具有強烈且持久的依附情感）共同參與逐漸趨於更複雜之模式的互動活動中。」

當然，即使 Spitz 的解釋與其他數據資料所衍生的一般原則是一致的，這點還是無法建立其發現結果的效度。我們仍可以辯稱，觀察的影響「通常是由於知覺刺激」所造成的，而與母親的分離並非基本要素。為了證明母親的確扮演一個關鍵角色，Spitz 應該提出即使並沒有在棄嬰之家那樣一般剝奪的情形下，這樣的分離也能引起極端的反應；相反地，在缺乏母親—嬰兒連結關係的情況下，則不會發生觀察到的症候群。

雖然未廣為人知，但是，Spitz 確實從事了這樣的一個研究計畫，其內容陳述如下（1946b）。他研究發生在托育中心的一百二十三個嬰兒中的十九個嚴重情緒困擾的個案，該處並沒有所謂一般刺激被剝奪的情形——嬰兒放在小床上，可以自由觀看，可以自由行動，也提供有玩具；但是，這些兒童的症狀類似在棄嬰之家所觀察到的，有嚴重的退縮和情緒困擾的現象。

與性別、種族（包括黑人與白人小孩），或是研究開始前的發展水準（使用 Hetzer-Wolf 測驗）無關，Spitz 所謂的「情感依附的消沉沮喪」症候群，在托育中心只出現於某個特定範圍內的兒童——從六到十一個月大。Spitz 注意到所有的個案的母親都是在兒童六至八個月大時離開大約三個月的時間。母親沒有離去的兒童則不會發展出此症候群。同時，「並非所有母親離去的兒童都會發展出相同的症候群，因此，對於此症候群的發生而言，母親的分離是一個必要卻不見得充分的理由」（p. 320）。

Spitz 隨後針對此「充分理由」的特質發展出一假設，並且，提出他認為能間接支持其假設的一些數據資料。在分離之前，他先請工作人員對母親—兒童關係的品質加以評分。在二十六對母親與嬰兒被評為「好」的關係中，十七個個案母親有重度沮喪，四位輕度沮喪；在三十八對親子被評為「差」的關係中，只有十一位沮喪，且皆是輕度。2×3 的表（非來自 Spitz）中 χ^2 的值為統計上顯著。換句話說，在一種「好」的母親—兒童關係情況下，沮喪發生得更頻繁且更嚴重。

Spitz 並不滿足此相關證據，接著，又進行了一項實驗操作以提供可能的證明，讓其中三個可行的個案的母親再回到兒童身邊。

> 兒童觀察得到的行為的變化充滿了戲劇性。兒童突然變得友善、快樂、可以親近，至於退縮、不感興趣、拒絕外在世界、悲傷等行為，就像有魔法般地消失了。然而，在這些變化之外，最值得注意的則是在母親去而復返的十二個小時之內，發展商數上的突然暴增。有些個案要比先前（母親即將回來前）所測量的分數高出 36.6%。
>
> 因此，我們可以推論，若是進行充足的治療處遇，整個過程是可以很快治癒的，而效果也是好的。（p. 330）

Spitz 認為，替代保母也可以達到同樣的治療效能，並且指出在托育中心所發生的對照事件。在托育中心發生分離情境時，隨之的是完全不同的作法，Spitz 相信，這樣的作法預防了發展上的衰退。

「在托育中心的兒童六至九個月大時與母親分離，另一位替代者被分派給照顧這個沒有母親的兒童」（p. 335）。不過，他接著強調提供替代的母親並非一個充分的條件。「如果替代的積極嘗試透過社會性接觸開始，移動是這樣嘗試的必要前提。對在機構裡的兒童而言，其包括社會性接觸以重新建立關係的機會，及移動的機會都嚴重地缺失」（p. 334）。

Spitz所做的二次分析及實驗操作的結果，可視為互補的論述及對照。此論述主張，母親分離最嚴重的創傷效應所發生的時間點，約在兒童六個月之後不久，再大一點或是小一點的兒童似乎並沒有表現那麼嚴重的反應。這個發展退化的論述可以從治療的對照觀點予以反向操作：藉由在環境中提供兒童一位替代保母，讓兒童能夠移動，並且自發地主動活動，退化的趨勢是可以預防甚至扭轉的。

有許多來源不同的發現支持 Spitz 的雙面假設。早在 1932 年，Bayley 有系統地研究哭泣的嬰兒，經由心理與生理的測試，顯示兒童在六個月大之後面對陌生人，以哭泣回應的情況顯著增加，約在十個月大時到達高峰，且是六個月大後的半年間「最主要」的哭泣原因（其他原因還有：疲累、飢餓、姿勢不舒服等）。Bridges（1932）發現，嬰兒分辨個別個體的能力大約始於六個月大，有關微笑回應的發展研究（Ahrens, 1954; Ambrose, 1961; Gewirtz, 1965; Spitz, 1946c）支持上述發現。在一關於此現象的實驗研究，Morgan 和 Ricciuti（1965）總結：「這些結果對此共同的觀察提供了一般性的支持，嬰兒在六或七個月大之後，對於陌生人比較不會像以前那樣露出微笑，反而會比以前表現出更多的恐懼。」（p. 18）

來自對於兒童分離經驗的反應研究，提供了更多的直接證據。因此，Yarrow（1956, 1961, 1964）以及 Yarrow 和 Goodwin（1963）表示，與母親的個別化關係是慢慢發展出來的，大約是在六個月大的時候，「與母親的焦點關係建立之後」（1964, p. 122），那時與母親分離的嬰兒展現最多的困擾。Schaffer與其同事（Schaffer, 1958, 1963, 1965; Schaffer and Callender, 1959; Schaffer and Emerson, 1964）提出的幾篇論文都支持上述觀點。其中三項發現尤其相關。Schaffer 和 Emerson 使用社會依附的測量方式，在七種每天發生的分離情境下（例如：抱起來之後再放下、晚上放在小床上、單獨留在商店外的車子裡、交給其他人等等），根據母親對於兒童抗議行為（通常是哭泣）的報告，描繪出兒童前十八個月依附母親的發展圖表（figure p.23）。特定依附（不同於一般者）的曲線，大約是在六個月大時從基準線開始上升，一般依附的曲線正好開始往下墜落，約在十個月時達到頂峰。除此之外，研究者發現，嬰兒依附強度的個別差異與母親兩方面的行為有極大的正相關：母親對兒童哭泣的回應，以及母親刺激嬰兒或是與嬰兒互動的頻率。簡而言之，依附隨著刺激的增加而增加，兩者之間存在著直接的關係。一個早期在醫院情境所做的嬰兒對分離反應之研究（Schaffer and Callender, 1959），其結果針對較為完整與廣泛的分離提出依附強度的重要性。引用研究者之摘要於下：

在標準化條件之下觀察並分析資料數據，於短暫住院時期內觀察七十六名小於十二個月大的嬰兒……出現兩個主要徵兆，都與某特定年齡範圍有相當關聯，其區分點大約是在七個月左右。大於七個月的嬰兒所表現的行為模式，基本上與其他學前組之研究所描述的相同，也就是入院時，表現得相當沮喪，以及從家裡返院之後經過一段混亂時期，且這兩段時期都集中在對母親出現的需求上；另一方面，小於七個月的嬰兒與母親分離並沒有引起明顯可見的混亂，相反地，卻發現會引起對新環境與陌生人的立即調適……

以所展現的數據資料為基礎，發現經歷與母親分離成為令人受創的事件的關鍵期，一直要到出生半年以後才開始。（p. 539）

第三項研究是由 Schaffer（1965）所做，對於關鍵時期的假設提供額外的確認，加強在 Spitz 一連串的證明中最弱的數據連結。Spitz 只基於少數的個案研究，便認為機構的照顧失職所造成的影響能夠被預防或扭轉。Schaffer 則針對此論點提出更有系統及更可信賴的支持。他進行一個兩組各二十二名嬰兒的實驗，在嬰兒出生後的前七個月與其母親分離，並於所處機構中給予不同程度的環境刺激。差別待遇在於：移動的機會、照顧者—兒童的比率（1：6 相對於 1：2.5），以及照顧者的注意程度等，用時間取樣的技術來測量而得之。停留在每個機構的時間從兩個月到九個月。分別在註冊後的七天之內、離開的前三天、回家之後的兩個星期左右，以及隨後的三個月施測 Cattell 嬰兒智力測驗，以測量發展上的改變。儘管兩組都有與母親分離的事實，但是，嬰兒在機構的時期，只有在較剝奪的情境下，才會表現出顯著較低的發展商數（85 比 95）。回家之後則顯著上升，而控制組維持不變。Schaffer 指出，結果所呈現的模式與下列結論相符：出生後的前半年生活中，在機構裡的關鍵因素並不是與母親分離，而是缺乏機會讓照顧者—兒童之間有所互動，以及讓嬰兒能夠從事一般性活動。

Provence 和 Lipton（1962）的研究報告，使用年紀較大的嬰兒為樣本，其發現與 Spitz 的治療假設一致。有一組十四個嬰兒在九到二十九個月大時，已經表現出機構化被剝奪的影響，被安置於寄養家庭，接下來在發展上的改變，研究者描述如下：

> 報告中主要提及的嬰兒，於出生後的第十二個月到第十八個月時，就已經表現出發展遲緩和異常的現象，在受到良好的親職照顧與家庭生活時，則有重大的進步。他們在發展上的許多方面看起來有長足的進展，從表面的觀察和非正式的接觸，他們看起來與其同儕並沒有顯著的不同。
>
> 然而，當我們更仔細地觀察，可以察覺到關於缺乏母親足夠照料時所呈現的某些特性，這些意味著或輕或重不同程度的缺損後遺症，像是在形成情感關係的能力、控制和調整刺激衝動方面、反映多元（適應與防禦機制）的思考與學習能力、發展思想與行動的彈性等。同時，精心策劃遊戲與享受遊戲的能力減少，以及想像能力的缺陷也都是證明。當兒童錯失健全家庭兒童所擁有的豐厚與獨創性這些特質時，我們可以不斷從一些新的層面略微發現或是抓住少許端倪。（p. 158）

不過，其關於機構所造成的副作用之結論，並不是以系統化的比較為基礎，沒有一出生便在家裡情境養育的兒童作為控制組加以對照，是相當令人惋惜的。

Prugh 與其同事（1953）所做的自然實驗研究，其報告發現機構對年紀較大兒童所造成的影響，與 Spitz 的假設一致，且為公共政策帶來更廣泛的意義。研究者利用在醫院已計畫的實務上的改變，進行比較研究，檢視兒童（與其父母）對於病房手術兩種不同模式的反應。每一組有一百名小孩，年齡範圍從兩歲到十二歲。所有兒童都因醫療診斷與治理而需短期照顧住院。以年齡、性別、診斷、先前就醫次數，以及目前住院時間長短（大約為一週）來配對。控制組是在有計畫的改變之前四個月的期間進出醫院，這些年幼的病患在住院時期會經歷所謂的「傳統病房管理的慣例」（p. 75），也就是父母只能每週探訪一次，每次歷時兩小時。實驗組在下一個階段入院，父母則可以每天探訪；此外，父母可以陪伴兒童入院、認識工作人員，以及參與兒童的病房照料工作。其他的創新還包括：讓病患能夠早期下床走動、提前對於醫療過程可能產生的沮喪有所預備與支持，以及特別的遊戲方案。

控制組的兒童不僅僅是在醫院，即便是在家裡（出院回家之後，一整年定期的後續家訪），都觀察到他們有較為顯著的情緒困擾。相較於在另一特殊方案中 68%的兒童（實驗組），92%的控制組兒童「所表現出的反應，帶有某種程度上在適應方面的顯著困難」（p. 79）。困擾的強度與持續性隨著兒童的年齡而有呈反比變化：出院三個月之後，控制組低於三歲的兒童，有一半（實驗組則為 37%）明顯表現出「重度」困擾的跡象，也就是有「持續哭泣」、「有大人接近時爆發驚聲尖叫」、「拒絕咀嚼食物」、「失禁或便秘」等行為（p. 88）；對照六到十二歲的實驗組兒童所呈現的數字分別為 27%和 0。一般來說，兒童年齡越大，實驗方案的正面影響越大。

關於 Spitz 的治療假設，最強而有力的證明乃是 1930 年代由 Skeels 與其同事所進行的實驗（Skeels, 1966; Skeels and Dye, 1939;

Skeels et al., 1938）。實驗對象為兩組在機構裡的智能障礙兒童，他們與其母親的平均智商低於70（比西IQ測驗）。兒童約兩歲時，其中的十三名安置在一個專門收容智能障礙者的州立機構，由女性照顧者照料，每個兒童分發到不同的獨立病房。控制組維持原先的機構環境——一所育幼院。在正式的實驗時期，平均約一年半的時間，實驗組在智商方面平均上升28分，分數從64增為92；控制組則下降26分。在實驗結束時，有十一名實驗組的兒童被合法收養；他們與養父母生活兩年半之後，這一組的智商分數又再上升9分，平均值達到101。

從Skeels的觀點來看，實驗介入之所以成功的關鍵，是在病房裡發展出兒童與大人之間的關係：

> 需要指出的是，此一情況幾乎發生在每個兒童身上；當某個大人（年紀較長的女性或是護理人員）變得跟兒童特別黏的時候，其依附關係就像是「收養」了他一樣，結果發展出強烈的一對一的大人—兒童關係，在環境中與其他大人不是那麼強烈卻很頻繁的互動，也有其幫補作用。每個兒童都有他認定的某個特定的人，也同時會有某個特定的人對他和他的成就特別感興趣。這個觀察到高度刺激的情感影響是非常獨特的性質，也是實驗情境中主要的貢獻之一。（1966, p. 17）

但是，人際關係並不是病房情境唯一有助兒童發展的特質，至少還有其他兩個重要因素：

護理人員和較年長的女性變得非常喜歡他們病房裡的兒童，也非常以他們為榮。事實上，在病房之間有相當多的競爭——比較哪一間的「寶貝」先會走路或是先會說話。不只是那些女性，甚至護理人員都會花很多的時間跟「他們的孩子」玩耍、講話，以及在各方面訓練他們。這些兒童持續獲得注意，同時也不斷收到禮物；他們正經歷一個旅程，旅程中充滿形形色色的機會……

病房裡，寬敞的起居室有足夠的空間提供室內遊戲活動。只要天氣許可，兒童會在較為年長的女性（一名或是更多名）的看管下，每天花一些時間在戶外遊戲場所；他們在這裡可以跟其他年紀相仿的同儕互動。戶外遊戲設施包括：三輪腳踏車、鞦韆、溜滑梯、沙箱等等。兒童一旦會走路，便會進入幼兒園開始上學，學步兒只上半個早上的課程，四歲或五歲的幼兒則是整個早上的半天課程。在幼兒園進行的活動並不是幼稚園裡較正式的型態，反而類似托兒所。（pp. 16-17）

在我們所檢視過的研究中，某些普遍的特質是相當明顯的。關於機構化的被剝奪問題，有兩個環境條件是造成兒童衰退影響的關鍵，以下列假設加以說明。

假設 15

機構環境之所以容易危及兒童的發展，乃是由於結合下述情況：在各種活動中，環境極少提供兒童在各種活動中與照顧者互動的機會；物理環境並未提供移動的機會；在自由活動中，環境沒有太多的物品提供兒童使用。

就我們所檢視過的研究，浮現了另一個研究發現，機構情境的混亂影響最大是在兒童生活的一個關鍵時期。

假設 16

在兒童半歲時，與其母親（或是其他類似父母的照顧者）分離進入機構的情況下，一個被剝奪的機構環境所造成的立即破壞性之影響傾向於最嚴重，因為此時嬰兒對主要照顧者的依附關係與依賴通常正達到最大強度。這個時期之前或之後，對於機構化的立即反應則趨向緩和。

關於機構化的影響，假設 16 並未回答另一個問題——長遠的影響為何？是否在半歲所產生的機構化反應不僅最為強烈，也持續最久呢？這些影響會延續多久？到目前為止，在我們所檢視的研究中，兒童離開被剝奪的環境，後續的追蹤研究並沒有延長到幾個月以後；在一些案例中還是存有後遺症。而且，這些研究沒有一個實驗組長期生活在極度被剝奪的環境裡超過兩年而不離開的。若發現處於機構的時間越久，其影響則持續越久，並不會令人驚訝（與這些問題相關的一些研究敘述如下）。

這些研究也說明了第三個假設，亦是更為樂觀的假設，其考慮到環境上能夠預防或是扭轉機構化被剝奪對於兒童之衰退影響的條件。

假設 17

在機構造成的發展遲緩，可以藉由把兒童安置於某種環境而加以防止或扭轉帶來的影響，這種環境包括下列特質：物理環境提供移動的機會與自由活動中，有物品提供兒童使用；各種活動中，照顧者有機會與兒童互動；兒童有機會與某個人發展親密的依附關係。

假設 17 所要求的前兩項要件，剛好與假設 15 所定義的特定條件（意即貧乏剝奪的環境）相反。不過，第三個要件卻不適用於此模式，也因此不是那麼明顯。雖然兒童在任何情境下與某個人發展親密關係，的確能夠防止或扭轉被剝奪所造成的衰退影響，但是，我們不能將此進展歸因為上述情況：除了其中一個個案之外，對於所有個案而言，像父母之類的人物的出現會跟其他治療因素混淆。這個例外發現於 Spitz 的第二次分析，是三對母子的小規模實驗。顯然地，我們需要更進一步的研究，包含更適當的控制。

毫無疑問地，假設 17 所規定的要件能夠防止或是以實際的措施扭轉機構化被剝奪的影響，但是，補救是否完全仍有待進一步的了解。更廣泛來說，也就是童年時期曾經在機構一段時間的人，離開以後的生活是否仍然表現出機構化經驗對發展的影響。

Spitz 認為，在半歲時開始與母親長期的分離——大部分嬰兒已經形成強烈的親子依附關係之後，不但會引起嬰兒更嚴重的反應，如果與更早期發生分離的狀況比較起來，也會造成更持久的影響。對於早期被剝奪的情況與結果加以綜合分析，我得到一個相反的結論（Bronfenbrenner, 1968）。在半歲時發生照顧上的失職，即使**立即性**的影響是比較嚴重的，不過，對於在最早的嬰兒時期就機構化的兒童，**長期**的結果最為嚴重。而且，兒童在六個月大之後分離，儘管最初的反應較為傷痛，但相較於後者對於改善的情境的反應，他們恢復得較為快速。藉由隨後與周圍環境（包括物理和社會）的互動，兒童更容易恢復過來，然而，在最早的嬰兒時期，環境限制的後遺症較有可能持續影響後來的生活。

支持上述結論，需要從不同的研究獲取數據資料加以比較證明，不幸的是，沒有一個研究直接強調此問題。Goldfarb（1943a, 1943b, 1955）進行一個自然實驗，記錄在早年嬰兒時期處於機構被剝奪情況的影響。Goldfarb 研究早期處於機構對於進入青春期的男孩有何影響，其獨特之處，乃使用居住情境相仿的社經背景配對的控制組（在施測時）；至於實驗組，Goldfarb 選擇十五個男孩「曾經在非常早的嬰兒時期進入機構（平均年齡四個半月），大約待三年，然後轉至寄養家庭扶養，直到研究進行時」（1943a, p. 107），研究當時，他們平均十二歲（範圍從十到十四歲）。控制組大約是在一歲時直接安置於寄養家庭，一直生活在那裡。Goldfarb 使用這個設計，能夠將早年嬰兒時期親子分離的經驗的變項控制一致，也能夠消除現在參與機構生活的影響。他使用機構紀錄，也訪談個案工作人員，以此作為基礎，針對寄養家庭對於兒童的接受程度與其親子關係的品質加以評定等級。不管是以上因素或是其他寄養家庭的經驗方面，像是安置的次數、安置的時間長短、兒童的能力、養父母的社經與文化背景等等，兩組之間並沒有發現差異。然而，在種族與就學程度兩方面缺乏對等性，雖然兩者並沒有顯著差異，但是，將兒童安置於機構的母親在職業背景上較為優越；Goldfarb 指出，這是研究中與假設相反的情形。這違反下列可能性，即如 Clarke 和 Clarke（1976）指出的，有選擇性的因素在最初期便已經有利於控制組；此外，兩組雖然都經歷了與母親分離，可是，安置在機構的兒童（平均四個半月）要比控制組（平均十四個月）早發生分離事件。總之，Goldfarb 的研究設計讓六個月大就進入機構三年的兒童之經驗，與較晚才親子分離但仍然居住在家庭環境的經驗，二者形成強烈的對照。

結果發現，在機構的兒童十二歲左右時的智商平均數為 72（魏氏），相對地，寄養家庭兒童的智商分數則提升為 96。概念形成的測驗也有類似的差異。同時，Goldfarb 在一段時間（五至七個小時）內，觀察兒童行為所得到的資料數據：發現先前安置於機構的兒童很明顯地「更恐懼，也更憂慮……對於同意或贊成比較不會回應，對於解決問題比較不會深思，比較沒有雄心大志，比較無法持續努力，對於困難的工作也比較傾向於半途而廢」（p. 117）。

從一「挫折實驗」所得到更進一步的數據資料，描述如下。設計為讓兒童遇到一個問題，只有一個可能的解決方式（要把掛在桌旁掛勾上的電話筒放回原位）。在鼓勵兒童發現唯一的解決方法之後，如有必要則加以協助，要求實驗對象再找出第二個解決辦法——儘管實際上是不存在的。Goldfarb 摘錄結果如下：

在挫折情境中，機構組與寄養家庭組的行為形成鮮明的對比，機構組很清楚地表現出一種不被所有情況影響的趨勢。首先，一開始，多數的機構組兒童對成功就不在意，甚至在緊張狀態下也差不多相仿，並不會受競爭的任何影響，也不會經歷罪惡感或是感覺羞愧。如果我們使用一些標準來定義所謂的冷漠——冷漠是結合缺乏緊張情緒、對競爭缺乏回應、缺乏罪惡感或羞愧等——那麼，當73%機構組的兒童被視為有冷漠特質時，寄養家庭組則完全沒有一個冷漠的兒童。

比較兒童被中斷以後能夠重新開始工作的態度，也觀察到類似的趨勢。寄養家庭組在工作被打斷以後能夠重新開始方面，表現出較優的趨勢；因此，我們或許會假設機構組的特質是比較缺乏意願去達成、堅持以及完成一件困難的工作。

最後，機構組展現出一種較為顯著的趨勢，比較會違背禁令。簡而言之，兩組在解決問題時會合作，不過，安置於機構的兒童在情緒上比較冷漠、比較不關心成功、比較不在乎失敗或社會競爭，也似乎比較不理會限制或是禁令。機構的兒童因此是在一個較為表面的層次上做調整，一般的社會認同也比較無法引起其動機。（pp. 120-121）

值得注意的是，Goldfarb 對於發展結果所使用的測量方法，並不局限於心理測量的測驗分數，而是擴及琢磨活動的評估，包括：在追求目標時的行為、遇有挫折時的堅持、工作中斷以後的重新開始，以及對於突發狀況的反應能夠從容調適，像是任何情境、交談會話，或是在維持原本持續的互動模式和人際關係的過程。

以上所有發現都是來自於研究情境，而不是兒童每天的生活環境；因此，令人欣慰的是，分析個案工作人員觀察寄養家庭所做的評分紀錄，也出現類似的結果：兒童比較常受到早期機構經驗的影響的特性，包括：「渴望獲得愛」、「缺乏建立關係的能力」、「焦躁不安」、「過動」、「無法集中注意力」、「在學校為低學習成就」（p. 123）。

由於並未提及如何致力避免讓評估者知道兒童的背景，因此，目前所有的觀察數據資料，恐怕都受到觀察者對兒童背景知識的影響。不過，這樣的評論不太可能適用在學校成績紀錄的資訊。相較於寄養家庭組的87%，先前有機構經驗的男孩只有20%的成績在其年級水準之上；此外，機構組有73%進入啟智類的特殊班級，而寄養組的兒童沒有一個曾經就讀過特殊班。這些差異反映在成就測驗的結果，先前安置於機構的兒童在閱讀理解和算術技能兩方面的分數都落後一年；尤其是在說話方面也表現較多的缺陷，不夠流暢，以及「不是一般通常會犯的錯誤」的發生率更高（p. 125）。

Goldfarb 陳述其結論如下：

延續 Lewin 的理論架構，安置於機構的兒童在嬰兒時期就已經顯著地被剝奪，其人格與寄養家庭的兒童相較之下比較未分化。他們較傾向的調適模式是簡單、不精緻、散漫、無關緊要或是重複的。在心智組織的領域中，越幼稚的分化階段反應在越多沒有目標的行為上；對於嘗試錯誤能夠調適得越好，就越容易漫不經心、多此一舉、直接反應，以及在既定情況之下的制式反應。至於情感組織的範疇，則是反映在缺乏情感回應，兒童人際關係上的特質是貧乏的……。除此之外，由於機構兒童與大人的隔離，他們在語言上重度遲緩，跟社區同儕相比，所使用的字彙也比較狹隘，即使是熟悉的語彙也很容易說錯。然而，相較於特別缺乏的資訊和語言，他們更明顯的是特定技能方面的限制，例如：語言會影響兒童的智力，因為目前普遍相信語言和一般資訊是思考的有效工具。（pp. 126-127）

Goldfarb 的研究對於早期安置於機構，相對於在家庭環境扶養所造成長遠的不同影響提供了證據，但是，並沒有直接針對安置在機構的時機問題（早期相對於後來）加以處理。Pringle 和 Bossio（1958）的研究所提供的資料數據便與這個論點相關。研究者以標準化測驗評估語言的發展，研究樣本為在機構的八歲、十一歲、十四歲兒童。把年齡設定一致時，研究者檢視自變項對測驗分數的影響，包括進入機構的年紀，以及安置於機構的時間長短兩項。在機構的時間長短並未造成顯著差異，不過，對早期便與家人分離的兒童，以及都沒有與家人接觸的兒童來說，處於機構則有較為嚴重的遲緩影響。此外，檢視研究者報告裡的報表，發現在其分析中未曾提及的一個特質。因為數據資料是分成三組（各為八歲、十一歲、十四歲）列表顯示，可以發現進入機構的年紀所造成的差異，同時也隨著年紀而改變。顯著影響只發現在比較年輕的兩個組別，至於十四歲組則沒有差別；同樣地，平均分數的差異也隨著年齡而減少。換句話說，當兒童十四歲的時候，已無法發現早期與母親分離造成的口語智能和語言發展的缺陷。

與我們目前所看重的議題更為相關的是，Pringle 和 Bossio 描述的機構兒童遲緩的程度，要比 Goldfarb 所報告的來得輕微。前者的平均智商為 90，相較之下，後者則為 60，如同我在別處所引用的文獻證明（Bronfenbrenner, 1968），Goldfarb 的樣本中，每一組兒童有問題行為的百分比顯著高出許多。兩份研究都沒有提出相關的數據資料，可以讓我們進行物理與社會環境的比較，不過，關於我們提問的直接重要性之一的情況，確實存有資訊可供參考。在Goldfarb的研究樣本中，兒童平均在四個半月時就已經進入機構，最晚的是九個月大。相較之下，Pringle和Bossio的樣本，即使所謂早期被剝奪組，包括從出生到五歲內（並沒有更進一步的分組）任何時間與母親分離的嬰兒。如前文所提，Pringle和Bossio發現早期便與母親分離的兒童，在口語智商顯現相當低的分數，但是，待在機構的時間長短則與缺陷的程度無關。

如果我們大膽假設，把兒童安置在機構的原因多多少少類似1950年代中期的英國（正是Pringle和Bossio研究進行的地點與時期），也好像1940年代早期的美國（Goldfarb研究的地點與時間），將引導我們結合兩種結果做出結論：發展上最重要的因素是年齡，即兒童被安置於智能上被剝奪的環境之年齡，發生在出生最初時期的影響最為關鍵。但當然上述結論有其問題；首先，此結論建立在相當不可靠的實驗基礎上，在Goldfarb的機構組只有十五個個案（Pringle和Bossio的研究則有一百八十八個）支持此論點。Goldfarb（1943b）另一研究樣本有較多（N=40）但較年幼（由八歲組成）的兒童，提供更進一步的證據。如同先前的研究，有二十個兒童在六個月大之前就進入機構，平均大約兩歲半之後被安置到寄養家庭；控制組的非機構兒童也是六個月大之前就安置，然後一直住在寄養家庭（不像年紀較長的樣本，八歲組的兩組兒童在半歲前與母親分離，因此，任何發展上的差異都是來自情境單一因素的影響）。沒有蒐集任何智力測驗的數據資料，但是對兩組的評分，則採用年紀較大樣本所使用的許多相同行為項目的方式。

對於較年幼的樣本在情境影響的顯著差異方面，也發現同樣趨勢的類似特性，儘管行為問題的整個頻率以及差異的強度都不是那麼顯著。對於較年幼的兒童而言，頻率發生的次數較少，當然可能是因為對幼兒的評定標準比較寬；不過，這兩組間較小的差異或許正可以反映出當男孩長大，甚至是他們離開機構好幾年以後，早期機構化越趨嚴重之影響。

整體而言，Goldfarb以及Pringle和Bossio的研究結果，都支持在六個月大前就進入機構，很可能會對後來的發展有最持久與最具破壞性的影響，雖然缺乏關於這兩種機構的條件的資訊，以致有其他解釋的可能性。Goldfarb 在最初的發表並沒有提供關於機構環境的描述，但是，他在稍後的報告（1955）中加以說明，嬰兒在九個月大以前都放在個別的小隔間內，條件類似 Spitz 棄嬰之家所觀察到的狀態。在 Pringle 和 Bossio 的研究中並沒有任何關於機構的訊息。

儘管無法提出最後決定性的結論，不過，在此所檢視的研究調查，其補充性的發現卻形成一個對於發展的假設，在進入機構的年齡與其長遠破壞性的影響之間提出了一個關係。

假設 18

物理和社會貧乏的機構環境所帶來長遠的有害影響，隨著兒童進入機構的年齡越大而遞減。兒童越晚進入機構，在離開機構以後，從任何發展困擾的情況下恢復正常的可能性越大。小於六個月的嬰兒進入機構，可能發生較為嚴重與持久的影響，此時，其還沒有能力與父母或其他照顧者發展出強烈的情感依附關係。

多久才稱之為長遠呢？我們已經觀察到，當兒童在六個月大時，被安置於刺激最少的機構環境裡，直到青春期早期都還會發現認知、情緒與社會發展的困擾，那麼，青年時期以及之後的情況又是如何呢？

到目前為止，我只發現三份研究提及上述問題。Beres 和 Obers（1950）所檢視的樣本為三十八名在嬰兒早期（通常是出生後的第一年）曾經進入機構，時間範圍在四年左右的青年人。雖然研究者報告了在早期被剝奪的經驗與後期的人格特質之間有一些連續性，但是，讓他們印象深刻的，主要是實驗對象並沒有嚴重的心理困擾，以及逐漸恢復到平常功能的水準。

> 我們對於此組對象最有興趣的焦點，為嬰兒時期經歷極端地被剝奪以後，在符合社會要求的調適程度上，有長足的進步是極具可能的。我們要再次強調，七個個案當中的五個是一直潛伏到青春期早期，調適才明顯地變得良好；他們在早期時表現出不同程度的難以適應，觀察若是只局限於那幾年，我們恐怕會把他們歸類為自我認知發展不良的一類。從這些個案來看，在嬰兒時期遭遇情感上的被剝奪，而有的自我和超我發展的受限之特徵，並不是不可逆轉的情況，自我和超我的更進一步發展是可能的……
>
> 其他研究者強調過在嬰兒時期受到極端地被剝奪，所造成的心理影響是永久性的，我們的發現與他們的結論並不一致。（pp. 230,232）

Maas 的研究（1963）回應相同的主題，針對二十個青年，其在嬰幼兒時期從倫敦被疏散，安置於托兒收容中心一段時間（至少一年）。研究者主要透過訪談來評估其適應狀況，訪談人格特質在不同領域的運作情形，包括：智力發展、情緒控制、人際關係與社會角色。研究者的結論摘錄如下：

> 這二十個青年雖然可能因為嬰幼兒時期的分離，以及安置在托兒收容中心的經驗，而受到嚴重的傷害；但是，他們大部分在青年時期並沒有任何證據顯示極端、異常的反應……
>
> 大多數的研究對象……與理論所謂的「正常」並沒有顯著的差異。在這個程度上，本研究支持人格適應性與恢復性的論點。（pp. 48, 54）

令人遺憾地，對於實驗對象離開機構之後的經歷，這兩份報告的研究者都無法提供相關資訊，這些經歷應該可以解釋其所展現的心理恢復。另一份研究調查則確實提出這樣的數據資料：在 Skeels（1966）所進行的優異實驗三十年之後，他繼續追蹤原先十三個現在已是成年人的個案。發現全部個案都能夠自力更生，只有兩名未能完成高中學業，其中四名甚至還進入大學一年或是好幾年。在控制組的個案，不是過世，便是還留在機構內。Skeels 的結論是以納稅人付出的總金額數量有多少花費在支持機構來呈現，以對照那些最初被認定為智能障礙者（平均智商為 64）、無法被收養，但是在兩歲時，在專門收容智能障礙者的州立機構中，經由裡面智能障礙女性院民的照料而走上正常發展之路，所能夠帶來生產上的收入。

Skeels 的實驗組所經歷的恢復經驗，在他們的恢復過程裡，經歷了差不多包含目前所有有助於心理發展的狀態之相關的生態原則。兒童一旦被安置在上述機構的各個病房內，就有大量機會提供照顧者—嬰兒之間的互動，以及讓兒童主動參與各種不同的活動中（假設 1）；觀察性、共同活動以及主要配對關係自然地發展出來（假設 2 到 7）；且其他病患與護理工作人員以第三者的形式參與其中（假設 8）；這整個過程透過角色的轉變而開始運作（假設 9）——同處於機構的女性院民成為兒童的照顧者與替代父母，此角色藉由工作人員之間的認同（假設 12），以及在機構內「看是誰的嬰兒先會走路和講話」之間的競爭，而被賦予某些合法性、地位與力量（假設 10 和 11）（p. 16）。

總之，Skeels 提及微觀系統內每一個因素的變化——活動、角色關係，以及情境的物理特質。我把這種在微觀系統中所有因素的綜合變化，稱之為**情境上的轉變**，此研究呈現了一個特殊案例，一個必然會改變參與者行為的轉變實驗，所以，會比一次調整微觀系統內的一個因素，更能以強而有力的方式來影響發展過程。

不過，仍然存有三個問題。首先，以上所檢視的三個研究，顯示許多在一歲前安置於被剝奪的機構環境裡的兒童，雖然可以展現出重大的恢復，可是，我們仍然不清楚他們的發展是否真的不受其影響；唯有透過控制組的對照，比較來自類似家庭背景卻沒有機構經驗的兒童來加以確認。第二個問題與機構的品質有關，到目前為止，在無法提供物理或社會刺激機會的機構情境之下，我們檢視其對發展的影響，那麼，對於能夠提供機會的機構又是如何呢？第三，在機構環境的兒童要有正常的發展，一定需要一個父母代理人嗎？

Tizard 與其同事（1972, 1974, 1976, 1978）評估二十五個在機構兒童的認知發展，此研究設計完善，樣本包括三組配對的控制組，由親生父母或是養父母在家扶養的兒童。不論是基準研究或是後續追蹤研究中，Tizard和Rees都發現：「沒有認知發展遲緩的證據……四歲組兒童在嬰兒早期就安置於機構……所有參與的機構中，並不鼓勵工作人員與兒童之間有親密的人際關係，兒童的照料也透過許多不同人的手。」（1974, p.97）

對於安置在機構的兒童，之所以沒有任何重大損害的解釋，陳述如下：「兩份研究的發現構成強而有力的證據，例如：員工—兒童的比率佳，提供豐富的玩具、書籍與設備，即使缺乏與一位替代母親建立任何親密和／或持續的關係，也會促進在四歲時認知發展的平均水準。」如同 Tizard 與其同事在早期報告（1972）中所提及：「我們所研究的機構是長期居住的托育收容中心環境，非常不同於 Spitz 和早期研究者所形容的棄兒之家那般殘忍。」（p. 339）

Tizard與其同事的工作確認了假設 17 所指定因素裡前兩個的重要性，對抵銷機構所造成的被剝奪情境很重要：情境必須允許大人—兒童互動，提供活動所需的材料，以使兒童能夠單獨或是與照顧者共同參與其中。Tizard 的兩組比較組，其結果更是額外地支持上述結論。第一組的兒童曾經進入機構，然後在四歲半以前又回到母親身邊。所有母親都來自貧窮的社經背景，有一半為單親。研究者發現：「對一年以前回到母親身邊的兒童（大約平均年齡為三歲半）所做的測驗結果，儘管不顯著，但其平均分數是低於留在機構的兒童。離開機構回到母親身邊，兒童失去了一些環境上的優勢（例如：更少的玩具和書籍，也比較不會有人經常讀書給他們聽）。」（1974, p.98）

第二組比較組的成員有不同的情形，其是由曾經進入機構的兒童組成，然後，在兩歲到四歲之間被領養，收養家庭大部分為中產階級。雖然並沒有任何證據顯示，關於領養當時是選擇性安置，但是，這些小孩到了四歲半時，比起其他的組別，智商有較顯著的高分。研究者認為：「這些兒童不只是得到一個母親，相較於機構所能提供的，更是獲得一個較為豐富的環境。」（p. 98）

然而，推論單單只是物理層面環境的改變是錯誤的。Tizard 和 Rees以三種分數為基礎，也計算出環境經驗的廣度指數：一為「成人世界的經驗頻率」，其二為「特殊的事件與旅遊」，第三則是「讀寫的經驗」（p. 96）。一般而言，四組在所謂社會環境的豐富與否的測量上有顯著的差異：「在所有經驗廣度的測量上，分數最高者為被領養的兒童。」（p. 98）其次則是與親生父母同住的兒童，主要來自於貧窮的社經背景；最後，在機構環境然後「又回到」父母身邊的兒童得到最低的分數。

接下來的問題是：社會環境的什麼層面對於發展的促進最為相關？以下描述兩歲（建立基準評量）與四歲半（再次評估）之間進入機構的兒童，當情境改變時，所表現出的相關認知的增長，提供了一個答案。

> 我們發現這些兒童兩歲的時候，在語言發展上有某些程度的遲緩；到了四歲半時，不管是否仍然留在機構，遲緩現象已經消失。在介入期間，機構的兒童持續由工作人員輪流照顧，但其中在兩個環境的測量層面有所進步：隨著兒童年齡的成長，他們交談的頻率增加（Tizard et al., 1972），同時，也提供他們範圍更大、更廣的經驗。（pp. 97-98）

從發展的角度來看，又再次證明物理與社會環境是機構情境中最具關鍵的兩個特質，使兒童能夠——甚至是鼓勵兒童——參與各種不同的活動，不管是跟大人共同參與、自己主動參與，或是主動跟其他兒童一起參與。若是如此，我們可以認為這些確保兒童正常發展的必要條件，不只是在機構裡，也適用在其他情境裡嗎？Tizard 和 Rees 確實得到這樣的結論：

> 就認知發展而論，機構生活非常清楚是可以避免剝奪的情境的；事實上，一定有許多兒童在機構裡比他們在家裡發展更快。本研究與其他研究所得的證據都認為，不管在什麼社會情境之下，沒有經常被對著講話、對著閱讀，或是沒有給予各樣刺激的兒童傾向於有遲緩現象；發生所謂的機構化遲緩現象，跟其他環境所造成的遲緩是一樣的，都是由於經驗的貧乏。（p. 98）

雖然有一些研究也確實證明 Tizard 和 Rees 所指出的方向，但是就證據來看，應該要提出更切實的陳述。即使是限制在（事實上也是如此）認知發展的領域，這樣的論點也或許仍是太強硬。Tizard 與其同事使用魏氏智力量表測量智力功能。以機構和家庭為基礎，四個情境所測出的總分與口語分數，其平均數都高於 100，此發現想必是研究者以下陳述的基礎：「所有組別的兒童至少都在中等，而且沒有證據顯示機構組兒童有語言遲緩。」（p. 95）分析魏氏測驗總分的變異度，儘管顯示出可信的情境影響，不過，這主要是由於領養組的優異表現。機構組的平均則低於較低階層家庭的控制組

（105 比 111）。而且兩年之後，在一系列論文集中又出版了此份研究（Clarke and Clarke, 1976），原研究者又再加上後續追蹤到兒童八歲的數據資料，來自領養組和較低階層家庭的兒童基本上還是維持原狀（智商分數分別為 115 和 110），可是，仍然留在機構的兒童，七個中卻有六個的智商下降，從 105 下降至 98。排除選擇性耗損這個可能的解釋，研究者提醒讀者：「然而，我們應當注意機構兒童的平均智商仍在中等。」（Tiazrd and Rees, 1976, p. 148）

可是，即使有上述事實加以確定，卻仍引發一個更大的問題。Bowlby（1951）依據當時有的研究為基礎，在其最初的專題著作中認為，沒有母親照顧的兒童「在發展各方面所受到的影響並不相同。影響最小者為神經肌肉發展，包括：走路、其他關於移動的活動，以及手操作的靈巧度」（p. 20）。影響最大者則是說話，「表達能力所受到的影響更甚於理解能力」（p. 20），以及「情緒調適，特別是建立並保持真誠情感依附的能力，這些情緒困擾一直到童年晚期和青春期才會完全顯現出來」（pp. 30-36）。

檢視研究（特別是 Goldfarb，以及 Pringle 和 Bossio）所提出的證據，很明顯與 Bowlby 的結論一致。在這些情形下，即便 Tiazrd 和 Rees 僅就「認知發展」上的推論或許都過於廣泛，一個更為精準的陳述是，「以標準化智力測驗來測量認知發展」。早期安置於機構對發展可能影響的最大層面，通常無法由標準化心理測驗所測量的領域得知，反倒是由每天生活的行為表現可得知——尤其是在需要主動開始並持續努力的情境，以及與其他人的關係上。

在這方面，值得注意的是 Tizard 最近發表的長期研究，研究者（Tizard and Hodges, 1978）比較原先安置於機構的兒童（N=36）與在家庭環境扶養長大的兒童，兩者在八歲時的教室行為有顯著差異。家庭情境包括兩組兒童：相同班級裡的其他學生（N=36），以及原先從未進入過機構的比較組（N=29）。雖然並未告知教師那些兒童的早先背景，但是，在機構待過的兒童更常表現出反社會行為的特質，也經常被冠以某些特定的名稱，像是：「過動」、「喜歡爭吵」、「沒有朋友」、「焦慮不安」、「缺乏注意力」、「不順服」、「經常說謊」，以及「不接受糾正」等。不管是在家庭的父母或是在機構的替代父母，都表示有這樣類似但不甚明顯的差異。

這些結果來自一份英國的研究，與美國的 Goldfarb 早在四十年前的結果有類似的發現。不過，Tizard 和 Hodges 超越 Goldfarb 的發現，將兒童隨著時間而有的行為改變，與其生活環境中團體與個別的差異相關聯。因此，先前安置於機構而在四歲前被領養的兒童得到最高的智商平均分數（115），比較之下，回到原生家庭的同年齡兒童平均分數只有 103；「在閱讀年齡方面，領養組也比回到原生家庭的兒童要早十個月」（p. 112）。相對地，安置於機構的年幼兒童不論在四歲半以後才被領養或是才回到原生家庭，都持續展現較低的智商分數（平均分數分別為 101 和 93）。而且，智力表現與社會行為的差異直接受母親或是保母所表示跟兒童之間的情感強度而變化，最強烈的連結顯現在領養母親身上，尤其是從兒童一出生就扶養的領養母親，最弱者則是在機構裡的保母，以及兒童進入機構後又回到身邊的親生母親。最後，從發展角度的重要性來看，對於母親的依附、認知的測量，以及「相對地缺乏行為問題」（p. 112）之間有其顯著的關係，而這些關係存在於社會階層之內，也存在於跨社會階層之間。

Tizard 和 Hodges 依據其發現，認為「早期進入機構的兒童，隨後的發展受其所遷入的環境很大的影響」。關於機構所造成的副作用，研究者採用較為保留的立場：「這些發現顯示，在離開機構六年以後，有些兒童仍然展露出早期安置於機構扶養的影響。」（p. 113）需要注意的是，有問題的機構，乃是如同前文 Tizard 和 Rees（1974）所提的一樣：「工作人員與兒童的比率良好，還提供豐富的玩具、書籍和設備……但缺乏任何與其有親密與／或持續關係的替代母親。」（p. 97）

在我看來，Tizard 最近的發現認為如此關係的缺乏或是瓦解，並不是沒有一些負面的發展結果。研究者發現在依附與發展指標之間存有關係；又發現回到母親身邊的兒童，母親並沒有跟兒童發展出強烈的依附關係，在這些兒童身上形成對發展的損害；這些都成為我在前文中所衍生之假設的附加證據。這些假設以其他研究為基礎，強調維持配對關係（幼小兒童與主要照顧者）間之延續性的重要，以及在學前階段生態環境轉銜的重大影響（假設 6、7，以及 16 到 18）。

這樣的支持證據絕不是決定性的。在 Tizard 和 Hodges 論文的最後一段，很正確地強調：「（在八歲的時候）兒童還是非常幼小，因此，早期經驗對於長期的影響，任何定論都言之過早。」（p. 117）儘管如此，Tizard 與其同事的發現還是為未來的研究指出方向。他們的作品強調在人類活動（智力的、情緒的及社會的）的廣泛範圍中進行發展評估的重要性，即展現於人們生活的實際情境中的發展。這份很仔細的長期研究也清楚說明機構所造成的長遠影響沒有解決之道，尤其是在面對品質良好的機構時，除非研究者跳脫實驗室而去比較配對的樣本，比較先前安置於機構與從未進入機構的人，檢視他們在每天生活環境中（像是家裡、學校、工作場所和社區）如何運作，因為唯有如此，不同社會化程度的獨特結果才最可能表現出來。一旦進行這樣的研究，就一定會發現任何由於處於機構內被剝奪的影響，在成人以前就極有可能表現出相當的損傷。

若提供缺乏一個具有相當於家庭功能的環境給其成員，即使機構提供了兒童一個可以激發反應與人性化的環境，機構似乎還是會對後來的生活造成一些有害的副作用。

這個限定條件是非常重要的。若是Tizard和Rees（1974）接受這個論點，他們就會放棄原先的立場，不再以為造成機構和家庭被剝奪的可能性其實是一樣的。他們認為，不管哪一個情境都潛在存有「相同的貧乏經驗」，如果「經常對著兒童講話、閱讀，以及……給予各種不同的刺激」（p. 98）便可以避免。

確實也有證據顯示，有一些家庭中的兒童所處的物理和社會環境是相當窮困與混亂的，因此，安置到機構後，會開始一段心理的恢復與成長（Clarke and Clarke, 1954, 1959; Clarke, Clarke, and Reiman, 1958）。然而，Tizard 和 Rees 所採取的齊頭平等立場，無法考慮生態系統中家庭與機構的不同特性。就微觀系統的要素來看，通常在機構裡出現或是鼓勵兒童的角色、活動以及關係，明顯不同於家裡目前所具備或即將逐漸形成的角色、活動與關係。從最一般的層次來看，機構是一個包含專業人士與輔助性專業人員的正式結構，相較之下，家庭則是極度的非正式，照顧者為業餘的非專業者，引發其工作表現的動機是非常不相同的。關於人際之間的架構本質之研究的分析，產生了一個最有助於人類發展結果的想法（假設 7），強調「我們之所以和某人共同參與互動活動逐漸趨向更為複雜模式的過程，全在於是否已經與那個人發展出強烈且持續的情感依附關係」。我曾經在別處提及這個必要條件，兒童需要「有一名或是更多成人非理性地持久投入在照顧和共同活動中」（Bronfenbrenner, 1978b）。而專業角色的要求之一很明確地便是不可發展出非理性的投入，由 Tizard 和 Rees 所研究的供住宿之托育中心，可見證此實務原則：「不鼓勵……在工作人員與兒童之間有親密的個人關係。」（1974, p. 97）而且，在家庭裡，只有一組父母照顧各種年齡層的兒童，但是，在機構裡，不同的照顧者輪班照顧通常是相似年齡層的兒童。因此，於一種強烈且持久的情感依附之生態情境脈絡中，逐漸趨向於更複雜模式的互動活動並不是那麼容易發展出來的。

在處於家庭與機構的兒童之間的差異，並非只限於微觀系統。就中間系統的層次而言，與家庭比較起來，機構是更加隔離於其他情境，以致兒童極不可能從其他環境中獲取經驗。就外圍系統而言，機構的人員與實務作法比較少受到外來社區的影響，也比較不能就兒童轉銜到其他情境的好處而有所調整與創新。最後，從文化價值與期待的觀點來看，在機構裡被撫養長大會帶著刻板化的標籤，會成為失敗的自驗預言。

這些多重層次的差異所累積的影響幾乎令人難以忽略。即使學前階段遭遇機構情境的被剝奪者，依然能夠在成年階段過著正常的生活，沒有令人衰弱的精神錯亂，還是不等同於最理想的心理功能。從科學與社會政策的角度來說，由於機構的特質會影響行為與發展的過程，建立機構獨特的生態特性是有其必要的。這樣的努力的其中一個不可或缺的部分應該包括：就可能可以產生最有利於心理成長的生態情況之下，在機構結構上的實驗性調整，以及其他照顧模式的實驗。

在本章開始曾經指出，把機構視為一人類發展的生態情境脈絡所造成的影響的那些研究，太過於壓倒性地集中在早期被剝奪的問題上面。事實上，安置於機構的大多數人口是成年人，他們主要為智能障礙、精神異常、慢性疾病、違法者，以及特別是老人。雖然很少有研究進行關於安置在機構對這些人所造成的影響，可是，對於兒童的發現卻提供了持續影響的證據。Blenkner、Bloom 和 Nielson（1971）設計一個改善老年人保護服務的實驗方案，儘管研究很成功地實施，然而，所得的結果卻毫無影響，又再回到原點。樣本包括一百六十四名超過六十歲未安置於機構的老年人，他們被認為沒有足夠的能力照顧自己，同時持續列在社會局的名單上。這些個案隨機分發到實驗組與對照組，提供實驗組「比平常在社區可資利用還要來得更好、更多元的服務」（p. 489）。僱用四名極為勝任的個案工作者來執行這個特別的方案。控制組接受由當地社會局所提供的「標準化處遇」方案。

雖然實驗組很顯然接受一個較高程度的保護服務，但是，一年之後，測量其功能性能力的發現卻無法顯示此特殊方案確實的優點。事實上，其差異反而是對控制組有利，同時，死亡率——研究者稱為「能力的終極退化」——展現類似的趨勢：參與方案者為25%，控制組則為18%。研究結果「不僅沒有顯著差異，且令人沮喪。示範性方案的介入很明顯地無法預防或是減緩退化」（p. 492）。研究者因為關切此趨勢而特別注意，持續追蹤，蒐集兩組死亡率的後續數據資料；四年之後，相較於控制組的存活率48%，實驗組為37%。

儘管發現結果自我矛盾，研究者表示「並非完全超乎意料之外」（p. 494）。他們認為，之所以產生矛盾的最主要原因，是由於在特殊方案中更密集的個案工作，造成有較高比率的機構化。第一年的差異為34%比20%，持續直到計畫結束之後，「到了第五年，超過五分之三（61%）的示範方案參與者以及少於一半（47%）的控制組，曾經進入機構」（p. 495）。在實驗樣本所觀察到的較高之死亡率與較高之機構化現象，讓研究者假設在兩者間存有因果連接。他們「推論……因為僅僅失去希望就足以殺死他們；而由於安置於機構，會產生失去希望的感覺。無論哪一組（不管是示範方案的實驗組或是控制組）有最高的安置率，也會帶來較高的死亡率」（p. 494）。

Blenkner 與其同事隨後繼續測試他們的假設，個別計算實驗組和控制組中安置於機構與非機構的樣本存活率，結果如同所預測的方向。在第四年結束前，安置於機構者的存活率約為 32%，對照其中的實驗組與控制組，之間並沒有差異。安置於非機構者的存活率就顯著高出許多，尤其是沒有參與特殊方案者（57%比 44%）。控制年齡變項，把觀察所得的比率跟那些標準化生命表格所期待的比率加以比較，並沒有改變結果所呈現的模式。因此，顯然實驗組有較高死亡率的主要原因，就在於他們較早進入機構，而其原因則是在隨機抽樣的基礎上，提供他們較密集的個案工作服務。這些實驗對象一旦安置於機構，不論他們先前是否已參與實驗方案，對他們的存活都不會造成差異。然而，即使沒有安置在機構，那些接受特殊方案的老年人也比沒有接受者來得更容易死亡。根據這些發現，研究者警告大家：「儘管這些是令人沮喪的事實，可是，我們不應該因而氣餒，而不嘗試給予更進一步的幫助，反倒更應該質疑目前介入的處方與策略。我們的劑量是否太強？我們的介入是否太過頭？我們的接手是否太晚？有些數據是關於安置在機構的預測性或存活因素，這些資料顯示，我們傾向在生命能夠忍受的最小範圍內引進最大的改變。」（p. 499）

這個問題不只是進入機構的時機，而是機構本身是一個孤立於目前社會其他情境的社會系統；同時，對於居住在如此生態框架的這些人（不是同住院者，便是照顧者），他們的行為與發展也是在這些結構特色下所產生的結果。假若 Zimbardo 與其同事所言為真，監獄環境對於警衛的影響並不少於囚犯，那麼，同理或許可推論到機構的工作人員，甚至他們的上級主管。社會科學家仍待探索我們經常生活的情境對於成年發展的影響。

以上所回顧的研究調查提供了三層意義。首先，這些研究調查讓我們看清楚，將機構視為一生態情境的獨特性質，對於人類發展的過程是會造成影響的，可以喚起、也可以抑制某些種類的琢磨活動、角色，以及某些人際關係的模式。

其次，這些相同的研究對於先前章節所出現的假設提供了確據，證實在這些假設中於情境脈絡中發展的一般性原則。尤其是Spitz敏銳地利用兒童所處機構的現有方式——像是安排截然不同的物理環境，運作機構內的流程、所有人員的角色以及組織架構，都提供了強而有力的證據來支持前七個假設。這些假設堅稱讓正在成長的兒童參與逐漸日趨複雜的基本活動、來回互動的模式，以及與大人（其扮演如同父母的角色者）建立我所謂的「主要配對關係」在發展上的重要性。

而且，有相當數量的獨立研究也支持 Spitz 的主要發現；包括自然情境的比較研究，透過Goldfarb、Pringle和Bossio，以及Tizard與其同事所從事的例證；還有Schaffer、Prugh與其同事所設計的實驗。後者的實驗計畫，涵蓋角色結構、行為及期待的改變，證明了角色有改變行為的力量（假設 9），特別是這個角色得到機構支持的時候（假設 10），在彼此之間互相幫補（假設 12），同時也強調合作的活動（假設 13）。所有這些促進性的功能都展現在以上所檢視的改革實驗中，尤其是 Skeels 的研究。

第三，關於在情境脈絡中的發展之決定因素與過程方面，本章所回顧的研究提供了一個依據基礎，以形成另外的一般性原則。從整體的角度來看，一個有助於人類發展情境的特性現在已可以被具體點出。

假設 19

情境中的物理與社會環境能夠並激發發展中的人們在那個情境下，參與逐漸日趨複雜的基本活動、來回互動的模式，以及與其他人建立主要的配對關係，如此才能提升此情境的發展潛能。

除此之外，假設 15 到假設 18 雖然是在兒童所處的機構中研究人類之發展而衍生得來的，不過，這些假設的自變項所形成的條件，可應用於許多人類的情境脈絡裡。例如：規定給年幼兒童的環境應提供照顧者—兒童的活動、允許能夠移動，以及包含兒童在自由活動時能夠使用的物品（假設 15）；盡可能讓機構像日托中心的情境或是醫院的病房一樣，是以長期考量為基礎來照顧兒童。以此類推，和受到最大傷害的時期相關的事項（假設 16 和 18），以及心理受損的預防與恢復（假設 17），都可以適用於任何環境，只要這個環境的特性是缺乏刺激也缺乏人讓兒童能夠建立一個主要的配對關係的。從這個觀點來看，我所發展出來的假設，把兒童所處的機構視為發展的情境脈絡，也可以嘗試構成人類發展生態的一般性原則。

第八章

日托中心和幼兒園作為人類發展的情境脈絡

我們已經檢視人類一開始生活的大部分情境，目前要探討的是，現代工業化社會裡，數量日益增多的環境，亦即兒童一旦離開家裡所進入的第一個環境：日間托育中心（包括日托中心和幼兒園）。或許因為這些情境是學術體制的世界較容易接觸到的，也是經常被包含其中的，所以，這些情境產生非常大量的研究。不過，從生態觀點之實質和理論視野來看，與針對兒童機構的研究相比，便顯得較有所限制。

衍生自我先前所說的傳統研究模式而來的，對日間托育中心及學前環境研究的限制，其所展現的特性如下：

1. **空的情境**。我們已經注意到，關於人類發展的研究缺乏生態的方向，已經導致出現一面倒的怪異景象：產生大量關於研究結果差異的數據資料，或者，對於情境本身或在情境中發生的事件，不是缺乏資訊，就是資訊極為有限。這種不平衡很明顯地出現在本章所回顧的研究中，十份研究裡有九份對情境的定義主要來自那個團體的標籤。可能提供關於在中心的照顧者—兒童之比率的一些數據，或是在家裡的家庭結構型態。可是，這兩種情境的差異特質是不須多加說明的。一個環境中已經被認定影響行為與發展最必然的要件——琢磨活動、情境特質、人際結構和角色，卻很少被提及。

2. 生態上有所限制的結果測量。儘管在結果方面有大量的數據資料，不過，變項測量的範圍卻受到很大的限制。如同大多數關於環境影響發展的研究，日托中心和幼兒園情境對兒童的影響，通常是以心理測驗或是實驗室方法來測得的。由於在第六章曾討論過原因，這些研究過程進行的環境之生態效度經常是遭人質疑的，尤其實驗對象是嬰兒或是學前幼兒的時候；與其說是評量出兒童的一般能力程度，不如說是兒童覺察到某些特定情境，對特定情境的反應。當然，研究者一旦理解這種情形及其觀點，所觀察到的回應可能就很容易有令人信服的正確解釋，不過，卻通常只是在一個有限的生態情境中。

關於結果測量的範圍最嚴重的問題是，我們會省略而忽視一些訊息：關於兒童在每天生活情境裡（家裡、日托中心與遊戲場所）的行為之訊息。這些未知包括：兒童（參與或不參與）的活動、角色，以及他跟其他兒童、父母、其他大人所涉及的關係。從生態的角度來看，在日托中心或幼兒園的經驗中，這些的確是最有可能對其發展有所影響的領域。

3. 實驗對象固定在兒童身上。傳統的研究模式注意焦點局限在實驗對象，在此指的是兒童。因此，極少數的研究者會去檢視、甚至察覺出一個可能性，即這樣照顧安置的特質，除了兒童之外，其他人的發展也會受到重大影響。父母當然是最有可能被影響的，不只是他們在照顧兒童的角色上，還有他們的工作、休閒活動時間，以及生活上許多其他方面。就生態的觀點而言，我要再次強調在現代工業化社會中，相較於人類發展的其他直接影響，日托中心與幼兒園對於這個國家的家庭和社會之影響，極可能具有相當深刻的重要性。

雖然，絕大多數探討影響學前階段的團體情境的研究，都受到我所提過的理論和方法範圍之局限，有少數研究者已經開始探索先前未知的領域。由於這些研究結果超越目前使用較為傳統的方法和設計所確認為完善的結果，有時會引起質疑，因此，我將分別說明這兩部分的研究；先由較傳統的後者開始。

以下摘要，主要是根據我與同事（Bronfenbrenner, 1976; Bronfenbrenner, Belsky, and Steinberg, 1976; Belsky and Steinberg, 1979）所檢視的研究文獻；其他評論者（例如：Ricciuti, 1976）基本上也有相同的結論。

對於日托中心之影響的傳統研究，主要焦點是在透過智力測驗與認知功能的實驗測量來評估其智能結果（例如：記憶、概念形成和問題解決）。下述結論是以將近二十份研究的結果為基礎，比較配對之有或是沒有在中心、在家庭托育的經驗之兒童實驗對象；此外，最近進行的第一批大規模調查家庭和日托中心，樣本超過三百名來自紐約市貧窮社經背景的兒童（Golden et al., 1978）。這份確證的發現也大大增強了下列結論的效度。

1. 我們經常可以觀察到一個趨勢，與其他生長在高危險環境的學前兒童比較起來，來自貧困社經背景的兒童若是成長於高品質的日托中心（有證照或合於聯邦政府的標準），在測驗的得分方面傾向於不往下降。

2. 托育於家庭式日托照顧的貧困兒童在智能表現上，沒有觀察到相對的有利影響。

3. 就來自一般、低危險社經狀況的兒童而言，有或沒有日托經驗對其智能表現並沒有顯現可靠的差異。值得注意的是，絕大部分參與研究的日托中心是資金充裕、附屬於大學或是與大學有所連結、擁有訓練良好的專業人員，以及高比率的師生比；許多中心的課程還強調「促進認知」。至少從心理測驗和實驗室的測量過程來看，兒童成長於一個有經濟、教育和社會資源的家庭，是否進入高品質的日托中心對智能表現沒有太大的影響。

4.除了一個例外的研究之外（Moore, 1975），並沒有追蹤兒童學前日托經驗之後的研究。因此，所發現的差異或許會隨著時間消失，也可能正如 Moore 所提出的「沉睡效應」會在較大的年齡出現，尤其是兒童進入學校之後。

長期效果的問題，基本上在日托研究中無法解答，卻可以從學前介入的研究裡得到一些啟發性的答案。最明顯的發現並非以測驗分數為基礎，而是測量與每天生活情境有直接相關的經驗。使用傳統指標的研究，其展現的形態不如以生態為基礎進行測量所呈現的來得正面。

學前介入的研究其實比日托研究更依賴智力測驗的分數作為測量的結果。我（Bronfenbrenner, 1974d）對照並評估了七個學前計畫所公開的測驗結果，這些計畫都符合研究設計的三個標準：有配對的控制組、測量方法的比較性，以及計畫結束後，至少有兩年的後續追蹤數據資料可供參考。

短期效應與日托研究報告的結果一致。在介入的初期階段，來自貧困背景的兒童在智商和其他認知的測量上，顯現重大的進步，不但優於所配對的控制組，達到甚至超過同儕的平均分數。另外兩個來自中產階級家庭兒童的研究，則表現較少的進步或是完全沒有差異。那麼，相較於一般日間托育的經驗，產生的問題為是否幼兒園的學前課程越是強調教育性的活動，學前兒童的智能就越進步？我們很可能沒有清楚的答案，因為所有找得到的學前研究，都是在資金充裕、附屬於大學或是與大學有所連結的中心進行，擁有訓練良好的專業人員，以及高比率的師生比，課程還特別設計以提供認知的促進。採用類似方式的日托計畫，一般是針對更年幼的兒童，也享受到相同的優勢及等量智商分數增加量（Lally, 1973, 1974; Ramey and Campbell, 1977; Ramey and Smith, 1976）。

但是，長期追蹤的數據僅來自於少數被挑選出來的學前計畫，其數據資料所顯現的形態則令人相當灰心。在計畫完成之後的第一、二年（有時候，甚至計畫還在進行中），參與兒童的測驗分數開始有逐漸下降的趨勢；並且，通常是在結束後三年，實驗組和對照組之間的差距逐漸縮小，最後的評量差距只有幾分的不同。這個趨勢顯著的例外是由於方法學上的人為疏失（例如：自行挑選實驗組家庭）。基於這些發現，我的結語是：計畫介入最初所造成的明顯智商的進步，「一旦計畫結束後，便傾向於消失」（p. 15）。

Lazar 及其同事（1977a）挑戰我的論點，他們根據的是對許多計畫的原始資料的重新分析，其中包括我所回顧的大部分文獻。他們分析在計畫中結束後三年所得的比奈（Binet）智商分數，以及特別追蹤六個計畫中的兒童，平均年齡在將近十到十六歲，施以魏氏智力測驗（WISC）。有十個計畫可提供比奈測驗的分數，除了兩個計畫以外，其他實驗組都展現統計上的顯著優勢。即在智商前測校正後（有三個未做校正），大部分的差異都還維持其一致性。在最年幼的組別（平均九歲九個月），從魏氏測驗的全量表上，也看得出明顯的計畫成效。至於其他五個年齡較大兒童（十一歲三個月到十六歲九個月）的計畫，在全量表上沒有可信的差異（雖然十二歲組在操作智商展示出顯著效應）。研究者以這些發現來反駁這個假設：「早期教育對於智商分數只有短暫的影響」（p. 61）。

對於這點我有幾項說明，分述於下。首先，Lazar 及其同事所分析的幾個計畫和比較組，我之所以特別刪除的原因，是由於研究設計上出現關鍵瑕疵，以致實驗組和控制組之間無法比較，即使以前測分數校正也無法加以控制得當。不過，即使將這些計畫納入，Lazar 及其同事（1977b）所記載的比奈智商平均分數，其差異也展現明顯下降的趨勢，從第一次後測的分數稍微超過 7 分，等到計畫完成後的三至四年，分數差異不超過 3 分。而且，在特別的後續追蹤中，只有家庭本位介入的計畫（Levenstein, 1970）之魏氏測驗所測量的全量表，呈現顯著的計畫效果。於此，我也早已說過，把焦點放在親子互動的計畫優於只著重學前幼兒園團體情境的計畫。

無論如何，如同我們所看到的，Lazar 及其同事對於「嬰幼兒的托育服務會增進低收入兒童的能力」（1977a, p. 107）之看法是對的。而我以先前的資料數據為基礎所下的結論：團體介入的成效「傾向於消失」（1974d, p. 155），則顯得還不夠成熟；並不是因為兒童的年齡不夠大，而是因為學前介入的研究尚未採用更有生態效度的方法，來評量兒童在情境中的發展。不過，這種步驟已經被使用在日間托育的研究上，並帶來具指導性的結果。

人類發展的比較生態學的第一步需要對於發展發生的情境做系統化的描述與分析。但是，近來才有研究者在方法學的形式下採用這種模式。首先對日間托育做如此嘗試者為 Cochran 和 Gunnarsson（Cochran, 1973, 1974, 1975, 1977; Gunnarsson, 1973, 1978），其長期研究一百二十名瑞典兒童的最初階段，在自己家裡被撫養者有三十四名，在家庭式日托的有二十六名，在托育中心的有六十名（分屬於十二個不同的中心）。研究開始時，兒童的年齡介於十二至十八個月，組別之間很謹慎地以性別、兒童年齡、手足數目、家長的社經地位與家庭地理位置來配對。

在評量三種情境對兒童造成的影響之前，研究者先行觀察，以描述在各情境下發生的活動，還有兒童與大人之間、兒童與兒童之間的社會互動，其性質有何異同。研究初期，在兒童一歲至一歲半時，觀察到下列的差異：

大人與兒童之間的互動，在家裡和家庭式托育所發生的次數與持續時間，遠遠超過在中心的頻率和時間長度，因此，主要照顧者提供了較多社會互動的機會。家裡與中心的互動有所區別，其差異在於認知性的口語（例如：閱讀、命名、面對面的談話）以及探索的內涵；在家裡的探索包含了原本不是設計給兒童玩耍的事物（例如：植物、鍋碗瓢盆、母親的口紅等等）……

中心的社會互動實施之所以不同於家裡和家庭式托育，乃是由於主要照顧者負面的語詞和限制，以及其發生的頻率。在家裡使用負面認可的情形要比在中心發生的次數多，而這些情形經常與兒童的探索相關；在家裡和家庭式日托的兒童常被提醒「不行」、「不可以」，中心的兒童卻沒有這樣探索的機會。（Cochran, 1974, p. 4）

在解釋這些結果時，Cochran 拒絕採用 Ainsworth 和 Bell（1970）及其他人所強調的觀點：與照顧者依附關係的重要性；他反而從所謂的生態角度來詮釋：

大人在中心和家庭所扮演的角色不同……照顧者的角色是妻子或鄰居，也是家裡的母親，連環境擺設都像家裡一樣，家裡會有朋友和親戚來訪，可能有個家長珍藏物的展示區，盆栽植物和花朵經常隨手可及。兒童接觸得到洗碗精、樓梯和貓。反觀在中心裡，大人只有保母這個單一的角色，情境設計也只有托育單一的目的。家裡的探索機會當然就多出許多。（1975, p. 3）

Cochran 在評估其結果時，考慮了在家裡的觀察者越明顯，可能對照顧者和兒童有越大的影響。他認為，這個因素或許可以解釋在家裡的大人之所以會較主動的趨勢，可是，卻不容易說明兒童在家裡環境何以會增加其探索行為。Cochran 認為，這兩種情況的差異主要在於同儕和大人的相對凸顯性：「情況是兒童無論在哪一種家庭情境，都持續被提醒著大人的存在；至於在中心，透過類似的限制和引導技術，兒童的注意力被轉移為同儕合宜關係的重要性。」（1977, p. 706）

Cochran 也同時注意到，照顧者與兒童的互動在兩種情境下有許多相似處。有些差異幾乎可被忽略，像是正增強或負增強的總量、關愛的程度，以及協助的行為；家裡和家庭式日托之間的情境最為類似。這個發現與 Cochran 的整體結論一致，所觀察到的差異是：「由於情境設計的差異，反而讓大人們符合不同角色的要求。照顧者安排接近的生態以適應單一或多重的角色要求（母親／妻子／朋友），並且，訓練兒童在那些物理性和社會性的限制裡表現合宜。」（p. 707）

在美國，Prescott（1973）於其未發表的報告中有類似的結果。此研究總共觀察一百一十二個兒童，分別在十四個日托中心（有八十四個兒童）、十四個家庭式日托情境（有十四個兒童），以及十四個在他們自己家裡的兒童。研究者發現：「相較於團體中心，大人在以家庭為中心的兩個情境比較能夠關心兒童；兒童也有更多的機會去做選擇和控制環境。」（p. 7）

最後，關於紐約日托的研究（Golden et al., 1978），雖然沒有觀察兒童自己家裡的情境，卻提供了十一個中心和二十個家庭式日托方案的比較資料。結果摘要如下：「團體日托中心較家庭式日托方案優勢的地方，在於提供兒童的遊戲器材、設備和空間等方面的總量……家庭式日托優於團體日托中心方案的地方，在於照顧者和兒童的比率、照顧者提供兒童社會互動和個別注意力的總量，以及照顧者在用午餐時間提供兒童正面社會情緒刺激的程度。」（p. 148）

在家裡和日托中心之間穩定的差異，如何在每天的生活中影響兒童的行為呢？第一，兒童離開家裡，進入一個團體情境時會發生什麼？這個現象與日托對兒童的情緒發展之影響的廣泛議題相關。相對於使用「陌生情境」的實驗室研究所得到的自相矛盾的結果，Schwarz 及其同事所做的一系列觀察研究與在自然情境中進行的實驗，其發現呈現了一個具連貫性的樣貌。在 Schwarz 和 Wynn（1971）的最初研究中，他們調查兒童開始進入幼兒園時，影響其情緒反應的因素。一組兒童（四十六名）曾經有過母親不在場，單獨與其他團體的兒童在一起的經驗，至少每週一個小時，長達一個月之久；另一組（五十一名）則沒有先前的經驗。結果顯示，兩組兒童與母親分離後所展現的焦慮程度有所差異。固定觀察的時間點為母親帶著兒童到幼兒園後離開的第一天、一週後與四週後。整體評量分離痛苦（基於某些特定行為，例如：緊抱母親不放、哭泣，或是拒絕參與幼兒園的活動），發現早先沒有團體經驗的兒童顯著有比較高的分數。然而，不到一小時之後，或是第二週與第四週的觀察，在情緒反應或社會行為方面，並未發現可信的差異。

研究者在其研究過程中，對抗平衡了兩項重要的實驗操弄，讓彼此的影響可以被分開評估。隨機選擇的半數兒童不一定有先前的團體經驗，他們的母親在開學前的一個禮拜，帶著兒童到托兒所拜訪未來的老師，時間大約是二十分鐘；另一半的兒童則沒有提供這樣暖身的準備經驗。本實驗的另一項對抗平衡操弄為鼓勵其中一半的母親，在第一天留在幼兒園二十分鐘，另一半的母親則被要求當兒童一掛上外套之後，隨即離開幼兒園。不同於研究者的假設，在減輕與母親分離的焦慮方面，這些策略的設計都沒有呈現顯著的主要效應。

研究者對於整個研究的結果和結論摘要如下：「在家以外，先前固定有團體經驗的兒童比較不會擔憂母親的離去；不過，到幼兒園四十分鐘之後，就無法發現這樣的差異。結論是，在可**比較的樣本**之中，大部分兒童不需要特殊的過程便可以準備好，調適自己進入幼兒園情境。在減輕兒童對於幼兒園的嫌惡反應上，母親事前的拜訪和出現並沒有效果。」（p. 879）

在第二個研究中，Schwarz、Krolick和Strickland（1973）觀察二十位三至四歲的兒童，其平均已經在日托中心待了約十個月，然後正要轉學到另一個新的中心。控制組的二十個兒童沒有任何先前的日托經驗，以年齡、性別、種族以及家長的教育程度與職業來配對。他們觀察兒童在中心第一天的行為，及五週以後做後續追蹤觀察；觀察焦點在於行為舉止是緊張或放鬆、表情是正向或負向情感，還有與同儕社會互動的程度。研究者記載：

本研究發現無法支持早期日托經驗會導致沒有安全感

的情緒。相反地，有早期經驗的兒童到了新的日托情境，反倒顯現比較正向的情感回應；同時，在五週之後，也傾向於比其他到新中心的配對組兒童來得快樂。如果跟家庭或家長分開（由於提早進入日托）數個小時會造成不安全感，那麼，我們預測當被留在一個新的中心，周遭有許多不熟悉的大人和兒童時，有早期經驗的兒童對於不確定性的回應應該是不快樂、緊張、退縮，或是「很黏人」的。但是，他們最初的情感回應平均而言是正向的，而沒有托育照顧經驗的兒童最初則是負面的。有早期經驗的兒童非但不退縮或黏人，還更樂於與同儕互動，其程度顯著高過沒有經驗的兒童，也傾向於不緊張……我們或許可以下結論：我們沒有任何發現可以證明，與母親分離的托育會導致沒有安全感的情緒；相反地，在進入一個新的托育團體情境時，有早期日托經驗的實驗對象反而比沒有經驗者來得更輕鬆自在。有早期經驗的兒童之所以有較大的安全感，可能部分來自同儕的出現，同儕會與之發展出強烈的依附情感。（pp. 344-346）

更深入地檢視這些研究的過程和資料數據後，我們發現一個很重要的部分要加以釐清。在第一個研究中，因先前團體經驗所展現的顯著效應是短暫的，甚至到幼兒園四十分鐘之後就消失不見了。此外，在第二個研究中，調整轉換到新的日托中心環境，只在第一天當兒童掛上外套及其後的兩分鐘發現情感反應的顯著差異。只有在最初的幾分鐘之內，跟有日托經驗的配對組比較起來，沒有托育經驗的兒童很清楚有較多的「哭泣」、「噘嘴」、「嗚咽」，或是

「表現出不喜歡」；隨後，在痛苦的測量上，組間差異縮小許多，只有緊張程度接近顯著。至少從焦慮的程度來看，沒有先前日托經驗的兒童正在適應新的環境。第五週時，在社會互動方面仍然發現可信的差異，在此定義的社會互動為採取能夠引起他人回應的某項行動，因此，對於早期進入日托的兒童（年齡大約在十個月左右）在社會領域的情緒方面不會出現太大的影響。

Schwarz 及其同事（1974）的一系列研究是第三個支持上述結論的研究。如前所述，有十九對配對的兒童，年紀在三至四歲，針對九項行為量表的等級，蒐集兒童進入新的日托中心後四個月，以及之後再四個月的追蹤數據。對從小在家成長的兒童來說，這是第一次換他人照顧的經驗；至於其他有團體照顧經驗的兒童大約從九個月大時便在另外的中心。

在九項行為量表中，兩組在三項上有顯著差異。尤其是對侵略性行為的測量，無論在肢體或言語方面，日托兒童不管是對同儕或大人都遠超過配對組的在家成長兒童；他們也比較不會跟大人合作，比較會跑來跑去，而不會只坐在一個地方。另外的不同則是在家成長的兒童有比較高的挫折容忍度（係指反映在接受失敗和被打斷方面的能力），但只有 10%程度的顯著差異。Schwarz 及其同事的研究並未發現兩組之間與同儕相處的能力有所不同。同時期有另一份研究（Lay and Meyer, 1973）觀察同一批兒童，卻表示日托兒童比較會跟同年齡的同儕互動；反之，在家成長的兒童比較會與大人互動。還有一些資料顯示，早先有日托經驗的兒童（之前都在相同的中心）會表現出比較正向的社會互動，也比較傾向於跟他們自己同組的兒童社交。最後，Lay 和 Meyer 發現，相較於在家成長的兒童，曾經有過全天日托經驗的三至四歲兒童，整天花在粗大動作活動區域的時間比較多，在表達和認知區域所花的時間比較少。

Macrae 和 Herbert-Jackson（1976）曾經質疑 Schwarz 的結論，他們使用類似的量表來複製 Schwarz 的研究，卻得到相反的結果：提早入學的兒童很顯然與同儕相處得比較好，在與大人合作方面並未呈現可信賴的趨勢。不過，Macrae 和 Herbert-Jackson 並未特別注意到他們研究中的兒童要年幼許多（年齡為兩歲，而不是三至四歲），提早入園所的兒童在園所的時間也短很多（時間為十三個月，而不是兩年半）；樣本數也相對比較少（數目為八對，而不是十九對）；同時，也沒有像 Schwarz 的研究般，以家長的職業和教育程度來配對。

相當多的證據與 Schwarz 的發現一致，而且是來自於各種不同的出處。McCutcheon 和 Calhoun（1976）的研究觀察到日托兒童與同儕的互動增加時，伴隨著與大人互動的減少。Prescott（1973）的觀察發現亦然，相較於全時間在家庭式日托或是半天在幼兒園的兒童，整天在團體日托情境的兒童很明顯更會經常發生侵略性行為、拒絕、挫折，以及難過的經驗。

Lippman 和 Grote（1974）也有類似的結果，一百九十八個四歲兒童的配對樣本，分別在有執照的日托中心、有執照的家庭式托育家庭，以及自己的家裡接受照顧，來自相同照顧環境的兩個兒童被配成搭檔夥伴，然後，評量他們在兩個遊戲中的合作行為。第一個遊戲需要主動協助來打開一個盒子，盒子上有四個彈簧鎖；這個遊戲並沒有因照顧類型而呈現明顯的不同。第二個是玩彈珠的遊戲，牽涉到要選擇合作或是競爭的策略，在家成長的兒童比較會使用輪流這個致勝策略。

另外一個研究觀察紐約市中上階層的一年級學生，兒童的年齡較長，Raph 及其同事（1968）發現，與老師（並不是同儕）互動的負向行為會因為早先團體經驗（日托和幼兒園）的時間長短（從一年至三年）而直接有所變化。

Raph的發現帶出長期效應的議題。到目前為止，Moore（1964, 1972, 1975）在倫敦進行的長期研究是唯一在學前階段之後，調查替代照顧的後續追蹤效應的研究。研究者比較兩組兒童的發展，一直到十五歲。第一組有四十八個兒童，五歲以前，大部分的白天時間由他人（不是母親）照料至少一年；此替代照顧可能發生在中心，也可能發生在家裡，因此，這兩種情形的影響是混淆的。平均是在三歲開始替代照顧，持續二十五個月。另一組非常符合 Moore 所謂的「唯一母職」，有五十七個兒童，由母親全時間在家裡照料，直到五歲，偶爾臨時請保母看顧，母親完全沒有其他職業，兒童也從未到過托兒所。

排除兩組之中來自單親家庭的兒童，以及受到替代照顧每週少於二十五小時或不到一年者。從一個大樣本中選出所有的研究對象，盡可能以下列性質配對：性別、年齡、出生排行、兒童的智商、母親的教育程度、母親生兒童時的年齡，以及父親的職業。配對的最後結果令人相當滿意。

結果的測量主要包括兩種類型：母親對於兒童每天行為的回應量表（包含七十個題項），於兒童六歲、七歲、九歲、十一歲、十五歲時施行；並由心理學家以一系列標準化的遊戲情境，針對兒童的表現來評分等級，在六至十五歲之間分成四次完成，每次評定二十至三十項的得分。另外，七歲時評估兒童的閱讀流暢性，還有十七歲時的學校出席率、期末考表現，以及興趣所在。

第一次評量時（1964），這些兒童六歲，不管是跟其他兒童或是父母相處時，有早先經驗者相當有主見、比較不遵守常規、比較不受處罰的影響、比較不介意髒亂；同時，也比在家成長的配對組兒童來得容易尿濕褲子。而且，照顧模式所造成的差異，在男孩身上要比女孩來得更加明顯；尤其對比的強度會隨著兒童年齡的增長而更為強烈，越大逐漸顯現越為穩定的差別。Moore 稱此現象為「沉睡效應」（sleeper effect）（1975, p. 257）；其最近的報告（1975），兒童已經超過十五歲以上，Moore 認為有其必要針對不同的性別來說明早期照顧經驗的影響。

母親根據行為檢核表來描述自己的兒子，相較於主要是在自己家裡成長的男孩，從小主要是使用替代照顧的青少年比較會以說謊來擺脫麻煩，在選擇朋友上比較會跟父母的意見相左，比較會不經許可而使用父母的所有物，以及比較會拿走「他們知道不應該拿走的東西」（p. 258）。在檢視這一組所有可得的資訊之後，研究者呈現以下組合出的圖像：「……這些男孩似乎很適合貼上『無所畏懼、具侵略性、不墨守成規』這樣的標籤。一方面是積極地與同儕互動，另一方面跟父母親卻又截然不同。兩位心理學家獨立所評定的分數等級……確認這些男孩在行為上有主動性和侵略性的特質。」（p. 257）

根據行為檢核表的項目，對主要是在自己家裡成長的男孩，其行為描述如下：「相信他們不會去做不應該做的事」，跟其他兒童「不容易混熟」；相較於替代照顧的對照組兒童，這些男孩本身對於課業的科目表現出較強烈的興趣，像是「製造或創造東西」，以及「創造性技能」（p. 258）。七歲時，他們在閱讀測驗的閱讀能力上顯著表現得比較好；十七歲時，也比較傾向於還留在學校，並通過期末考試。

女孩也展現類似的趨勢，卻沒有那麼明顯。五歲以前便經歷替代照顧的女孩「展露較強烈的侵略性和矛盾的情緒」；他們在標準化的活動情境展露較多的自信，「可是，與對照組的男孩形成對比，他們青少年時期的興趣在家裡，而不是冒險；熱切期待婚姻，很在意衣著不整，有時候擔心離開家，偶爾甚至會懷念兒時，反而像另一組的男生。不過，這些傾向大部分只在顯著邊緣」（p. 260）。完全在家成長的女孩表現出相反的模式。雖然八歲時的興趣在家裡，到青少年時期，其他人卻認為他們比較在意是否受歡迎，而他們形容自己為主動、活躍，對於性別展現正向的態度。

Moore 解釋上述結果，認為之所以造成差異，或許歸因於這些母親（是否會以替代照顧的情況來安置兒童）的人格特質。母親對於訪談與調查表的回應，的確在兩組之間發現一些不同，依然是根據兒童性別而呈現系統性的變化。兒童還在學前時期所進行的訪談，在家養育男孩的母親「被評量為持續表現出較為焦慮，較為自我投入；在學前階段，隨著兒童年齡的成長，其焦慮程度也隨之增加。女孩的母親則非如此」。兒童八歲時，施以父母態度問卷調查表（PARI），同一批母親的回應反映出：「對於男孩是強制高壓的態度」，但是，對於女孩卻是「不聞不問的趨勢」（p. 261）。

Moore 為了嘗試評量出照顧者的態度與早期照顧的安排對於兒童的發展之相對重要性，以兒童行為（因不同照顧模式展現顯著差異者）的得分為依變項，進行變異分析：「當將變異量的來源分為照顧方式，以及母親的人格特質時，照顧方式……為主要而且唯一具統計上顯著差異的因素。」（p. 262）Moore 同時進行另一項分析，以確定是否有組間的行為差異，在嬰兒時期或許還不存在，而是因為有替代照顧的保育經驗才造成的。結果並非所預期的：差異大約是在三歲左右開始出現，正是「許多兒童開始進入幼兒園的時候」（p. 264）。

事實上，Moore 在兩個極端之間找到平衡，提出中肯的結論：

⑴相較於相同智力和社會階層的其他兒童，由母親全時間照顧（而無幼兒園或是其他替代照顧）直到五歲的兒童，所表現的行為傾向於提早合乎大人的標準，特別是在自我控制與智能成就方面。

⑵對男孩而言，此影響有持續到青少年的趨勢；並且對於是否獲得大人認可會感到焦慮，以及伴隨對自我堅持的壓抑、懼怕身體上受到傷害，與交友的膽怯。

⑶採用自己照顧養育男孩的母親，傾向急於干涉兒童，也持有高壓的養育信念，可是，限制性照顧方式相關的影響，與母親的這些傾向無關。

⑷男孩在四歲以前開始接受任何模式的長時間替代照顧，比較不會在意大人是否認可，而是在乎同儕的認同；儘管會有一些青少年時期的焦慮，但是，他們的行為傾向變得主動、活躍、積極、獨立、無所畏懼，他們似乎也比較少會為了考試而留在學校讀書。

⑸對於女孩照顧方式的影響就沒有那麼清楚。在單一的母親照顧模式中，女孩似乎沒有像男孩那樣感受到限制的焦慮……到青少年時期，完全由母親照顧的組別反倒表現得更為外向，其他替代照顧組則較喜歡待在家裡。

⑹有跡象顯示，母親的全時間照顧能促進女孩的自我認同和示範了母親的人格特質。

⑺不穩定的照顧方式會引發累積的壓力，可能有害於人格發展。

⑻其他研究也可證明，三歲開始或是三歲以後的部分時間

採穩定性替代照顧的折衷照顧方式，或許可以平衡出最佳的人格。不過，對特定的兒童及其家庭而言，最佳的方式需要考慮許多個別因素。

(9)團體或是個別的替代照顧在什麼年齡階段，與母親（和父親）接觸時間的多寡，有些什麼影響，仍需要更進一步的研究，以探討在每一種可及的照顧方式下，兒童與他人之間互動的特質。

(10)為了研究目的，最好去測量結果，這樣的考量不是針對好或壞的調整，而是人格發展的特定方向，其價值乃是在於使得人格發展不過於極端，而趨向中庸。社會需要各種不同的人：透過照顧方式的改變，我們似乎可以在某種程度上做些調整。然而，沒有唯一的最佳人格類型，不管哪個方向過於極端都會有其限制，造成偏差以致適應不良。至於那些導致侵害行為的限制和狀況，仍有待確認。（p.270）

非常遺憾地，Moore 的研究無法包含自己特別提倡的「折衷照顧方式」，因為不可能找到一組兒童接受過每週少於二十五小時的穩定部分時間的照顧，因為在其「蒐集資料時，在學區內像這樣的安排，大部分都是暫時托育的性質」。

不過，事實也是如此，大部分在其他我們所回顧的研究中之日托樣本的兒童，並沒有接受 Moore 倡導的「折衷照顧方式」，即一直到兒童至少三歲以後，才會採用部分時間的替代照顧。我在別處已經提及（Bronfenbrenner, 1975, 1978b），整個國家趨勢正好朝相反方向，而且是迅速地加快發展。因此，此領域的主要研究者在提出一般結論時應慎重考慮。Schwarz 及其同事在回顧他們自己與其他人的發現（包括 Moore 的長期追蹤資料）之後，做出假設性的評斷：「早期的日托經驗可能不會那麼極端負向地影響跟同儕的相處，但卻會減緩一些成人文化價值的獲得。」（1974, p. 502）

對文化價值的暗示讓人注意到一個相當普遍的現象——至少是在現代的美國社會。過去二十年來，我與國內外同事進行一系列的比較研究與實驗，有關成人之於同儕的社會化，這些地方包括：美國、蘇聯、英國、以色列，以及其他工業化社會（Bronfenbrenner, 1961, 1967, 1970a, 1970b; Devereux, Bronfenbrenner, and Rodgers, 1969; Devereux, Bronfenbrenner, and Suci, 1962; Devereux et al., 1974; Garbarino and Bronfenbrenner, 1976; Kav-Venaki et al., 1976; Lüscher, 1971; Rodgers, 1971; Rodgers, Bronfenbrenner, and Devereux, 1968; Shouval et al., 1975）。這些研究以及先前討論過的 Milgram、Sherif 和 Zimbardo 所提出的間接實驗證據都顯示，依據研究的目標與方法，團體情境的經驗所導致的結果，其範圍可以從透過須負責任的合作性違法與暴力行為到完全的順從。在跨文化研究中，美國的同儕團體在行為的連續光譜上雖遠離兩極端者，但表現在較接近暴力的一端。同儕團體的趨勢在特定文化裡很容易影響兒童，尤其是男孩，因著個人主義以及強調區隔年齡的社會結構，而顯現較多的侵略性行為、衝動、自我中心；這兩種極端的特質在美國現代社會裡是相當明顯的，英國亦然，只不過程度沒有那麼嚴重。這或許可以解釋何以美國的發現與 Moore 在倫敦的研究有其一致性。

以上的解釋若是正確，也就表示我們在研究中，觀察到兒童因日托經驗而有較高的侵略性，或許並不是因為兒童早期被養育於團體情境本身的結果，而是一般同儕團體的角色反映，就像是某些文化背景的社會化情境。在蘇聯社會，日托能夠也確實會造成相當不同的發展結果，引導兒童不朝向積極的個人主義，而是遵從和順服（Bronfenbrenner, 1970a, 1970b）；以色列出現的則是另一種狀況，特別是像 kibbutz 和 moshav 的集體農場情境，團體照顧的結果混合著獨立與合作（Avgar, Bronfenbrenner, and Henderson, 1977; Kav-Venaki et al., 1976; Shapira and Madsden, 1969）。

有趣的是，相對於在家裡的情境，Cochran 和 Gunnarsson 在瑞典的長期追蹤研究（Cochran, 1977; Gunnarsson, 1978）是兒童養育於日托的比較研究中，唯一沒有發現情境差異會造成反社會行為的。兒童五歲半時進行追蹤，觀察場所或是在中心，或是在家裡，取決於兒童從一歲開始主要被養育在什麼樣的情境。如同 Moore 的研究，結果發現只針對男孩才顯示可信的情境效應：「中心所觀察到的男孩，跟大人的互動較少，比較會與同儕互動；至於女孩，兩種情境所展現的互動模式相當類似。」（Gunnarsson, p. 68）互動程度的差異並不在於較多的負面影響或較多的侵略性，而在於是否會把大人當作資源的行為；日托男孩跟在家成長的對照組男孩比較，日托男孩的這種行為很顯然少了許多。在他們共同的研究報告中，Gunnarsson 強調，他和 Cochran 跟其他研究（包括本章先前所引用的研究）的結果相反：「數以百計地多次造訪日托中心與家裡情境，以此為基礎，我們連結觀察資料和臨床經驗，並不支持先前的發現。」（p. 103）

Gunnarsson 接下來或許會以其研究結果來反駁先前的結論。在瑞典的研究，發現其中可信的情境差異之一，為觀察五歲半兒童的合作行為出現的頻率。「相較於在家中成長的男孩，在中心成長的男孩較常進行合作活動和分享資訊的行為；也比在任一情境的女孩多。同時，也發現在中心成長的男孩會比家裡成長的來得遵從同儕」（p.97）。

這個發現顯示，各處的日托經驗有增強要跟同儕規範一致的趨勢，於是，這些規範的內容與一般文化價值有其函數關係。Belsky和Steinberg根據他們對於日托研究的全面性回顧，做出以下結論：「就如同所有社會與教育的努力，以及某些測量所獲致的，日托方案似乎反映出贊助者（或是透過贊助者）以及社區多數所代表的價值觀（也包含潛藏於內在的價值觀）。」（1979, p. 942）

Gunnarsson 在瑞典的研究結果中，有一個觀點與其他國家的許多研究相似。兒童五歲時進行後續追蹤，最普遍的發現之一，是男孩與女孩的對比行為。性別差異「要比不同托育環境所造成的差異更為常見」（p. 2）；而且，如同 Moore 的長期追蹤研究，在不同性別的兒童身上，情境效應確實明顯不同，男孩受到的影響遠較女孩為大。雖然，兒童年齡在五歲以下的日托研究中，很少發現性別的影響互動，不過，卻經常在跨文化比較「同儕相對於大人」對兒童的影響的實驗中發現。這種主要影響來源儘管有時會因文化差異而有不同的方向，因性別影響的互動卻呈現一致的模式，即相較於女孩，男孩比較會受環境差異的影響。

雖然這種因果關係的發現還需要其他領域的交叉驗證，可是，已經普遍到足以要求相關的解釋。Gunnarsson 在其研究中推測之所以出現性別差異的原因，並提出一種解釋。針對瑞典兒童托育委員會（Child Care Commission）強烈主張日托中心徵募男性工作人員一事，Gunnarsson 建議：「事實上，我們的數據資料顯示，日托中心沒有男性（當然，在家裡是有的！），對於保存傳統性別角色的刻板印象，家裡和中心並沒有太大的不同。」（p. 100）對女孩而言很有可能是不管在家裡或是日托中心的情境，都有一個相同性別的示範角色，從一個情境轉換到下一個情境時，協助他們能夠維持較高的穩定性。相較於生理基礎的性別差異導致環境有不同影響這種爭議性高的觀點，從角色示範中所建立的假設，其實在實務經驗或是實驗測試上，更能夠被接受。

在回顧日托效應在各類領域的證據後，我們現在將評估哪一方面的行為和發展在什麼樣的生活情境下，最有可能受日托經驗的影響。首先，我們觀察到照顧模式效應最明顯的差異，是生長在不同情境中的兒童在*相同*情境下被觀察的記錄（在日托中心或特別是家裡）。或許頗值得注意的是，只有兩個研究沒有發現侵略性與反社會行為在實質上因情境差異而有所不同，而是與照顧模式有函數關係。在這兩個研究中，兒童是在完全不同的情境下進行比較的，例如：只在家裡觀察在家成長的兒童或是家庭式日托的兒童，而只在中心觀察有過團體照顧經驗的兒童。在紐約市進行的調查（Golden et al., 1978）以及 Cochran 和 Gunnarsson 的長期追蹤研究，都是採用此程序。事實上，Gunnarsson 在評估瑞典的調查時，於其後續報告的結論便指出，這種觀察地點的不同乃是此研究最主要的缺點：「根據我們的意見，本研究最主要的限制，在於我們*沒有觀察中心兒童在家裡的情形*。在家裡環境所呈現社會互動模式的資料，將會提供關於兒童的社會經驗較為全面的了解。」（p. 105）

從生態的角度來看，日托效應的研究中，觀察家裡的情形的確有其重要性，Gunnarsson 的陳述雖然觸及極為關鍵的方法學、實務與理論方面的議題，但仍不夠完整。就研究設計而言，只觀察每一組自己的特定情境，並無法滿足發展效度的標準（定義 9）。所觀察到的差異或許只是呈現對某種特定情境的調適，無法反映其持續影響，因為一旦把兩組安置在相同的情境下，兩組的行為很可能變得完全一樣。

前述方法學的議題，直接引發了一個實質上的議題。

主張 H

如果不同的情境會有不同發展上的影響，那麼，這些影響應該會在不同的情境之間反映出主要的生態性差異，可從活動、角色與關係的對照型態發現之。

Cochran 和 Gunnarsson 的研究雖然沒有依照大部分研究所採用的基本策略：在相同的情境下觀察有日托經驗和沒有日托經驗的兒童；不過，他們還是做了相當必要的事情，是先前的研究者沒有做到的：對兩種情境進行比較分析。從我們的專有名詞來談，情境之所以不同，在於微觀系統的兩個要素：琢磨活動與關係。就兒童和大人而言，他們存在著相似，或者至少是類似的角色，但是這些參與者在兩種情境下參與相當不同種類的事情，同時，也傾向形成不同種類的兩人組合。如前文所提，在家裡有比較多的閱讀、命名和面對面的互動，以及較多的探索行為。人際關係方面，在家裡比較常形成大人—兒童的配對組合，至於在中心，同儕之間的互動則占絕大部分；同時，在權力的均衡上相對地也有其差異，尤其是在限制方面，在家裡會比在中心使用更多的權力來禁止。

來自紐約市的研究資料顯示，美國的情境差異類似於瑞典，但有一個可能的例外。只有家庭式日托情境有家裡的相關資訊；跟中心的不同處在於提供給兒童的空間、遊戲器材與設備比較少，可是，有比較高的照顧者—兒童比例，以及工作人員會給兒童比較多的個人專注。因此不同於瑞典模式之處，可能在於照顧者所提供的「正面情緒刺激」的顯要性（Golden et al., p. 148）。

由於這些情境所擁有的獨特性質，我們的預測是日托經驗將會對兒童未來的琢磨活動，以及兒童跟大人、同儕之間改變的關係特質，顯現最強而有力且持續性的影響。這些即是對照於 Moore 後續研究兒童六至十七歲行為所獲得的發現之處，尤其是五歲以前便經歷過不同照顧模式的男孩。為確定上述結果，Moore 所報告的顯著差異大部分都是以母親對於兒童行為（假設大部分是在家裡）的調查問卷回應為基礎，而不是根據直接觀察。因此，再次確認主要以男孩為主，跟同儕、大人的互動模式所發生的情境差異，也在瑞典的後續追蹤研究（兒童五歲時）中發現。可惜的是，所蒐集到的觀察資料並未包括兒童從事琢磨活動的實質內容。Gunnarsson 以其特有的洞察力回溯，承認這是他第二個最嚴重的疏忽：「第二個限制……缺少活動方面。我們已經針對兒童的社會經驗蒐集資料，但是，我們缺乏有系統地描述兒童所做的各類事情，不管是跟大人或是跟同儕的互動。」（p. 106）

體認到在中心的兒童也需要觀察他們在家裡的情形，於是，Gunnarsson 特別強調此資料可能的貢獻：「能對兒童的社會經驗有更全面的了解。」不過，由 Cochran（1974）所描述兒童在家裡相對於中心所從事的琢磨活動模式的不同，是針對「認知的口語」和「探索」活動，包括：「閱讀、命名、面對面的口語表達」，以及「玩原本不是設計來玩耍的事物（植物、鍋碗瓢盆、母親的口紅等）」（p. 4）。

提出觀察家裡對於中心兒童的重要性，Gunnarsson 並未提及其實有另一層考量：我們的理論模式引導這樣的推測——先前經驗不但影響兒童的行為與發展，而且也影響著父母，特別是母親。許多調查報告的發現與此假設一致。Lally（1973）的研究指出，把兒童安置在由大學主辦之日托中心的母親跟在家照顧的對照組母親比起來，他們拿到高中畢業證書的數量顯著地多得多。其他研究也發現，對替代照顧的滿意度增加時，母親對於婚姻的滿意度（Meyers,

1973），以及對於工作的正向態度（Harrell, 1973; Harrell and Ridley, 1975）也隨之增加。令人遺憾的是，由於這些研究都沒有設計所謂的前測與後測，因此，觀察到的差異極有可能並不見得跟照顧安置模式有函數關係，而是其他因素，像是當代社會和經濟的變遷。

在瑞典的長期追蹤研究中，便發現有這樣變化的證據。研究開始時，Cochran 和 Gunnarsson 非常小心地將接受不同照顧模式的兒童配對，根據性別、兒童年齡、手足數目、父母的社經地位，以及家庭的地理位置，「甚至從中心的等待名單上挑選所謂的『家庭式家庭』（home families），以考量父母對於日托中心與母職角色的態度」（Gunnarsson, 1978, p. 90）。可是，四年之後做後續追蹤研究時，Gunnarsson 發現那些家庭在大多數的因素上已經無法比較；同時，這些改變並非隨機造成的，而是有系統地變化，與照顧模式有一函數關係。

雖然不同的因素在每個個別家庭的生活中，可能扮演著重要的角色，但是，我們研究的組別卻是有系統地依據四個變項而不同。**相較於在家的兒童，在托育中心的兒童比較可能是來自單親家庭，也比較可能沒有手足，以及比較可能是住在公寓**；而在家成長的兒童經常會隨著父母搬家到郊區的私人住所。我們非常驚訝地發現，在中心的樣本是女孩多於男孩，第二階段時，在家裡的那一組是男孩較女孩多得多；顯示「兒童的性別」不僅有其重要性，更是分析資料數據的獨立變項。（p. 91）

Gunnarsson 詢問父母以研究這些變化的可能因素，以下提出幾個解釋。第一，行政管理的阻礙（例如：名額有限、單親母親優先、全職工作的母親優先），父母希望兒童進入日托卻不得其門。第二，家裡有超過一個兒童以上要尋找替代照顧的安排，會使得問題複雜化，由於缺乏去處，以致母親可能決定暫停工作，留在家裡全心照顧她所有的孩子。第三個解釋是從公寓搬至自有住宅，與家庭的大小以及家庭的經濟來源有相關性。結果，「單親家庭以及只有一個兒童的雙親家庭會傾向於住在沒有那麼昂貴與比較小的公寓裡」（p. 92）。

從Gunnarsson的觀點來看，這些發現為研究設計帶來相當重要的課題。

> 這些發現到的差異應該被視為了解人類發展的重要貢獻，而不是被認為「科學研究的不方便之處」。長期研究設計的優點是在分析結果數據資料時，可以察覺並考量那些隨著時間改變而緊接發生的變化。所有的研究經常都是「只有一次的設計」，無法在「實驗」之前與之後弄清楚真實的情況，因此，留下幾乎不可能達成的任務，即從可得到的測驗分數或沒有情境的表現中，我們無法探究其背後的真相。這整個想法的背後要注意的是，我們必須對於那些長期追蹤的研究存疑，經過長時間參與的家庭（兒童、街坊鄰居等）是否仍然對研究中的某個單一變項有其恰好的比較性。大自然不會創造「混淆變項」，但是，人類會。（pp. 92-93）

雖然Gunnarsson的字裡行間透露著智慧，但是不應該被解釋成改變是無可避免的。他的分析顯示一個極為重要的生態原則：無論什麼原因，人經常會因所處的情境而設定某種特定的生命軌道，並不是由於情境本身的內在特質，而是因為所處的情境在較大的中間、外圍，以及巨觀系統所在位置。在Furstenberg（1976）關於青少年未婚媽媽的長期追蹤研究中，這個無法改變的原則悲劇性地呈現出來。這樣的青少年女孩一旦懷孕，便已經預先註定接下來的大部分生活，實際上，已經跟未來的教育、工作機會、收入、婚姻和家庭生活無緣。

然而，生活歷程也可能維持平穩，如同紐約市對於嬰兒托育的調查發現（Golden et al., 1978）。這個大規模的調查跟前文所引用的美國研究結果相反，也不同於瑞典的長期追蹤計畫。樣本超過三百個兒童，分屬於十一個中心與二十個家庭式日托；也有兩歲半至三歲以前是在自己的家裡成長的對照組。使用 Geismar 和 Ayres（1960）所設計的工具測量，以診斷家庭對個案介入反應的狀態與進步，結果發現不管是家庭的生活情況（反映於社經地位、收入與家庭結構），或是家庭的功能模式，各組並未隨著時間而改變。「儘管經過一段時間（好幾年），某些測量的分數會隨著時間而增加，但是，跟日托的模式以及所處的時間長短無關」（Golden et al., 1978, p. 156）。

對於其明顯地缺乏關係，有以下兩種解釋。第一，可能的組間差異或許因為在家成長樣本的選擇方式而被削減，在家成長的兒童雖然在家裡被養育到至少兩歲半，可是，其中也包括接下來進入其他形式的日托兒童。第二個解釋來自Golden及其同事，他們對於樣本的背景與家庭的心理特質進行更詳盡的分析。其發現摘要如下：

我們對於紐約市公立嬰兒日托服務的印象，是相當完整、功能無缺、貧窮的勞工家庭會使用的機構。他們有工作，即使薪資所得可能遠遠不及政府的救濟補助。不管公立嬰兒日托有沒有提供他們服務，他們都會工作。這個對貧窮的勞工黑人和西班牙裔家庭的圖像，不同於經常出現於文獻中，關於少數民族的家庭毫無章法、依賴福利之刻板印象。（pp. 157-158）

更大的生態系統能像展現其改變般展現其穩定。當它如此運作時，可以讓所處的情境以及居住其中的人維持穩定；甚至是——如同這裡的例子——當社會、經濟與種族刻板印象所做的推測恰好相反時。

關於日托的影響並不同於幼兒園的研究結果，考量到兩種的情境之間的系統化差異，我們極度期待能夠交叉驗證這個嘗試性的結論。這樣的分析只可能在某種受限的程度之內，主要是因為從生態的角度來看，把幼兒園視為發展情境的研究，在研究設計、情境的比較分析與結果測量方面有較多的限制。因此，仍未能有學前經驗對於家裡行為的影響的研究；也沒有相對應的 Cochran 對於家裡和日托的比較分析在學前階段的研究。結果的測量過於局限在智力與成就測驗。提早進入幼兒園的影響是否類似於中心照顧的效應，而使得兒童容易傾向於有侵略性、自我中心與反社會行為，我們並沒有相關的研究證據來解答此問題。由於學前階段課程的廣度以及種類較小學多，我們或許會期待參與學前階段的中心能夠增加兒童從事琢磨活動的範圍——無論是在學前中心之外的家裡與其他情境中。不過，這個可能性也尚未被探究。

採用更具生態效度的結果測量方面帶來一個小而顯著的突破。Lazar 及其同事（1977a, 1978）對十四個學前介入實驗的長期後續追蹤研究中，機敏地發現可用真實的生活事件，作為兒童在學前階段的介入計畫的長期效應指標。所選用的測量為：「在學校實際表現的兩個指標……兒童是否留級，或是被分派到特殊教育班級。」研究者認為，「比起使用智商與成就測驗，這樣的測量有一個主要優勢，即兒童被留級或安置於特殊教育班級時，非常具體地指出兒童在所處教育機構的表現是否能夠被接受」（p. 62）。

Lazar 及其同事為了評量計畫針對留級的效果，檢視曾經參與學前介入計畫兒童的在校成績，主要包括七個計畫中的五百四十四個兒童與兩百四十六個控制組兒童。後續追蹤時，兒童的安置範圍從三年級至十二年級，大部分在七年級與八年級。因為各個計畫之間所參與的個案與控制組的數量差異有很大的變化，於是，研究者分別計算出每個計畫的百分比，並採用合適的加權統計過程以計算顯著的程度。結果分析顯示出可信的計畫成效。粗略地提供兩組留級學生的整體百分比——參與學前計畫者為 17%：控制組為 24%。

對於是否編到特殊教育更是具有影響。從五個計畫中得到的相關數據資料顯示，包括三百二十個參與計畫的兒童以及一百四十一個控制組的兒童，也呈現一樣顯著的計畫成效，接受學前介入者有 13%，控制組則為 28%。在計畫開始之前所得的智商分數，經控制後仍維持顯著差異（Vopava and Royce, 1978）。

Lazar 及其同事依據上述發現，做出以下結論：

> 總結所有的計畫結果，顯示早期教育可幫助低收入戶的兒童達到學校的最低要求……早期教育會減少特殊教育的分派比例，以及／或者留級的比例，因而節省經費成本。更重要的是，目前有證據指出，早期教育增進低收入戶兒童在學校的表現讓人認可和不會由於失敗而被貼上標籤的可能性。（p. 73）

這兩個結果的測量雖然只有一個（安置於特殊教育計畫）的差異百分比是顯著的，可是，Lazar 的發現確實對科學與人文有其重要貢獻。發現提供學前階段充實而豐富的環境，能夠展開兒童持續數年的動力，讓我們更加理解一旦啟動後之年輕生命的韌性，以及發展過程的動量。從個人與家庭的層面來看，兒童能否在學校順利地發展，恐怕會決定他後續的生活歷程。基於這些原因，Lazar 及其同事所進行的分析盡可能奠基於紮實的科學基礎便更形重要。

Lazar 及其同事體認到，在長期追蹤研究的過程中，最麻煩的問題之一是個案隨著時間而流失，於是，他們進行第二個分析：針對每一個計畫的實驗組與控制組，分別檢視其個案流失率。雖然兩組的比例結果類似，不過，仍然看得出後續追蹤研究的個案耗損。在學校成績紀錄方面（例如：留級與分派至特殊班級的訊息），本分析的特定計畫個案流失率最高達到 71%，平均為 31%（Lazar and Darlington, 1978）。下一步驟在於確定個案流失是否會造成剩餘樣本中的偏誤，以及實驗組與控制組在比較上的偏誤。這證明了個案耗損率跟計畫成效並無相關。對於三個關鍵的背景變項——社經地位、母親的教育程度，以及智商的前測，採用二因子變異數分析設計，以探究以下是否有任何差異：退出計畫的個案與留下的個案、實驗組與控制組，以及兩者間的互動（不同的耗損）。這些差異只有少數有統計上的顯著，檢視其平均值，也並未顯示出持續一致的趨勢。儘管如此，Lazar 及其同事又先控制智商的前測，接著，同時控制一系列背景變項，包括：母親的教育程度、家庭大小，以及家庭結構的型態，再次進行計畫成效的分析。實驗組與控制組之間的差異仍然顯著（Lazar and Darlington, 1978）。因此，至少就手邊可得的背景資料變項來看，顯然幾乎沒有偏誤。

所得到的結果還是必須慎重解釋。雖然整個趨勢在統計上達到顯著，可是，有好幾個計畫在兩種結果的測量上並非絕對一致地成功。就分派到特殊教育計畫而言，五個計畫中有四個顯示可信的成效（$p \leq .10$）；留級的百分率，七個計畫中只有一個達到顯著；甚至還有一個實驗樣本顯現不顯著，反倒有利於控制組的反趨勢。之所以有如此變異的原因仍然未知。[1] 就公共政策的重要性來說，這個重要研究受人歡迎的發現應該被視為假設性質，直到其他實驗計畫使用另外的結果測量而複製出相同的結果，並且如同 Lazar 及其同事所設計的有其因果性與生態效度。

還有一個重要的問題留待探究：一個日托或幼兒園計畫有什麼特定因素會增強或損害其效益？根據慣例的智慧原則，在評定是否合適的標準中，最廣泛應用的是照顧者與兒童的比例。然而，直到最近才有系統化的研究，在團體情境中進行這個變項對於兒童行為與發展的影響。事實上，是很容易針對此因素做實驗操弄的，但相關研究竟然如此缺乏，著實令人好奇。據我所知，只有一個這樣的實驗。

關於照顧者與兒童的比例對發展的影響，最具決定性的發現來自一項大規模的計畫，是由Abt團隊（Travers and Ruopp, 1978）跟「兒童、青年與家庭」的行政部門簽訂合約所執行的「國際日托研究」（National Day Care Study）。主要目標在於：「確定工作人員／兒童的比例、照顧者的數目、團體大小與工作人員的資格等因素的變異，對學前兒童的發展與中心照顧的花費所帶來的影響。」（p. 1）

就實驗的大小來看，這個研究雖然仍在持續進行中，卻著實令人印象深刻：「1978 年 1 月，這個研究的工作人員觀察並測試了1,800個兒童，訪談1,100位家長，在一百二十九個教室團體裡觀察並訪談照顧者；同時，從位於亞特蘭大、底特律和西雅圖的五十七個中心蒐集計畫與花費金額的數據資料（地點的選擇為反應出地域與中心的多樣性）。」（p. 1）

在測量方面，此研究所使用的範圍與生態效度也同樣值得注意。評量計畫特質時，不僅僅只是包括容易得到的資訊（例如：人員與兒童的比例、團體的大小與照顧者的資格），同時，也系統化地描述物理環境，以及觀察照顧者的行為（換言之，即參與活動的內涵，以及規劃參與活動的兒童數量）。

整體而言，最令人印象深刻的是其在中心的情境下密切地觀察兒童。

觀察者在三方面編碼兒童的行為：兒童參與團體活動的程度和其活動的性質、兒童開始跟其他兒童互動的程度與他／她是如何做的，以及兒童從他人處得到資訊的程度，和其資訊的性質與兒童對所得資訊的回應。工具包含五十四項行為的編碼，例如：「考慮、打算」；「提供協助或分享」；「哭泣」；「尋求慰藉」；「拒絕跟從」。觀察者也編碼兒童所注意的目標（例如：環境、其他兒童、兒童的團體，或是大人），以及記錄兒童活動的持續時間。（p. 24）

此外，所有兒童都施以兩種標準化的智能發展測驗：Caldwell 的學前調查表（Preschool Inventory, PSI），以及畢保德圖片字彙測驗（Peabody Picture Vocabulary Test, PPVT）的修正版。摘要於下的主要發現乃是根據 1978 年的初步報告，並訪談研究主持人對於較新近的結果分析加以補充所做成。

就所陳列的目標是評量師生比例與團體大小對於發展的影響，其結果受兒童年齡所限。其中一個特殊的次研究是關於小於三歲的嬰兒所安置的中心，研究者發現，關於影響照顧者的行為方面，相較於團體的大小，照顧者與兒童的比例反而來得重要許多（兒童的行為方面亦是，雖然兒童的行為觀察資料較有限）。每一個工作人員照顧的嬰兒越多，照顧者花在教學的時間就越少（無論正式或非正式），而在管理和控制行為就越多，或者，就只是觀察的情形也越多。嬰兒處於師生比較低的情境中，似乎比較會展現出痛苦的反應，或是比較冷漠與被動。增加團體的人數也有類似的效應，但其強度要小得多（Connell，個人訪談）。

在招收三至五歲的兒童的團體照顧計畫，較關鍵的因素則是團體的大小。在初步報告中，Travers 和 Ruopp 摘要其發現如下：「這個階段非常清楚地顯示，相較於成員為二十五個或是多於二十五個兒童的團體，成員為十五個或以下者，雖然相對地也提供較少的照顧者，但兒童與照顧者較常出現符合要求的行為（頻率較高）；而

且，在 PSI 與 PPVT 的得分也比較高。」（p. 35）

儘管師生比的確與結果測量展現顯著的相關，不過，以團體大小作為控制變項之後，大部分的影響都會被忽略（J. Travers，個人訪談）。將師生比維持固定，並不會消除團體大小的效應：「例如：兩名照顧者照顧十二至十四個兒童的團體，平均來說，會比四名照顧者看顧二十四至二十八個兒童的結果要來得好。這些結果明確顯示，工作人員與兒童的比例本身並無法成為主要機制，以保證對兒童有所助益，雖然，師生比很可能成為工作人員負擔的重要指標……相較於團體大小的影響，師生比的效應還在其次。」（p. 36）

即使以實驗的方式測試師生比的影響，其結果最多趨於臨界。在此研究的另一個階段，使用亞特蘭大公立學校的八個中心，隨機分派兒童到不同師生比的教室（高者為 1：5.5；低者為 1：7.8）。在 PSI 的智能表現測驗的得分上發現可信的介入成效，但 PPVT 則沒有；即便這個得到的顯著相關（師生比與 PSI 得分），也比在主要研究中團體大小與 PSI 得分之間的關聯性要微弱許多。[2]

關於團體大小所造成的差異是什麼？更廣泛來說，「保證對兒童有所助益的主要機制」是什麼？我們的第一個證據來自 Abt 的主要研究，就在觀察資料的數據表格當中，記錄了三至五歲兒童及其照顧者的行為差異，與團體大小有一函數關係。研究者說明其模式如下：

照顧者行為：相較於在較大團體，在較小的團體中，主教老師跟兒童有更多的社會互動（詢問、回應、指示、讚美與安撫）。相反地，相較於老師在較小團體所做的，在較大的團體中，老師會花比較多的時間觀察兒童，以及跟其他大人互動……

兒童行為：相較於在較大團體，兒童在較小的團體會表現出較高頻率的特定行為，像是考量／打算、提供想法、給予意見、對於工作的堅持與合作。一般而言，較小的團體乃是以兒童的高度興趣和參與為其特色。在大團體裡，兒童表現出較高頻率的遊走徘徊、不參與、漠不關心，以及退縮。（pp. 36-37）

觀察老師在較小團體的行為，乃是激發、支持兒童，鼓勵任務導向與合作活動。兒童在智能測驗的表現也有所差異，於較小團體接受照顧的兒童，在學校階段的得分也顯著較高。

研究者進行另一項分析，其焦點乃在更深入地分析那些導致觀察到的模式發生之重要結構特性。與其以情境中所出現的兒童與大人數目來定義團體的大小，研究者根據實際彼此互動的人數作為指標。當此功能化的團體大小度量作為自變項時，與結果測量的相關性便顯著地增加（J. Travers，個人訪談）。

上述發現與我們的假設相當一致，即兒童跟一個大人參與在型態漸趨複雜的交互琢磨活動中，對於兒童發展是重要的（假設 1 至假設 7）。Abt 的研究結果顯示，對於三至五歲之間在日托中心的兒童而言，有別於管理和控制的活動，任務導向的活動比較容易發生在團體成員較少時。

如果任務導向的互動是關鍵，那麼，對於年齡較長的學前兒童而言，為什麼可以由團體大小來做較好的預測？而對年齡小於三歲的嬰兒來說，則是由師生比提供較好的預測？現有的數據資料無法關鍵性地回答上述問題，不過，提供了一些可能的解釋。首先，重要的是，了解到嬰兒日托的師生比確實比較長的學前兒童的中心高得多，而其團體的人數也少許多。在 Travers 和 Ruopp 特別的次研究報告中，針對五十四個提供給三歲以下兒童的日托中心，他們觀察到的師生比要高於州政府的最低要求（形式上要求 1：5.3），小於十八個月大的寶寶的平均師生比為 1：3.8。對於學步兒（十八至三十個月大）的比例也同樣展現相似的模式，但其師生比較低（1：6.1 對 1：7.8）。相反地，年齡小於十八個月大的嬰兒，其團體的成員數目（平均為 6.9 個）則少於學步兒團體（平均為 10.9 個）。

從這些情形看來，對三歲以下的嬰兒來說，增加工作人員似乎比較能增加師生來回互動的機會，而不是減少團體的成員。相反地，三至五歲的托育中心，典型的團體大小為十個至二十五個兒童，或者有更多的兒童，但最多只有三至四名的照顧者。相較於大人與兒童的比例，兒童的人數似乎才比較能夠跟每一大人一兒童配對組共同活動的發生與時間長短形成一函數關係。令人遺憾地，據我所知，並沒有直接針對此議題的研究資料。

除了完全是數據化的因素，還有許多與這些因素有關影響兒童發展狀況的考量。師生比須考慮計算大人的存在，而團體大小的變項則否。我們已經在第四章至第七章回顧研究的證據，說明嬰兒與大人之間一對一關係的重要性，以維持幼兒情緒上的安全感；同時，增進兒童在當下環境的探索與從中學習。對年齡在三歲以下的嬰兒來說，低師生比會帶來較大的痛苦與冷漠，關於這方面的證明都相當一致。早期階段，相較於大人，年齡相近的同儕在兒童的發展上扮演著微不足道的角色，只有到後來，同儕團體才會成為幼兒生活中的影響力量（Hartup, 1970）。因此，情境中所出現的年齡相近的同儕人數，在嬰兒三歲以前不太可能會太重要。之後，不僅同儕有逐漸增強的影響，並且，兒童對與大人的一對一關係的依附顯著地消褪，兒童也變得比較能夠在較大團體裡（所謂的大，並非大到會降低兒童與大人之間在影響發展互動的發生到關鍵程度以下）有效地運作與學習。Abt 研究者的報告在關於改變模式的影響與發展上的事實不謀而合。

尤有甚者，所觀察到的模式，與我們對於團體照顧的影響相關文獻回顧所得到較為特定的推論是一致的：至少在當代的美國社會，把兒童浸淫於同儕團體經驗中，會傾向於損壞成人發展其社會性的努力，並且鼓勵自我中心、侵略性與反社會行為的出現。兒童一旦超過三歲，我們可以很合理地預期，同儕團體的成員越多，督導的大人的影響也越弱。當兒童接近入學年齡時，團體的大小便成為移轉權力平衡的催化劑，使得權力平衡的關係從兒童與大人之間的關係，轉換為兒童與兒童之間的同儕關係，這樣的變化也隨之帶來發展進行上相對應的缺陷。

如果這個分析是正確的，面對紐約日托研究的發現（Golden et al., 1978），我們面對了一個自相矛盾的議題。根據兩種類型情境下所進行的觀察，我們回想起家庭式日托計畫的發現：「優於團體日托計畫，在於照顧者與兒童的比例、社會互動的總量、兒童從照顧者得到的個別注意，以及午餐時間，照顧者對兒童所提供的正面社會情緒刺激之程度。」（p. 148）對於團體的大小，並沒有相關資料報告的情況下，不容置疑地，家庭式日托兒童的平均數目少於中心的兒童。

根據全國日托研究的發現，相較於中心的照顧，我們或許會因而期待家庭式日托能夠產生較多的發展進步。不過，紐約市的研究發現卻恰好相反。兒童到了三歲，相較於進入家庭式日托的配對控制組，進入團體照顧者，在史丹佛比奈測驗的得分顯著高了許多

（智商分數分別為家庭式：92；團體：99）。而且，年齡在十八至三十六個月大之間的兒童，中心照顧者於智能表現上會維持相同的程度，家庭式日托的配對者則呈現顯著的衰退趨勢（分數從 98 到 92）。

那麼，如何解決此自相矛盾的議題呢？在全國日托的研究中，我們開始回想起減少團體成員人數所帶來的改變，不只涉及了師生互動的總量，更影響其互動的內涵。團體大小縮減時，照顧者從事較多的「詢問、回應、指示、讚美與安撫」（Travers and Ruopp, p. 36）。紐約市的研究中，唯一因情境而在照顧者行為上所得的可信差異，乃是大人與兒童的互動頻率（卻沒有考慮相關的內涵），與在午餐時間跟兒童互動，以及對兒童正向社會情緒刺激的總量（Golden et al., p. 144）。兩種差異都支持家庭式日托團體，可是，唯一對照顧者活動的主要測量（即「認知語言刺激」）並未顯現因情境而產生的顯著效果；所得差異的方向並未被提供。考慮到家庭式日托情境優於中心的照顧者特質變項，如此，紐約市與全國的研究結果之間，便不再存有任何必要的衝突。關鍵變項在於互動的內涵，而不是總量。然而，在家庭式日托發現較高的照顧者與兒童的比例，又如何解釋呢？這不就與 Travers 和 Ruopp 所報告的趨勢背道而馳？Travers 和 Ruopp 以為有較高師生比的中心，有比較正向的結果，尤其是服務小於三歲兒童的中心。唯有我們假設無論大人與兒童互動的內涵如何，師生比皆有相同的影響，上述問題才能夠有確切肯定的答案。

另一個替代的假設焦點在於微觀系統的另一個要素：每一種情境的工作人員如何看待自己的角色；換言之，也就是家庭式日托的照顧者從自己與其他人所意識到的範圍，認為自己不只是照顧兒童、跟兒童玩耍，還有從事正式與非正式的教學。當這樣不同的認知存在時，我們可以看見強而有力的證明，照顧者會將其展現在實際的行為上。這個現象或許已經出現在紐約市和全國日托的研究裡，若是如此，便能解釋其自相矛盾的發現。相較於家庭式日托，托育中心在物理與社會性質上開始趨近幼兒園與學校，傾向於引起較多像老師的行為（不管是正式或非正式）。在較小團體的情境中，照顧者似乎比較會參與跟兒童面對面的互動，也因此比較易於從事「詢問、回應與指示」，並伴隨「讚美與安撫」。當照顧者這樣做時，兒童的回應便是「出現較高頻率的下列行為：考量、打算、提供想法、給予意見，對工作的堅持與合作」（Travers and Ruopp, p.36）。

關於發展的情境，我們唯恐貿然做出任何過早的結論，認為日托中心優於家庭式日托，所以，必須提醒自己對於這個論點的推論本質。比較過程所發現的相對模式，不是比較日托中心與家庭式日托，而是中心情境的團體大小；可惜的是，在全國日托研究中，所觀察到以任務導向的兒童活動之特定類型，並沒有在紐約市的計畫裡檢視。最接近者是「兒童的認知語言行為索引」（Index of Child's Cognitive Language Behavior）；兒童一歲時施以此測量，家庭式日托者的得分顯著高於中心照顧的配對組，可是，在一歲半和兩歲時的後續評量，則沒有差異。

而且，如同前述，在相當不同的情境下比較兒童，要從這樣的差異中，評量出發展上的重要性或缺乏重要性，是非常困難的。正因為如此，令人遺憾地，紐約市與全國日托研究都沒有包含在兒童自己家裡的觀察。

就中心照顧者而言，團體照顧在發展上的優勢和更多教育導向的活動的函數關係，除了缺乏直接可比較的數據資料之外，有更多令人信服的觀點，需要我們在推論這樣的結果上謹慎一點。我們只須記得，大人並不是中心情境裡唯一有影響的人物；也有年齡相近的同儕，而且數量更多。文獻已經證明以下的趨勢，同儕會損壞督導的大人所做的社會化努力，同儕也會引發自我中心、侵略性與反社會行為的出現。在紐約市的研究中，家庭式日托的兒童始終優於中心對照組的唯一變項是跟大人的互動與社會能力。

我們需要更多決定性的數據資料，以釐清在家庭式日托與中心兩種不同情境下，大人與同儕的影響差異。這樣的數據資料不只是關於頻率，也要包含日托情境中，大人與兒童、同儕與兒童之間活動的內涵；同樣地，實際的結果測量必須分別在家裡觀察兩組的兒童與其家人，然後則是在學校觀察。唯有透過這樣跨情境、中間系統的設計，以及評量琢磨活動所出現的模式，才能確認日托環境中會影響兒童的發展過程之特定的生態屬性。

相關幼兒園的研究，並沒有分析特定計畫成分對於師生行為的影響。對於計畫的差異，唯一系統化地在一個研究中的比較，乃是去比較採用不同課程的整體計畫，並以測驗分數為結果測量（DiLorenzo, 1969; Karnes, 1969; Soar, 1972）。整體的發現是，較有結構、認知導向的計畫會得到較高的分數，所得也較為持久。不過，有些跡象顯示，極度結構化的課程可能在課業成就範圍之外，或許會有些不值得推薦的副作用。Bissell（1971）分析一個全國研究計畫的結果，評估啟蒙計畫的不同取向，發現兒童進入較結構的計畫，在 Hertzig-Birch（Hertzig et al., 1968）的處理反應風格量表中，比較會給予負面的回應。根據 Bissell 的說法，這些結果說明了兒童學到了問題是什麼，以及適當的答案又是什麼。這樣的取向或許更適合低年級兒童的活動需求，而不是對較高年級學生所期待的是其能夠理智主動地定義問題與解決問題。

同樣地，分析教室追蹤研究（Stanford Research Institute, 1971a,

1971b）的數據資料，顯示對於學校與學習態度的改變，比較會發生在「發現」取向，而不是「結構化課業」的課程；雖然參與後者計畫的兒童，其得分特別高。而且，「發現」取向的團體內，對學校態度的正向改變跟成就得分之間有很強的關聯性；「結構化課業」取向則無此相關。Soars 表示，經過一個暑假，課業成長跟前一學期間的非結構化個人教學風格有其正相關，並不是跟結構化的直接風格相關（Soar, 1966; Soar and Soar, 1969）。

像這樣的發現強調了一個重要性：對於兩種計畫的性質與結果都應採用更有差異性與生態導向的測量，以了解學前與學校經驗的起因或是在發展上的影響。

相關證據從我的比較研究在學前計畫使用不同介入策略（1974d）中浮出，讓我們注意到即使是豐富充實的學前環境，作為人類發展的情境時，仍可能會有的限制。所選取的計畫反映出當前最主要的使用取向，主要有以下四種類型：**團體計畫**進行於幼兒園情境——資金充裕、附屬於大學、工作人員訓練有素、高師生比；**家庭式親子介入**的進行是有一名受過訓練的家訪老師示範並鼓勵能夠刺激發展的活動，讓親子共同參與；**家庭式家教**的進行是有一名家訪老師跟兒童一起實施，家長並不介入；**整合型**在兒童進入幼兒園的同時，也在家裡進行親子介入。

參與四類計畫的所有兒童，在智能測驗的得分上，都展現相當可觀的增加；不過，在計畫終止之後，家裡進行的家庭式親子介入的這些所得，顯示維持得比較久。此外，母親的介入對於年幼的弟妹也有其影響，母親本身也受到正面的影響，他們開始表現得更有自信；同時，很成功地主動開始，並完成在教育、工作，以及社區等方面的活動。

親子介入之所以成功的關鍵，我們認為有兩大要素。第一，

「親子同時在認知上具有挑戰性的活動中進行口語互動」（p. 54）。第二，確立並增強家長的地位，即家長在兒童的生活中是關鍵人物。

這些要素的重要性在其中一個並不符合的計畫結果中清楚地顯示出來。因此，在 Schaefer 的家庭式家教計畫中（Schaefer, 1968, 1970; Schaefer and Aaronson, 1972），家訪老師跟幼兒一起進行，而不是跟母親；即使計畫還在實施的過程中，實驗的成效便開始消失。Karnes 及其同事（1969）所執行的實驗計畫，結果就反映出建立並維持家長在兒童生活是中心人物是有其必要的。研究者因受到母親介入計畫的結果的激勵，想要結合兒童本身的學前經驗，以獲取更佳的成效。為使聯合成效達到最大，研究者「致力於整合在家裡與在學校的教學成效」（p. 205）。

經過兩年的時間，與母親並未參與特殊計畫的經選取就讀學前班級的兒童，來比較所得的智商分數。相較先前只有母親介入計畫的兒童才成功地達到成效，整合策略的結果超乎想像地令人失望。控制組兒童的智商多得 14 分，相較於實驗組所提升的 12 分，分數確實高了一些——雖然其差異不顯著。只有幼兒園團體情境的兒童在語言發展的測驗上，得分的確比較高。

母親介入的計畫為什麼無法有更進一步的貢獻呢？研究者認為，答案在於以家庭為中心的計畫與幼兒園整合之後所發生的某些改變。

在當時，這些變化看起來似乎無足輕重，但是，跟兒童在幼兒園的出席狀況做聯想，可能會顯著地改變母親所覺察到自己在此計畫的角色。在先前的研究中，母親意識到對於她的孩子，她是唯一能夠主動去做改變的媒介，當母親認可此計畫的成效時，就會逐漸感受到她的責任。每週一次的檢核表，與兩週一次的家訪，以評估母親所做的工作的事實，都對母親展現了此計畫的工作人員對於母親角色賦予類似價值。在（現在）這個研究裡，母親感激計畫活動為兒童帶來的價值，可是或許會過度強調在達成計畫目標上幼兒園所扮演的角色。老師家訪的目的是提供缺席的母親教學材料，雖沒有透過直接說明，卻可能在不自覺中藉由行動而貶低親子互動的價值。家庭訪問所強調的重點已然改變，從關切親子的互動，到關切教材的有無，所以，當某些母親感覺教材本身才是影響改變的必要成分，這種感受不能說是不合理。**母親**經由每週檢核表來報告她**在**家的教學情形，然而，藉由計畫中的三次家訪結合學校的運作，**老師**是報告兒童**在學**校的進步情形。

母親在先前研究中看見計畫的主要目的對自己的兒童有所助益；至於目前的研究，因為兒童已經從學前經驗中獲得好處，母親便會傾向於利用母親介入計畫來滿足個人的需求。母親介入計畫，與其說是針對兒童，不如說是**為了母親**的計畫。對計畫的……評估，從老師和母親而來的口語說明或是文字紀錄都支持這個觀點。母親經常表示，他們很享受此計畫的社交層面，也經歷到為兒童製作教材的樂趣；不過，一年結束時，也有為數不少的母親指出，這些教材在家裡主要都是兒童自己單獨使用，或者是在兄姊的指導下使用。很顯然地，母親認為把他們的兒童送進學校、參加每週會議、製作教材，就已經完成在計畫裡的責任，實際上，這樣的參與程度也展現了一定的委身。在某個範圍內，母親已經把這些經驗代替了直接的親子互動，一個跟研究目的相反的結果，而這些替代很可能不利於口語表達能力的發展。兒童單獨使用教材，或是跟手足（並未接受訓練以鼓勵口語回應）一起使用，便會持續有這樣的表現。（pp. 211-212）

關於在家裡親子介入的成效，有個別分開進行的研究，也有跟托育中心結合的計畫，這些發現帶出既熟悉又新奇的結論。對於心理成長最有利的情況，它們從另一個來源加以驗證我們的基本假設。結果強調一個重要性，即在兩人一對一的配對關係情境下，兒童須參與越趨複雜、更為共同、交互的活動（假設 1 至假設 7）；他們證明了第三者的力量，能夠提升或是削減配對關係成為有效運作之發展情境的能力（假設 8）；他們也說明了賦予照顧者角色地位與力量的重要性（假設 9 至假設 11），所賦予的角色地位與力量與下列具有一函數關係：「存在於情境中的其他角色邀請或禁止與此角色相關的行為。」（假設 12）

親子介入的研究發現也引進新的要素，在理論與實務層面都有其意義。到目前為止，第三者與角色是我們向來關注的焦點，而且都來自於相同的情境（配偶、手足、獄友等等）。不過，在以大學為基礎或是機構贊助的親子介入計畫裡，第三者來自外界，代表著另外不同的情境；顯示了中間系統的介入，其考量到情境之間的跨連結關係。相同的原則似乎也可應用於微觀系統。

我們所檢視的研究發現以團體情境來照顧與教育幼兒，跟在家裡最主要的差異，是大人與兒童共同從事之琢磨活動的性質，以及兒童與大人間發展出來之關係的範圍與特性。

假設 20

在學前階段，處於團體情境的立即與長遠影響，主要不是反映在智能、成就測驗或互動過程的得分上，而是反映在兒童所從事琢磨活動的性質與種類上，以及對大人與對同儕之行為與關係的特性之改變上。

研究也顯示，幼兒處於團體情境，可以提升其在學前階段與進入學校之後的智能與教育技能的發展。這些研究結果更進一步地指出，如同先前所闡述的假設，來自學前環境的力量之所以能夠產生那些立即與長遠的影響，主要是其獨特生態特性的功能。

假設 21

團體情境能夠增進幼兒智能與教育技能的發展之效力，在於照顧者和學前工作人員跟兒童互動的程度，以及從事的行為能夠刺激、維持和鼓勵任務導向的活動。示範所謂的大人行為，例如：詢問、指示、回應、讚美和安撫；大人越是經常表現出這種行為，兒童就越能勝任任務導向與合作的活動（例如：在活動中堅持、思考、提供想法、給予意見，以及共同工作）。

假設 22

照顧者或學前老師參與能夠促進兒童發展的活動的能力，乃與情境屬成一函數關係，其隨著兒童的年齡而改變。提供小於三歲嬰兒的情境，其團體大小相較較小，師生比乃成為關鍵因素——會影響照顧者從事來回互動、一對一的能力；此種互動能力在滿足需求以及促進年齡極小之幼兒的發展上最為有效。提供給三至五歲兒童的情境中，受照顧的兒童數目是多的，班級大小（特別是功能性團體）成為決定照顧者與兒童活動的主要因素。對大人而言，較大團體不僅僅只是減少對發展有效的活動的發生頻率，同時，也增加兒童持續不加入、不參與、只在邊緣，或是跟同儕有不良互動的可能性。

假設的後半部分指出，除了其維持與增進兒童任務導向的活動與智能的效力外，提供幼兒的團體情境會有消褪社會上主流的社會化目標的影響。

假設 23

很早就在團體情境下接受大部分時間照顧的兒童，不管是在學前階段，甚至是到了後來的兒童時期、進入青春期階段，似乎都比較容易有自我中心、侵略性與反社會行為。觀察到的影響對男孩特別明顯。這種情況會經由兒童的同儕團體而促成且最容易發生於（尤其是對男孩）鼓勵在兒童的團體裡表達個別性、積極性與獨立性的社會中。

若我們總結上述從現有的研究所形成的假設，就組成所有運作於日托與學前情境之基本生態過程，那我們就嚴重低估了這些環境影響心理成長的力量。如果，依據我們的理論而提出的生態原則是確實的，那麼，相較於目前研究結果的顯示，日托與學前經驗應有其更大的影響。導致過於低估日托與學前成效的緣由，在於我們檢視的研究裡幾乎都使用的傳統研究模式之限制。這些限制出現於以下四個領域。

1. 從琢磨活動的種類與複雜性可以驗證對於個人的發展，以及對於個人所處情境的發展潛能，但先前的研究卻很少系統化地加以檢視。此議題可以假設形式闡述，便於以實證考驗之。

假設 24

在日托或幼兒園情境，兒童可進行和從事琢磨活動的種類與複雜性會影響其發展，如同兒童在其他情境（例如：家裡，以及後來的學校）所展現琢磨活動的種類與複雜性。

使用前後測設計研究這個假設最為有效，焦點在於兒童的生態轉銜——從家裡到學前幼兒園情境，或是從學前幼兒園情境到學校。兩個情形的觀察焦點都在於兒童進入外面團體情境之後，家裡琢磨活動的改變。在第二個情形中，也同時在學前中心與學校教室進行觀察，並比較兩組間的差異，一個是曾經在學前情境有過經驗，另一個則是無先前經驗。相對於使用傳統式的心理測量或是互動過程的觀察所得到的結果，由假設而來的預測是，分析**琢磨活動的內涵**會發現非常大的差異，而反映出在一個情境的經驗對行為，以及在另一個情境隨後的發展有其發展上的影響。

2. 從人際結構的性質與複雜性，可以驗證個人參與這些次系統的發展，以及作為所發生情境的發展潛能之指標，但先前的研究卻很少系統化地予以注意。人際架構的性質可以從來回互動的模式、權力的平衡，以及在兩人配對所表現出的情感關係來定義；其複雜性的程度則反映於 N+1 系統介入的範圍（兩人配對組、人一組等）。同樣地，此議題也可以使用可驗證的假設形式闡述之。

假設 25

在日托或幼兒園情境中，兒童可進行和從事人際結構的性質與複雜性會影響其發展，其展現於兒童在其他情境（例如：家裡，以及後來的學校）所引發或參與的人際結構的性質與複雜度。

研究此假設，最合適的設計如同在上一假設所提的，不過，現在的主要焦點在於人際結構。預測也跟先前相同，兒童在日托或學前環境的經驗將有其重要的影響；影響兒童在其他情境所參與的人際結構之種類。

3. 先前的研究因為很少對琢磨活動或人際結構予以系統化關注，不管是有利或有害於這些現象發生的環境狀況都仍未被考量到。接下來的假設便與此相關，具體說明情境本身之內的狀況。

假設 26

日托或幼兒園情境之對發展的影響潛能，在於督導的大人為兒童創造和維持機會讓兒童參與多種越趨複雜的琢磨活動和人際結構之程度，使得兒童逐漸形成能力的同時，也同樣允許兒童有足夠的均衡力量來為自己創新。

4. 關於在日托與幼兒園環境的發展，先前的研究幾乎完全聚焦於情境內的事件，而沒有該情境與其他兒童也花許多時間在其中的情境之間的相互關係。下一章，我將討論任何情境（像是日托中心、學前中心，或是家裡）之所以能夠產生與維持進行中的琢磨活動，以及穩定的人際結構的力量，在於該情境與其他情境之間的關係。

最後，重要的一點是，請注意本章所發展的假設，並不是只能應用於日托和學前情境，而是可以延伸擴展到兒童所生活與成長的教室、遊戲場、露營地，以及其他環境。

PART

第四篇

微觀系統之外

第九章

中間系統與人類發展

當我們在中間系統的層次裡分析會影響社會化和發展過程的力量時，將發現會用到許多被用來釐清微觀系統的結構和操作的相同概念。因而，基本的建構元素將是情境中已然熟悉的成分：琢磨活動、角色和人際的結構以兩人配對的形式和 N+2 系統有不同程度之來回互動、權力平衡和情感關係。而且，許多得出的假設將類似於早先在微觀系統所擬出的原型。區別在於牽涉到的連繫關係的性質。在微觀系統層次，兩人配對關係和 N+2 系統、角色互動，以及琢磨活動，全部發生在一個情境範圍以內。但是在中間系統，這些過程的發生是跨越情境間的界線。由於這樣的同型性，讓我們能事先擬出大多的假設，然後再檢視相關的研究證據。

我將中間系統定義為一發展中的個人積極主動投入的兩個或更多情境之間的一組交互關係。什麼樣的互聯關係是可能的，例如，在家和學校之間？我提出四種一般的類型。

1. **多情境的參與**。這是在兩個情境之間的互相連結關係最基本的形式，因為至少要有一個這樣的參與才能成為中間系統。它發生於當同樣的人參與在超過一個情境的活動之中，例如，當兒童同時花時間在家和在日托中心時。既然這樣的參與是必然的結果，多情境的參與也可以被定義為一直接或**第一級**社會網絡的存在，此網絡跨越發展中個人所參與的情境之間。這樣的網絡的存在，及因而產生的中間系統，乃是從發展中個人第一次進入一個新情境的那一時刻開始建立的。當這發生時，也就是我所謂的**生態轉銜**的一個例子——從一個情境轉銜到另一個。

當發展中的個人參與在中間系統中一個以上的情境，就可被稱為一個**主要鏈接**（primary link），如當瑪麗上學後。參與同樣兩個情境的其他人稱作**補充鏈接**（supplementary link），例如，瑪麗的母親參與PTA會議、她的老師來家訪，或瑪麗帶同學來家裡玩。如這些例子所顯示的，直接鏈接可能往任一情境的方向運作。

在任一情境的兩人配對關係中，若有一個鏈接的人為其成員，即可稱為**鏈接的配對關係**（linking dyad）。

2. **不直接連結**。即使當同一個人在兩個情境中都不積極參與，但是，透過一個做為兩個情境的成員間的**中間鏈接**（intermediate link）之第三方，兩個情境的連接仍然可能被建立。在這種情況下，在兩個情境中的參與者不再面對面見面，所以，我們稱他們為在情境之間的**第二級網絡**的成員。這樣的第二級連接也可能較為遠距，在其網絡鏈中牽涉到兩個或更多的中間鏈接。

3. **情境間溝通**。這些是由一情境傳給其他情境的訊息，其意圖是提供在另一情境的人具體資訊。溝通可能以各種方式發生：直接地通過面對面互動、電話談話、書信和其他書面消息、通知或公告，或間接地透過在社會網絡的鏈結；這溝通可能是單向或雙向的。

4. **情境間知識**是指在一情境中關於其他情境的資訊或經驗。這樣的知識可能透過情境間溝通或從特定情境的外在來源取得，例如，圖書館的書。

在兩個情境之間最重要的直接鏈接是那個一開始建立中間系統

的鏈接——當個人進入一個新環境所發生的**情境轉銜**。如果兒童去學校的第一天無人陪同，並且沒有人從他的家進入學校情境，在這兩個微觀系統之間就只有唯一一個直接鏈接了。在這些情況之下，轉銜和因而建立的鏈接被稱為**單一**。如果兒童由他的母親或哥哥陪他到學校，介紹他給老師或給其他兒童，這樣的轉銜和隨之的鏈接被稱為**雙重**。當然，母親可能到晚一點的時候才會來學校，或老師也許會家訪，在那些情況下，鏈接到那時才成為雙重。中間系統中有超過一個人是同時積極參與在兩個情境的，被稱為**多重鏈接**（multiply linked）。當中間系統除了涉及個案的原始鏈接之外，只有間接或沒有任何其他的鏈接，則被描述為**微弱鏈接**（weakly linked）。

我做這些區分不僅僅因為它們在邏輯上是可行的，也是因為我相信，它們對發展中的個人得以在一新情境中運作的方式很重要。在進入新情境的當下，雙重轉銜以其對二級影響的所有潛力，讓一個三人系統可以形成；第三方可成為安全感的來源、提供社會互動的示範、加強發展中個人的主動性等等的。這中間者的催化力量取決於其與發展中個人的關係，以及建立在新情境中的配對關係；也就是說，是否他們只是觀察性的（母親單純地作為訪客）、是否有共同活動（母親與老師談話），或發展成一主要的配對關係（母親和老師成為好朋友）。

這些考量在兩組假設中表達得很清楚。第一組的焦點在發展中個人在中間系統的經驗；這些假設處理主要鏈接的結構和發展結果。第二個系列以類似的思路處理補充鏈接。我們從具體指出建立和維護主要鏈接之最佳情況的假設開始說起。

假設 27

如果一個人最初進入一個情境的轉銜不是單獨的，那個情境在中間系統的發展潛力將被提高；也就是說，他是在一個或更多人陪同下進入新情境，這些人和他是一起參與了之前的情境（例如，母親陪伴兒童到學校）。

假設 28

情境在一中間系統的發展潛力將被提高，當在不同情境的角色要求是相容的，以及如果發展中個人所參與的角色、活動和配對關係能鼓勵相互信任、正面取向、情境間對目標的共識，和權力的逐漸平衡傾向於發展中個人。

試想一個消極例子：是由我和同事所進行的一次預試的結果所顯示的（Avgar, Bronfenbrenner, and Henderson, 1977; Cochran and Bronfenbrenner, 1978）。來自雙親家庭的兼職母親發現自己在一種困難的角色衝突中；丈夫繼續視他們的妻子為全職母親，而雇主經常當他們是全時雇員來對待他們。母親因此體驗到挫折，因為他們作為父母的效能、他們的工作表現，和他們作為人的發展受挫。

因此，參與超過一個情境有其發展後果。從嬰兒期開始，逐步成長的個人所積極參與的情境數量逐漸增加。這樣漸進地參與在多個情境不僅是發展的結果——在某些情況下，這也是起因。這想法發展出一系列的假設。

假設 29

發展被增強的程度與結構不同的情境數量之間有一個直接的函數關係。發展中的個人參與在這些情境中的各種各樣的共同活動，以及與其他人的主要配對關係中，特別是當這些其他人是較為成熟或老練的。

根據這個假設我們能做以下預測：將年齡與社會經濟的因素控制一定後，進入大學的年輕人若有與家庭外的成人密切連結、離家外宿，及做過不同工作等經驗者，比一個經驗較受限者，更能從大學教育獲益。

這個假設的根據是假定參與在不同情境內的共同活動，需要此發展中個人能適應各種各樣的人、任務和情況；如此，將能增加他的認知能力和社會技能的範圍和靈活性。此外，如同之前提過的，共同活動通常會發展出其自身的動機動量，並能持續到即使當參與者不再在一起時。當這樣的活動發生在各種不同的情境，這動機動量通常也會跨越情境地擴展。如果參與者在彼此的生活中具情感的重要意義，也就是說，如果他們是主要配對關係的成員，這些作用還會被進一步地增進。此假設有一個在社會學層次的必然推論。

假設 30

當這些情境發生在彼此不同的文化或次文化的情境脈絡中，參與多個情境的正面發展作用將會被提高——無論就種族、社會階層、宗教、年齡團體，或其他背景因素而言。

在這個假設的背後是假定當這些情境是在於文化上不同的環境時，活動、角色和關係上的差異將被最大化。

對前兩個假設的一個重要案例，可由在兩個文化中成長的人來呈現，這樣的人在兩個社會中皆積極和廣泛地參與，還與在兩個文化的人皆發展出親近的友誼。如果這兩個假設是正確的，這樣的人當與某個同齡、同社會地位、但只在一個國家和次文化中長大的人比較時，應該會表現出更高層次認知功能和社會技巧，並且更能從一個教育情境的經驗中獲益。就我所知，沒有對這種現象的研究，但它一定很容易進行實證研究，例如，將其他家庭背景控制為一致，比較有和沒有其他文化或族群豐富經驗的兒童的發展。這些假設也能被測試，例如，分配兒童去進行參與在社區範圍內的次文化之工作任務。

這樣的思考路線不僅可適用在個人層面，也可用在兩人配對關係。正如個人可能參與超過一個情境的活動中，同樣地，兩人配對組也可以。這樣遷移的配對關係可稱為**跨情境配對關係**（transcontextual dyad）。從生態觀點，有充足的理由預期這類型結構對發展有特別意義，比起局限於單一情境的共同活動，其甚至更有助於主要配對關係的形成。但更重要的是，我認為在個人的生活中，跨情境配對關係的發生可能提升個人學習的能力和動機。這種可能性所根據的假設是當各種各樣的共同活動在一定範圍內的情境下被進行，但是，是在一個持久的人際關係中，這關係會鼓勵更高層次技巧的發展，還易於引起特別強和堅持的動機程度。這想法導致以下三個假設。

假設 31

個人從發展經驗獲益的能力，將直接與跨情境配對關係的數量成一函數關係，這些配對關係跨越了他／她在那經驗之前參與的各種各樣的情境。

假設 32

來自於會鼓勵跨情境配對關係的形成和維持之文化背景的兒童，較可能從新的發展經驗獲益。

假設 33

提供跨各種情境的經驗，以形成和維護跨情境配對關係將能促進發展。

有幾個假設是關於額外鏈接的最佳結構，這額外鏈接是在由發展中的個人所建立的主要連接之外的情境間。第一個僅是之前一個假設的延伸（假設 28），現在擴展到包含參與在被考慮到的不同情境內的所有其他人。

假設 34

如果在兩個情境之連接的人所參與的角色、活動和兩人配對關係，是鼓勵相互信任、正面取向、情境間對目標的共識，以對代表發展中個人的行為敏銳回應且漸趨平衡的權力，在中間系統的情境之發展潛力將會被提高。符合這些情況的一個補充鏈接可稱為一個**支持鏈接**（supportive link）。

一個違反這個假設所規定條件的例子，可見於早先在第八章引用關於Karnes未預料到的家訪與學前方案結合的效果的陳述。由於新的安排，導致工作人員對待母親的方式改變，降低了母親對她自己的重要性和效能的感覺，也減低她以一個關鍵人物在她孩子的發展上的積極參與。

假設 35

情境的發展潛力的提升，與一情境和其他情境之間存在的支持鏈接的數量成一函數關係，譬如家和家庭之間。因而，對發展最不利的情況是一個非支持性的補充鏈接，或根本沒有存在補充鏈接——當中間系統是微弱地連接著時。

假設 36

情境的發展潛力將被提升，當支持鏈接的組成成員是與發展中的個人有主要配對關係者（兒童的父親參觀日托中心），以及是有參與共同活動和與新情境的成員有主要配對關係者（兒童的母親和老師建立夥伴關係）。

在假設 36 的例子假定父母的表現——他們通常的確如此——與在假設 34 所規定對一個支持鏈接的要求一致。

實際上，我們的下個假設對在前三部分所設定的關係訂立了一個界限的條件。

假設 37

被設定在假設 34 至 36 的關係隨下列成反比變化：發展中個人的先前經驗和在情境中對自己能力的感覺。因此，對幼兒、少數族群（特別是處在主流人群的環境中時）、病人、老人等，連結的正面影響會被最大化。反之，當經驗和自信增加，前所設定的關係會減少其幅度，到一個地步反而轉向。以至於對在自己的文化中如魚得水的一個正在成熟的人，當進入一個與其所來自的情境沒有任何先備鏈接的新情境時，或在新情境的權力平衡是反對其發展和代表其行事的人，其發展也許更會被提升。

換句話說，所假設的關係呈曲線，而其轉折點取決於個人在社會中的發展階段和社交狀態。青少年第一次與朋友一起離家外出（或少數族群參觀市政廳），或在新的地方認識某人將帶來不同。對一個成功的大學畢業生來說，在一個新環境裡找一份工作，比待在家族事業中工作，也許對發展更為有利。

牽涉到中間鏈接的第二級社會網絡至少有三個重要功能。在沒有直接鏈接的情況下，他們為所期待的溝通提供一種間接管道（例如，有工作的母親無法參加在日托中心的親職會議，可以從朋友處知道發生了什麼事）。第二級網絡也可以用來從一情境找出在其他情境需要用到的人力或物質資源（例如，父母向朋友尋求幫助以找到工作）。或許中間系統最重要的社會網絡功能不是刻意安排的：它們成為傳遞一情境對其他情境的訊息或態度之管道（從第三者處，父母可能被告知與孩子帶回家關於在學校發生的事情版本不同的故事。或老師能從「秘密來源」獲悉家長由於她的種族或宗教背景對她的偏見）。

我們的假設指出，對發展最有益的間接鏈接結構會依循一個熟悉的模式，此模式定義出在情境間互相連結的支持功能。

假設 38

中間系統的發展潛力會被提高的程度，為存在於情境間的間接連結能鼓勵相互信任、正面取向、目標共識，以及對代表發展中個人的行為敏銳回應且漸趨平衡的權力。

我們已經注意到，在情境之間有意圖的溝通可採取各種形式及流向。有些變項已經在溝通研究中被廣泛地檢視。我從這些文獻獲得三個通用的假設，是關於情境間溝通的影響其作為發展的情境脈絡之潛力。

假設 39

參與在多個情境的發展潛力直接隨情境間雙向溝通的容易度和多寡而不同。最重要的是，在溝通網絡中納入家庭（例如，雙向開放溝通管道的存在，將促進兒童在家庭和學校的發展）。

假設 40

情境的發展潛力依情境之間個人化溝通方式的程度而被提高（因此，是依下列次序遞減：面對面、私人信函或筆記、電話、商業函件、公告）。

在一情境可以得到關於另一情境的資訊可能來自各種各樣的來源。除在情境之間直接口頭和書面溝通以外，這些還可包括從一個世代傳給下一代的傳統知識、個人童年經驗、書、電視等等（Lüscher and Fisoh, 1977）。特別重要的是，在一情境中對另一情境的討論，例如，幼兒的父母可以為其描述學校的樣子，或學校可以開設家庭生活的課程。因此，情境間的知識也可以各種各樣的形式呈現。除口頭或書面資訊、忠告和看法之外，它也許牽涉到來自或代表另一情境的物品（如當兒童帶一個喜愛的玩具到學校展示，或校旗垂懸在兒童的臥室），還有包括虛構（譬如角色扮演）和真實的（譬如介紹參觀）經驗。

如這些例子顯示，情境間的知識可以有兩個些許不同的功能，將在以下的兩個假設中指出。

假設 41

發展的程度會被提升，即當在進入一個新情境之前（例如，進入日托或學校、升遷、去營隊、得到工作、搬家或退休），參與在兩個情境中的成員和發展中的個人被提供有關妨礙轉銜的資訊、忠告和經驗。

假設 42

在進入新情境時，個人的發展程度會被提出，即當關於一個情境正確資訊、忠告和經驗持續地提供給另一情境。

審視這些處理情境間連接的假設，如何適用於一個具體情況將會很有趣：如對在家和團體情境（如日托、幼稚園和學校）之間的連繫對兒童發展的影響。如果我們的假設是正確的，我們會預期對這個問題的研究顯示出，成長環境在家和例如學校之間有某些類型連繫的兒童的發展會較為超前。這些互相連結應有的特質包括在父母和學校人員之間更加頻繁的互動；更多人是被兩個情境共同的成員所認識；以及在家和學校之間更加頻繁的溝通；更多在一個情境關於另一情境的資訊。但是，總以這樣互相連結不破壞直接與兒童互動並代表其行事的那些人的動機和能力為前提。這個條件對貶低父母的學校人員的行為，或來自父母會破壞老師的專業士氣或效率的要求給予負面評價。類似考量可適用於在後來的生活中在情境間的互相連結，譬如，家庭和同儕團體間、學校和工作場域間，和在成年期的家庭和工作場所間。

某些特點一致地出現在關於情境之間各種互相連結對發展的影響的假設中。考量到微觀和中間系統相同的正式結構型態，我們進一步注意到這些共同特點反映配對關係的三個功能變項：來回互動、權力平衡和情感關係。我們之前說過，配對關係是生態結構上最多功能的建構元素：它也是用來定義中間系統的運作作為一個發展情境脈絡的最佳狀況之原型。具體來說，我們預期，發展在這個層次可被提升的程度有賴於情境之間交換的過程是雙向的、相互信任和目標共識的維持和增進，並且展現的權力平衡是有利於那些連接者，其能促進代表發展中個人的行為。

在現代社會中，一個人通常會經歷到最早的兩個轉銜是，新生兒從母親到醫院育嬰室的短暫分離，和從醫院到全時間母親在家照顧。Scarr-Salapatek 和 Williams（1973）檢視了實驗改變這些轉銜的結果，樣本為早產嬰兒，其母親來自嚴重貧乏的社會經濟背景。作者描述實驗的緣由如下：

低體重出生的嬰兒加上貧困的母親，至少是加倍的不利。他們生理上的虛弱和隨後貧困的社會情況，被發現與特別糟糕的結果交互作用影響後來的智能運作……因此，有托兒所和家庭刺激方案的計畫希望顯示早期介入對低體重出生、社會不利的嬰兒的好處……其中也有科學目標，即不同刺激對高風險嬰兒的效果能被評估。（pp. 94-95）

實驗對象是在費城最低社經地位的黑人母親所產下 1,800 克以下的三十個嬰兒…… 這些母親支付不起其他種照顧，也沒有及早在懷孕時，在其他醫院尋求加入照顧資源。透過研究者對於在進行第二個在兒童家中的追蹤階段研究所經歷的困難之描述，提供了關於家庭情境和其所生活的更廣生態情境脈絡特質的指標。茲如下述：

要和母親保持聯繫超過一年以上是很困難的。許多人每隔幾星期或月就搬家且沒有提供轉寄地址……

嬰兒的生活環境……差異很大——有些與他們的母親和其他親戚單獨居住，有些只有與親戚，還有一些一年的全部或部分時間是在寄養家庭。許多嬰兒的生活情況在這一年間隨著母親的狀況而改變，例如結婚、搬回與其母親同住、離開他們的母親等等狀況。

那些母親通常很年輕；只有一半曾經到產前診所。（pp. 95-96）

當嬰兒進入早產兒育嬰室，隨即被分配到實驗或控制組。研究的第一階段是在醫院進行，控制組嬰兒「接受小兒科為出生體重不足嬰兒的標準照護。他們被放在保溫箱中看護，和以最少的干擾餵食與換尿布」（p. 97）。對實驗組的嬰兒：

> 在研究開始前，育嬰室的工作人員……被指示要提供近似給正常新生兒的良好家庭條件，如特別的視覺、觸覺和肌肉感覺的刺激。因為標準早產新生兒在保溫箱的照顧幾乎是與典型的刺激隔離，我們的目標是引入人的觸摸、人的面孔和聲音，與有型態的視覺刺激。
>
> 當E組（實驗組）嬰兒能維持他們的體溫約三十分鐘（通常在出生後一個星期之內），在餵食和「遊戲」時間時，他們就會被移出保溫箱。餵食時，他們以哺乳的方式被抱著，並且能看到護士的臉，有經驗的護士搖動愛撫和輕拍這些嬰兒，且對其說話。（p. 97）

一旦兩組中的嬰孩被判斷足夠成熟了，他們就被從保溫箱移到開放的嬰兒床。控制組嬰兒僅有在餵食、換尿布和檢查時會被觸摸，但是實驗組繼續接受特別的刺激，包括視覺性和社會性的。大型的旋轉玩具垂掛在嬰兒床上方，而且「護士被指示，當他們醒著時，盡可能頻繁地與嬰兒談話和抱他們，並且在餵食時搖動和與他們玩」（p. 98）。

當嬰兒出院後，第二階段的實驗介入立即開始：這包括一系列為期兩年的「兒童教導社工」每週的家訪，社工會與母親或其他主要照顧者談話。「家訪內容為社工指導和示範能刺激兒童的照顧方式，包括觀察技術，以便母親能評估什麼是他們的嬰兒準備好要發展的下個行為，還有會促進『下個階段』的手眼協調、搆著、發聲、坐起、自己餵食等等的遊戲」（p. 98）。

控制組則沒有提供母親家訪。不過，在離開醫院之前，他們被提供關於低體重嬰兒的問題和照顧的資訊，並且被告知一個有提供嬰兒初生前幾年的小兒科照護的「高風險診所」。

對於中間系統的模式，此實驗介入的一個特點有其特別意義，即母親直到他們的孩子出院以後，才參與特別的方案。當然，這不是研究者原本的意圖：「我們本來期望納入…… 母親在提供刺激的過程，但這顯然是不切實際的，因為多數母親無法或不願意頻繁地來到醫院，以及與他們的嬰孩玩。在環境條件較為優勢的低體重嬰兒組，母親的參與將會是可行的，而且對在前兩個月生活中發展嬰兒和母親之間的關係是重要的。」（Scarr-Salapatek and Williams, p. 98）

即使母親健康狀況和剛出生的嬰兒發展狀態的最初評量結果，對控制組較為有利，經過在醫院的刺激方案實施四到六個星期之後，實驗組嬰兒仍顯示了顯著較多的體重增加，並且在Brazelton測驗中「些微至顯著的優勢」。滿一年時，「將近平均10分的智商差距」將兩組分別開來。實驗組的平均分數是95，這樣讓他們「幾乎到達發展的正常水準」（p. 99）。就一個來自如此貧乏社經背景的低體重嬰兒樣本來看，誠然是一個卓越的成就。

雖然，這個重要的實驗記錄了在兩個不同情境（醫院和家）的經驗之聯合功效，但是，其設計無法對每個情境的獨立貢獻做明確的評估，因為沒有比較組僅接受家裡或醫院的單一介入。然而，此研究指出了一些在生態模式中的必要變項，能適當地用來分析在超過一個情境的同樣兒童的發展過程。首先，兩個地點（醫院和家）的存在牽涉到延伸橫跨兩個情境的一個N+2系統。在這個例子中，有四個不同角色的參與者。**嬰兒**出現在兩個情境，**護士**只在醫院，而**母親**和**社工**主要在家。這個四人結構允許各種在情境之內和橫跨情境的可能的子系統和高階影響。不幸的是，所取得的測量幾乎完全集中於實驗對象——嬰兒，並且局限於測驗分數。因而，沒有系統化關於嬰兒對刺激反應的資料，亦沒有關於參與者彼此的互動和對彼此的看法之資料。在報告各處散布著吸引人的片片段段的資訊，暗示有些反應和關係的模式對發生的發展過程是重要的。

> 新生早產兒被觀察到會看著懸掛在他們的保溫箱上的鳥。本來存質疑態度的護士（和研究者）驚奇地看到三磅重的嬰兒注視著色彩鮮明、有花紋的鳥……
>
> 這些嬰兒被觀察到會看著餵他們的護士的臉，當不舒服時，會安靜下來以回應社交性的觸摸……
>
> 大部分的母親……對社工的幫助有興趣，不只是為他們的孩子，也為他們自己。他們在生活許多實際的細節……和個人問題上尋求忠告和援助（例如，與男人、母親、兄弟姊妹的問題；沮喪的感覺）。（pp. 99-100）

在實驗組的母親也非常合作。儘管常常搬家，相較於控制樣本流失了六個兒童，在這組的研究中只有流失一個。即使有幾個實驗組兒童在這一年的部分時間是由寄養母親照顧，母親協助社工安排繼續與新照顧者的家訪。「沒有任何家訪者被排拒於嬰兒的家門外」（p. 98）。這樣的連續性和合作通常幾乎不會發生在以「最低的社經地位族群」的家庭為對象的研究。也證明了母親與其早產兒的高度連結和高度參與於設計來促進他們孩子發展的家訪方案。

綜合這些零星資訊顯示，這個實驗介入所產生的四人系統之內，某些次系統變得特別堅強：護士—嬰兒、社工—母親、母親—嬰兒，和也許還有母親—嬰兒—社工，最後一個展現家訪者對母親與她的孩子的互動之二級影響。在這個例子中，另一個二級影響也是具時間性的，可能很能解釋嬰兒與護士之前在醫院發展出的相互關係，對母親和嬰兒之間的配對關係的影響。嬰兒與護士的關係令人聯想起描述於Western Reserve實驗中的新生兒與母親之間的依附關係（摘要於第四章）。

我們不禁想像，如果實驗組母親能有機會被提供在 Klaus 和他的同事（1970）之前引述的研究中，提供給早產兒母親的那種「充足接觸」（extended contact），實際上會發生什麼事。或許隨著這經驗，母親就不會如此「無法與不願意」來醫院。如果研究者使用顯然未加利用的子系統——護士—社工—母親，讓社工在母親生產後回到家時馬上開始家訪，並且向她報告護士對早產兒出人意外的「成熟」反應的描述，結果又會是什麼呢？所提及的這些可能性不是要批評這實驗（以其目前的方式已是重要的科學貢獻了），而是作為為擬出我們下個假設的依據。

假設 43

當參與在共同活動的人或在不同情境的主要配對關係形成一個**封閉的活動網絡**，也就是說，當每名系統成員都投入與其他成員的共同活動時，中間系統的發展潛力將會被提高。這個模式的最佳狀態是如果每一方與情境中的其他人都能互動，並且符合權力平衡逐漸轉移傾向於發展中的個人和那些主要負責他福利的人。

如同於 Scarr-Salapatek 和 Williams 實驗中的應用，這個假設會要求所有四個參與者（母親、嬰兒、護士和社工）在醫院和家中一同投入一些共同活動——無論是配對組或 N+2 系統，但逐漸權力的平衡轉移至母親和她的嬰兒身上。

雖然未達到這樣的理想，Scarr-Salapatek 和 Williams 的實驗實行並支持我們關於中間系統內的直接連結的許多假設。沒有證據顯示，有任何工作人員陪伴母親和嬰兒從醫院回家（假設 27），但社工的確成為一個在兩個情境之間的支持鏈接（假設 34），並且當母親回家後，投入與母親的共同活動（假設 36）。看來沒有任何違反相互信任、目標共識和權力平衡的界限（假設 34）。最後，所達成的結果與對幼兒、少數族群和身體虛弱者所能預期的最佳效果是一致的。至於其他類型的互相連結，則在母親回家之前，提供關於早產兒問題和照顧的資訊（假設 41），和由工作人員推薦一個高風險診所，並因而對一個新情境有一個中間鏈接（假設 38）。

當然，此研究設計無法測試每個中間系統的單位之獨立成效，就此研究的目的也不適當。此實驗所提供的是這些單位組合起來有效結果的證據。

我們也許注意到，Scarr-Salapatek 和 Williams 的研究結果對支持我們基本假設的重要證據有所貢獻，這些假設即是關於兒童參與於與某人漸趨複雜的交互活動中對發展的重要性，此人與兒童要能產生一個強烈和持久的依附關係（假設 7）。

如同我在這探究一開始時所指出的，極大多數對人類發展的研究都局限於微觀系統之中，由對只在單一個情境中兒童的研究所組成。我僅能找到少數研究是探討影響生態轉銜（即兒童對一個新環境的適應）過程的因素。情境之間連繫的研究就更難發現了。

有兩個關於生態轉銜的研究，對我們來說已經是熟悉的。Prugh 和他的合作者（1953）在醫院小兒病房的例行程序的重建，有一個獨特的特徵：就是讓父母陪伴兒童入院、介紹他們認識工作人員、讓他們能每天探視，以及鼓勵他們參與病房照顧。實驗組的痛苦強度和持久度顯著降低，成為支持我們假設的證據，即在新情境中能有一個連接的人（其與兒童之前即有主要配對關係）的存在和參與是有利的（假設 29）。但是，Schwarz 和 Wynn（1971）卻沒有從他們在減少三歲和四歲兒童進入日托時表現的懊惱程度的實驗努力上，得到顯著效果。在一個平衡的設計中，一半的兒童和他們的母親在兒童實際入學的一星期前先參觀中心二十 分鐘；第二個介入牽涉到母親前二十分鐘留在情境中。

兩個因素也許能解釋這些策略的失敗。一是每個介入的時期都相當短暫，以及相對地只發生一次的事實，例如，在醫院研究中是每日探望。Weinraub 和 Lewis（1977）的作品指出第二個考量點。其在一間實驗遊戲室進行觀察研究，這些研究者發現，在母親離開時，兩歲兒童是否表現懊惱，取決於母親是否和怎麼預備兒童面對她馬上要離開：「溜出而沒有說任何事的母親，其孩子是最不可能去玩和最可能會哭的；告知他們的孩子他們要離開和／或會很快回

來的母親，並且給他們的孩子當她不在時要做什麼的明確指示者，其孩子最可能去玩，並且在母親離開期間最少哭泣。」（p.57）

這些結果與假設 41 一致，強調在生態轉銜前提供資訊的重要性。如果把留下的母親分成那些有與沒有用二十分鐘時間讓他們的孩子為他們的離開做預備的兩組，我們不禁想知道，Schwarz 和 Wynn 的實驗結果將會為何。

為交叉確認他們自然取向的調查發現，Weinraub（1977）進行一實驗將母親隨機分配到兩個情況之一：一組被指示在不說任何話或給任何指示下離開他們的孩子；另一組被要求解釋他們將要離開，並給予孩子在他們不在時要做什麼的明確指示，並一再向其確認他們會很快回來。產生的結果支持假設，但只限男孩。再次，如同在 Moore（1975）和 Gunnarsson（1978）的研究中，證據顯示，男孩比女孩較可能被環境變動影響，但是，此現象需要更加廣泛和更系統化的紀錄才能證明。

在我們已經回顧的研究中，Pringle 和 Bossio（1958）陳述被機構化的兒童的退化狀況，有被家庭探視的兒童比起那些沒被探視者較沒有那麼嚴重。Hayes 和 Grether（1969）對成就測試分數的非正統分析，浮現出一個相關和令人興奮的結果，分析對象為紐約學校系統中幾千名二至六年級的學生。雖然，研究者通常評估學業成就是由檢視從秋季到春季的成績變化，Hayes 和 Grether 卻還看接下來從春季到秋季的時段——在夏季期間發生了什麼事。

對居住在不同情況的兒童有不同的結果。雖然，在秋季時，來自不同社會狀況和種族的學生從一開始就有明顯不同的水準，並且在學期間進步的速度有些不同，但主要的差別發生在夏季。在假期期間，來自優勢家庭的白人學生繼續以大致同樣的速率進步，但是，那些來自貧困和黑人家庭的學生不僅進步得更慢，而且實際上是朝向反方向，比原來還更糟，以致當他們回到學校的時候，他們更是遠遠落於來自優勢環境的同學之後。[1] 作者估計「學生在二至六年級的四個夏季期間產生的進展的差別，造成在經濟上優勢的白人學校與都是黑人和波多黎各少數民族學校之間 80%的差距」（p. 7）。

研究者闡明：「一半或更多在閱讀和詞彙量的差別與學校放假期間有關。」（p. 10）據此，他們認為在六年級結束時，在學業成就上跨社會階層和種族的嚴重差別不能「歸因於在學校發生的事，大多數來自在校外所發生的」（p. 6）。

Hayes 和 Grether 亦認為，他們的研究結果對介入方案的設計能有所啟示。

> 如果我們的結論是正確的，我們用於平等教育機會和成就的整體方法，也許方向是錯的。相當數目的金錢和能量花費在改變學校和它的課程、再培訓老師，以及修整行政結構——區域、城市和州。我們也許把金錢和能量傾注於一個地方，但我們的結果顯示，這地方並非是造成測量到的差別的成因。（p. 10）

就我們之前檢視過的證據顯示，即關於日托、幼稚園和其他在教室情境介入的努力之直接和大範圍的效果之證據，Hayes 和 Grether 的聲明大概有點誇張，但它指出正確的方向：改進公民教育的效率之關鍵不在學校之內，而是在它的與社會中其他情境的互相連結。在他們的研究中，這些互相連結的存在和重要性——或，更準確來說，它們可能不存在——只能從觀察到的結果來推論。但在另一個 Smith（1968）的研究中，這些連結就是實驗設計的一部分。

這個由一位不出名的研究者進行的不出名的比較研究，開創出人類發展生態研究的新境界。透過實驗介入，Mildred Smith（1968）在當代美國社會普遍的家庭和學校之間的關係上，引入了重大的改變。其實驗設計是為改進小學階段的低收入少數種族學生之學校表現。其方案的三重目的反應出對固有實務作法的重新定位。作者描述其目的如下：「首先，恢復家庭對教導其兒童當有之責任。其次，給家庭身為老師的榮譽感。第三，將兒童在學習進程中的『重要他人』齊聚一堂——父母和老師，使之成為夥伴而不是競爭者或陌生人。兩者都不可能在反對對方或在隔離之下做好這個工作。」（p. 90）

此方案有約一千個來自兩所公立小學的低收入家庭的兒童參與，大多數是黑人。在同一城市的另一個小學中，來自相似社會經濟背景的兒童被選擇作為控制組。用來達到所陳述的目標的程序如下。

1. 刺激父母的參與，有一組三十個志願母親要他們自行分配在他們學區的街區。然後，志願者以個人名義打電話給每個家庭，邀請父母參加一個計畫好的方案「學習他們能做什麼幫助他們的孩子在學校達到更好的成就」（p. 95）。
2. 為父母設計的方案假定父母想幫助他們的孩子能在學校成功。在首次的會議中，孩子的老師對父母解釋需要他們的幫助。然後，父母被要求做下列事情：每天在家提供一段安靜的時間，讓孩子做老師指定的閱讀和功課〔老師告訴他們「這段時間要固定，使其成為孩子生活的一部分……提醒孩子他的功課……小孩子會忘記」（p. 95）〕；聽他們的孩子朗讀；自己在孩子面前定期閱讀；固定大聲唸書給孩子聽，包括幼稚園年齡的孩子；對他們孩子的作品表示興趣，包括在需要和適當時問問題、稱讚和鼓勵；防止學齡兒童的作品被學齡前兒童損壞；確認兒童在學校以及在家有鉛筆和紙，以便他有必要的工具做好學校功課；讓兒童每天晚上在規律時間上床，以獲得適當的睡眠和休息；每天早晨讓孩子有充分時間享用一頓好早餐，並且提醒孩子應該帶回學校的作業和書，因為小孩子需要這樣的協助。沒有參加會議的父母由有參加的父母拜訪並告知最新消息。

3. 在會議上，發給各個父母一份公報。公報概述了上述的目標及相關細節。公報的內容被仔細地討論，並且鼓勵父母把它帶回家作為參考。在所有隨後的會議上皆會提供這樣的公報。有困難閱讀的父母會提供口頭資訊。「用額外的時間和努力在製作公報上使其盡可能精緻和吸引人，以向父母溝通學校人員對他們配合的能力有信心，且最重要的是，尊重他們和認為他們很重要。目標是要提高父母的自我概念，以便他們能同樣提高孩子的自我概念」（p. 95）。
4. 幼稚園和小學兒童帶一本書回家，請他們的父母讀給他們聽。要做這件事的當天，他們的領子上佩帶了「請讀給我聽」的標記。較大的兒童拿到印著「我可以讀給您聽嗎？」的書籤。父親和母親們被鼓勵為他們的孩子讀書，「如此，向兒童（特別是對男孩）示範男人也重視閱讀。」父親也被邀請輪流在圖書館值勤和擔當「男性講故事者」（p. 99）。
5. 建議當父母看見學齡前兒童在安靜的時間內專心時，不要講電話（請打電話來的人晚點再打過來），並且關掉收音機和電視機（但安靜的時間不要安排在孩子喜愛的節目時間）。

6. 提供兒童字典給四至六年級兒童的家庭。「鼓勵家庭在封面寫上他們的名字，以強調擁有字典的滿足感」（p. 98）。
7. 雖然父母被要求營造會幫助兒童完成家庭作業的情境，但是他們被告知「家庭作業不需要父母來教」（p. 96）。這意味著，每個父母不需要會課業內容就能參與。
8. 父母被鼓勵與孩子朋友的父母討論一個共同做家庭作業的時間，「如此，為這努力提供了團體支持。而且，這樣的計畫讓小明不須在輪到他打擊或是輪到他射“purey”的時候離開遊戲」（p. 97）。
9. 老師同意將家庭作業的量限定於低年級十五分鐘和高年級三十分鐘之內。每天早晨，每個兒童回報作業是否完成。「因此，兒童被檢查的是他是否完成了作業，而不是他做得多好。所以，只要父母在家提供需要的支持，每個兒童都可以成功。如果一個兒童常常沒完成作業，父母會被找來開會……這樣的紀錄由老師保留著，以向每個兒童保證有兩個關心他學業成就的人持續在溝通」（p. 97）。
10. 老師配有行政助理員。商科學生繕打和複印由老師準備的資料，並提供其他服務「如此，讓老師有空給學生更多個人的關注。這是此方案給老師最大的士氣助推器之一」（p. 102）。
11. 一個給老師的在職訓練方案強調環境因素對兒童的教室行為和表現的影響。幫助老師了解「低成就學生的問題不一定是能力或能耐不足，而常常是環境支持或動機的不足」（p. 93）。
12. 「一家地方工廠的教育主任拜訪學校，並播放人們執行各樣技術工作的投影片。他解釋要進入他的訓練計畫所需的進階高中課程，並提醒兒童在科學、閱讀、拼字和數學的能力，能讓他們修習這些課程。」（p. 101）另外，在區域內有工作技能的黑人來到教室、解釋其工作，並且「分享他們的小學課程對他們之後的生活有怎樣的重要性」（p. 102）。

Smith 改革的實驗實際上牽涉到中間系統模式中所設定的所有互相連結關係，這些關係也定義在對中間系統的影響因素之假設中，即那些讓情境有能力促進發展的影響因素。每種類型的互動過程都運用到，不僅在學校和家庭之間，也在學校和工作場域之間，以及與地方鄰里一起。跨越這些情境，提供機會以建立各種各樣的鏈接和跨情境配對關係，這些都需要共同活動和促進主要關係的發展。每個界線都有 N + 2 的系統和二級影響。在兒童生活中重要的成人和情境圈子被擴展，並且在每個主要情境中，各成員同時參與和兒童及其他人彼此的共同活動。實際上，情境間所有的溝通方式都被使用，並且，關於其他情境的大量資訊被提供在各個情境。雖然沒有提供促進入學或校內的生態轉銜，但是有注意到為學生最後進入工作場域做預備。關於情境之間的整體關係，主要重點在情境之間的來回互動、活動的重疊性、建立雙向的積極態度，以及確認互補角色和權力平衡，因此，父母和老師都能行使和維護在他們各自領域的活動的控制感。或許唯一對此方案提出的疑問是，他們的學校經驗中，是否有提供學生充分朝自我決策成長的機會。

然而，在依變項的部分，此研究有一些嚴重的缺點：在計畫實驗介入時所展現的想像力和周詳性，未能在選擇結果測量時有同等的發揮。量化形式的結果僅局限於閱讀成就測驗的顯著進步，和透過問卷調查得知父母對方案的反應。問卷調查帶來 90%的滿意回應。所表達的態度特別贊同的是，對家庭做功課的方案和閱讀經驗：這些和施測結果是所有我們知道的實驗成效。如果此研究至少包括實驗組和控制組在教室情境，和或許更重要的是，在家庭和在鄰里同儕團體中表現，在角色、活動和關係的一些數據，其對科學和教育的研究貢獻將會不可計量地被提高。

不過，Smith 研究提供一個人類發展生態研究設計和實驗的原型。此外，它挑戰了一個瀰漫在當代美國社會的問題。

如同我在別處所表明的（Bronfenbrenner, 1970a, 1974b, 1974c），學校與家之間越來越隔絕了。社區學校消失、學校建築變得越遠、越大，和更加不人性化；職員數量增加，來自一個更大的區域，並且往往是通勤而不是居住在當地社區內——結果，父母和老師根本更不可能彼此認識。

而且，當學校被移向鄉鎮郊外，在物理與社交環境上，他們都成為完全被絕緣於社區、鄰里和家庭生活之外的基地。學校的主旨原是服務這些地方，並且應該預備他們的學生在當中生活。這樣的偏狹性被重複在學校之內，學生被分隔在教室中，並常常逐年換教室。而且，教室只有一點點或沒有自己的社交特徵，也沒有彼此之間互相連結，或與學校之間作為一個活躍社區的連繫。當大多數兒童主要是與他們的同儕被丟在一起，這相較之下的缺乏社區生活，讓年齡隔離的損害力量更加無法控制。重要的是，被鼓勵進入這個兒童世界的唯一成人通常具有碩士學位，其背景也常常無法反應豐富多元的世界經驗。

由於這些趨勢，過去二十年中，學校成為我所謂「在美國社會中，疏離最有力的繁殖場之一」（Bronfenbrenner, 1974b, p. 60）。我的看法是，這疏離是過去許多年中觀察到成就測驗分數逐步退步背後的原因，包括大學組和小學及中學的一般學生（Harnishfeger and Wiley, 1975）。它在殺人、自殺、用藥，以及學齡兒童少年犯罪比率的上升中，更加顯著可見（Bronfenbrenner, 1975）。

這些破壞性趨勢的一個氣壓計是，在學校裡故意破壞和暴力上升的程度。美國參議院司法制度委員會的報告在標題中顯露出主要的發現：**我們國家的學校——成績報告卡：「A」在學校暴力和故意破壞**。這報告強調，這樣的模式並不只限於大城市和其貧民區，而是一種全國現象。沒有哪個學校沒有安全預算，而且往往有安全武裝。說白一點，即將看到不幸的降臨。雖然，這評斷也許只代表根據不充分的資料，對於一個複雜社會現象的過早結論，但作為一個刺激和引導嚴謹實證研究的假說，它有一個重要的科學功能。它被故意納入以建議這種在發展研究和國家政策之間的雙向互動。我相信，這對進一步探討人類發展歷程的塑造力量的基本知識相當重要。

從我們的理論模式觀點來看，兒童和青年時期的疏離和它具破壞性的發展後遺症，是中間系統的現象。它們反應出在兒童生活中各個層面之間互相連繫的損壞——家庭、學校、同儕團體、鄰里和引誘，或太常是冷漠或拒絕的工作場域。這因此成為社會的責任，也是一個空前的科學機會，讓在人類發展領域的研究者進行田野和實驗研究，以闡明這些互相連結的特質、後果和潛力。

如果在情境間的生態轉銜和互相連結，在影響發展的方向和速率上扮演一個主要角色，這個說法是真的，那麼，成年應該是一段劇烈變動的時期，是心理成長大起大落的期間。雖然在青少年期之後，生理變化漸緩，但是，當代工業化文化的社會改變卻迅速地進行。年輕人離開家進入各種各樣的情境，他會去上大學、工作、加入組織、結婚、積極參與社區生活、換工作等等。在有些情況中，舊情境並未被新的所取代，而仍經常出入，因此，連結網絡有得以擴展的更大可能性。儘管當前的離婚率高居不下，在這過程中最穩定和持久的基礎仍然是家庭。

我們的理論預測，在個人和團體之中這些轉銜和情境間連繫在數量和本質上的差異，應該會產生在發展上的不同，其反應在後來成人生活階段中的琢磨活動、角色內容和社會互動的多元化範圍和程度上。這些預期需要數據的證實，然而，現有數據卻很零星。如同我們注意到的，人類發展的研究到目前為止集中在童年和老年兩個極端，對前者又更為重視。我認為，原因是缺乏一個連貫的理論架構，將在沒有迅速和易發現的生理變化階段時期的發展來源、過程和結果概念化。我希望在此發展出的生態模式，可以提供一個基礎給極須擴展的中年期人類發展之系統化研究。

我能發現到關於中間系統對成人發展的影響的最佳數據——很矛盾地——是浮現於關於情境對幼兒期發展影響的研究分支。我們之前看到把孩子安置在日托或幼稚園的母親，他們自己被孩子身上的改變所影響。這些對母親的影響因而展現在日托中心之外，甚至在家之外，也因此代表了中間系統的現象。

對母親發展的劇烈影響在母親和兒童同時參與的家庭本位方案也被觀察到。來看看 Karnes 和她同事以下的描述：

在本方案的母親所展現的能力和能耐，反應在他們對社區參與的增加。四位母親負責夏天啟蒙方案的招生。其中一個被聘為助理老師，後來被升職為主教老師。兩位母親在一次啟蒙方案的親職會議上，分享他們參與母親訓練方案的經驗。最後，總團體的參與呈現在一個區域性的經濟機會委員會會議上，召開此會議乃為了討論在社區建立一個父母兒童中心的可能性。十五位母親當中的十二位參加了這次會議，且實際上是出席的人中唯一來自當地鄰里

的。（1970, pp. 931-932）

Gilmer 和她夥伴在一個有關家庭本位和學齡前介入的方案中，報告了一個類似的結果。

沒被報告在結果部分的是，一個關於實驗組母親生活方式改變的仔細研究……其改變之大讓我們可能可以將母親生活方式的改變歸因於其在方案的參與，在此，我們有一些此研究最有趣的結果。然而，這些研究結果應該小心地被解釋，因為在 1960 年代晚期的兩年半當中，有許多社會改變發生。

我們仍發現許多母親繼續完成他們的高中教育，和報名培訓班以提升職業技能。一些母親在幼稚園和日托中心找到工作。當有五位母親有一段時間自己就是家訪老師。

母親的興趣和社區事務的參與變寬廣了，與其他社區成員的社交接觸明顯增加了。有合作出遊、輪流借書的圖書館，以及連父親一起參與的保齡球社的創立。站在維護統計控制的立場，一個反諷的方案結果是許多父母希望搬出房屋補助計畫，而住到更好的房子。有支票及儲蓄帳戶的人數增加了——這在研究開始之前，幾乎沒有父母有。

這些在生活方式上的改變，似乎是環境掌握能力發展的結果，也許可被期望對兒童持續的發展有一個支持性的影響。（1970, pp. 47-48）

顯然母親或家訪者的參與作為在家和學前方案之間的鏈接，不僅影響了兒童的智力表現（所有兒童的 IQ 都有顯著進步），還包括母親自己的發展，反映於在家之外，琢磨活動之程度和範圍的增加。

在一個老年人的發展研究中，Aldrich 和 Mendkoff（1963）利用自然的實驗方式：透過一個緊急關閉的殘障老人院，並遷移其院民到其他類似的住所。遷移的過程持續了大約兩年，涉及兩百三十三位患者，70%者年齡為七十歲以上。遷移之前，他們在那裡居住的時間為一到四十五年。「患者……從一個機構被安置到另一個機構，沒有考慮到他們的健康狀態或家庭關係，僅單一地出於行政必要……主要被遷移到同一社區中，基本素質相同或更好的養老院」（pp. 185-186）。

研究者有興趣的是，遷移對院民福祉影響的一般性問題，無論實際上發生和在預期中的。主要的結果測量是與年齡相當之死亡率的期望值變異度，在三個連續階段：在患者得知搬遷計畫之前、當患者仍在院裡等候搬遷，和在搬遷以後。根據前十年在院中觀察的死亡率計算依年齡調整的期望值。另外，研究者「評估每位充分了解到搬遷消息，並可以有可辨認的反應之患者的反應模式」（p. 404）。反應可依以下標題分類：哲學的、惱怒的、消沉的和否認的。

死亡率與搬遷過去後的月數間的函數關係分析顯示，死亡的數量在前三個月是一年中其他時間的 3.5 倍，其他時間觀察到的比率再度下降到預期的水平。等候搬遷時期的死亡率也比預期高，但這個影響未達顯著。最後，檢視死亡率的變化與患者對緊急搬遷消息反應的關係，發現了以下可信的互動效果：「生存率最高的是採取大幅改變或是公開表達生氣的患者；焦慮但沒有退縮的患者生存得

不錯；而退步、沮喪或否認老人院要關閉的患者的生存較差。」（p. 190）

實際死亡率的範圍從到最脆弱團體的 5%，到那些反應消沉或否認者的 45%。最可能生存的患者是那些用憤怒或明確接納承認來應付隨之的危機者；最不可能生存的是以消沉或否認來從衝突情況退縮的人。

根據他們的研究結果，作者提供以下建議：

> 既然患者會在三個月內死亡或適應，協助其對搬遷適應的努力應該集中在這個期間……主觀而論，個案工作明顯是有用的，能讓患者預備面對搬遷，且應能幫助減少死亡。理想上為達實驗控制，我們應該限制讓院民交替接受個案工作的幫助。然而基於實務和人道考量，不允許我們從任何患者團體扣壓個案工作的服務。因此，不可能確定是否任何沒這樣預備的次族群會有顯著較高的死亡率。
>
> 儘管煞費苦心的努力，搬遷的危險影響仍無法完全被消滅。最佳的預防是不要搬遷年長的身障人士。失能和精神病的年長者是最危險的，但是從實務考慮，他們卻是最可能被搬遷到其他機構的。（pp. 192-193）

這項研究的結果進一步支持我們關於中間系統特質中，對維持發展最有利的幾個假設。它們強調特殊團體（在這個例子中是年長有障礙的人）處在被隔絕的情境特別脆弱（假設 37），以及他們轉銜到一個新情境之前，對資訊、忠告和準備經驗的強烈需要（假設

41）。另外，與假設 27 一致，若發現患者的死亡率較低的話，將會頗具啟發性：即在他們朋友陪同下遷移到新機構（或者，根據假設 35 和 36，搬入有一個或更多他們的朋友已經先或隨後會搬進的家園）；無論在舊或新的地方，家人或朋友更加頻繁地探訪；或者遷移到「已經從院方接受了二十八名患者……以及許多工作人員和一些宗教團體主辦的活動」的機構（p. 186）。

就對發展過程的影響而言，什麼是最重要值得研究的生態轉銜和情境間連接？就在童年和青少年期的發展來說，現有的證據看來指向三重情境，牽涉到家庭、學校（包括日托中心和幼稚園），和同儕團體。就成人發展來說，缺乏數據使這個問題較難回答。但是，從一個跨文化家庭支持系統方案的第一階段預試，有些清楚的指標浮現出來（Bronfenbrenner and Cochran, 1976; Cochran and Bronfenbrenner, 1978）。這個預試是設計來測試一個估計幼兒父母所體驗到的壓力和支持來源的工具。在七十個家庭的樣本中，最常見的壓力來源是工作情況，特別是工作時間和必須在晚上和週末加班。相反地，那些在工作時間表上有彈性的父母認為，這是一種支持的來源，僅次於令人滿意的兒童看顧安排的可及性。而且，這些回應者指出，他們的工作是一個在他們的父母親角色之外，達到個人成就感主要的管道，對婦女（相較於男士）更是如此。

總而言之，在一次以家和家庭為出發點的預試，顯現出工作領域成為成人中間系統的一個關鍵情境。工作情況被認為是有力地影響身為父母的回應能力，而且推測這樣的影響會擴及兒童。但是，至少在美國社會，父母的工作場所不是一個兒童經常去或待非常長時間的地方，因此，它在一個兒童所處的生態模式中，是被安置於外圍系統的範圍。如我們將了解到的，它的外圍性只在於它的位置，不在於它決定兒童發展的可能性和過程的力量上。

第十章 外圍系統與人類發展

外圍系統被定義為並未包含發展個體為主動參與者的一個或一個以上的情境，然而，該情境所發生的事件會影響發展個體，或是被其所影響。接著，要證明外圍系統的運作為一影響發展的情境脈絡，必須建立其因果順序，至少包含兩個步驟：首先，外部情境所發生事件連結到正發生在發展中個體的微觀系統裡的過程；接著，連結微觀系統的過程與該情境中個體發展上的改變。這個因果順序或許也會反向運作。發展中個體在微觀系統內啟動運作，而在遙遠地域有所回響；但不論是其中任一種情況，都必須顯示兩階段順序的發生。

現有文獻中，極少是符合上述雙重要求的。相反地，一方或另一方的連結經常被視為理所當然。因此，關於兒童受到當下情境以外的環境影響，所造成發展結果的研究常見兩個模式。其一，研究者呈現外來影響對情境內發生的過程的衝擊，並且假設，或者是留待他人來假設，這些過程有其發展上的後果。另一策略則是跳過中介階段，直接呈現連結——經常只是統計上的相關——外在大環境的一些面向與一些發展方面的結果，而忽略微觀系統中可能涉入的過程。

文獻中經常訴諸的是某項無連結的策略，非常少見清楚呈現兩步驟順序，以致我沒有太多的選擇，只能引用不完整、有某部分遺漏，或是只能透過意在言外來呈現關於假設的連接的例子。儘管如此，我努力選擇接近理想的實例來說明，或者，至少研究者發現其研究設計並未建立哪些連結的實例。

在因果順序上，無法建立從外圍系統開始的最後連結，最常發生在關於來自外部的影響左右家庭內的社會化的研究中。在此被遺忘的人物是兒童。有令人信服的親子互動模式差異的證據認為這些差異將會影響兒童的行為和發展，其假設通常並非不合理。此處首先引用這類研究特別具有啟發意義，研究完全沒有呈現兒童實際行為的任何資料，卻顯示兒童對於父母行動的影響力，並不少於父母對兒童的影響，而且，兒童的影響擴及家庭以外、他從未進入的情境——亦即兒童外圍系統的一部分。

我發現唯一有系統化地檢視父母的社會網絡和家庭內社交互動間關係的研究，卻忽略了兩步驟過程的議題，只聚焦於參與的各方直接連結的可能性。McAllister 及其同事（1973）檢視父母的社會互動（不論是家庭內或家庭外）與家庭中有身障兒的關係。令人遺憾的是，此研究設計顯示出傳統研究模式的限制特徵：只針對研究對象提供系統化的行為資料——在此例是父母。研究者使用同質性的樣本，即住在南加州城市的北歐裔英語系美國家庭。在總共 1,065 個家庭中，根據一份改編自 Vineland（Doll, 1953）和 Gesell（1948）發展量表的特定編製測驗，所得分數顯示兩百八十一個家庭有一個或一個以上的兒童有「行為障礙」。家庭內互動的測量方式是由母親報告父母讀故事給兒童聽的頻率，父母跟兒童談論「他們的朋友、問題或其他類似事情」（p. 96）的頻率；家庭外互動的評量方式也是由母親報告父母加入義工團體組織會員的狀況，以及跟親戚、鄰居、朋友、同事連絡的情形。

與所預期的一致，家有身障兒者在家裡的親子互動程度較低，如同研究者正確地指出：「這些資料無法決定其因果，所以，是否由於行為障礙而使家庭的互動較少，又或者是否兒童的障礙是家庭互動較少的結果，問題仍存在著。」（p. 97）家庭外互動的相關結果的差異是在禮節的向度。是否有身障兒與家長成為團體組織的會員並沒有相關；可是，卻有一可信的趨勢，家有身障兒的家長在某種程度上較少拜訪鄰居與親戚，母親更是如此。此外，家有身障兒的父親拜訪其同事的時候更是顯著的少。父母與朋友的互動顯示類似的趨勢，但其差異並不穩定。

研究者解釋這樣的結果模式反映出有身障兒的家長脫離家庭外的活動和關係的趨勢，與所處的社會情境脈絡中兒童是否顯得突出有關係。因此，在社區鄰里的參與情況最為不同，「身障兒童在那裡最明顯」；最不受影響的則是正式團體組織的成員，因為父母「可以參與，而沒有必要讓他人得知家有身障兒一事」。對於親戚和朋友的關係，所觀察到的拿捏分寸尺度似乎是各種動態情況下的結果：因為「在親密熟悉關係……缺陷是無法隱藏的」（p. 98），在這些親近的範圍內，對於社會活動的影響便不會那麼明顯。

無法發現有和沒有身障兒父母所加入的團體組織數目間的差異，促使研究者提出以類別來區分團體組織的假設。

我們……認為，那些家有身障兒的家庭，隸屬於身心障礙團體者與加入傳統取向的團體組織者相比，前者較常跟朋友、鄰居和同事共處分享。這個假設的基礎是認為，參與身心障礙團體組織的家長已經對兒童的障礙達成妥協，而那些尚未與障礙達到妥協的家長比較會「退縮」，

也比較少跟鄰居、朋友和同事相處分享。(p. 98)

研究者表示無法測試此假設，但沒有具體說明原因。更加遺憾的是，所提出的這個公式展現的外圍系統類似於假設 34，其強調在中間系統的層次、在情境間的目標共識，以及角色與代表發展中個體的行為之間相容性的重要性。外圍系統的觀點只有在區分兩個系統層次的屬性上才有所不同。在一個中間系統內，發展中的個體在兩個及互補的連結裡，都是活躍主動的。在此研究中，我們若是考量到發展中的個體為身障兒或是沒有障礙，那麼，這個個體主要是處於家裡。既然此研究評量的是父母在社區的社會互動，其所提供給家庭與家庭外情境之間的連結，在此研究中所檢視的，便為兒童構成了一個外圍系統。

不論是假設 34 或是其他任何假設都未確切說明中間系統的最佳結構（假設 35 到假設 42）需要考慮到發展中的個體出現在所有的情境。因此，誠如所言，這些假設可應用於中間或外圍系統，在兩個層次上其實都是正確的。換言之，就人類發展的觀點而言，定義中間系統的最佳屬性（包括：連結的型態、溝通，以及知識的可及性），同樣也構成外圍系統最佳狀態。

我為 McAllister 及其同事無法測試關於父母在社區外的社交參與之外圍系統假設感到惋惜。更令人遺憾的是，從我們的觀點來看，一方面是無法提供資料來檢視家庭內與家庭外互動的關係；另一方面則是沒有資料檢視與兒童行為與發展之間的關係——無論是否有身障的兒童。若是可以得到這樣的資訊，便有可能在外圍系統的層次測試假設 35 中的原則。其原則確認藉由來自外部情境支持鏈接的存在，可增進一個情境的發展潛能。將其應用於 McAllister 研究中的家庭，此主張引發以下預測，即在家庭情境和外部環境之間有越多數量的支持性鏈接，對於父母與兒童的互動將會有更大的影響。轉換成統計上的形式，此預測意味著相較於在家庭外沒有什麼鏈接的家庭，具備大量社交網絡的家庭在親子互動的測量與發展結果之間有較高的相關。此外，根據研究者的假設，外部連繫對於家有身障兒的家長來說，甚至可能會涉及負面經驗；而判斷家有正常兒的家庭，在相關程度上的差異應該是較小的。預測模式類似於 Klaus 及其同事（1970）（也沒有對兒童的行為提供資料）所得到對比的結果，對正常出生與早產新生兒的母親提供更多接觸的機會：實驗成效對於前者的影響顯著勝於後者。此處又是再次對於在生態環境中不同層次的關係之間展現相同型態的現象，在這個例子裡是一個外圍系統，牽涉到父母的社交網絡，以及醫院產房的微觀系統。

在選擇於兒童外圍系統所發生的狀態或事件，作為自變項的研究中，欲報告兒童微觀系統的特徵但卻只簡略地描述兒童本身，是益發常見。我再選擇一個接近完整外圍系統模式，甚至其對發展影響的假設似乎相當合理的實例。

關於有利於受虐兒或其防範的環境因素的研究是很好的例子。Giovanoni 和 Billingsley（1970）研究低收入家庭中的受忽略兒童，企圖要確認環境情形與父母對待兒童方式的相關。預測兒童受虐不外乎下列因素，例如：子女數、單親身分、不當的居所和就寢安排、沒有電話或手錶，以及極端貧窮和長期處於貧窮狀態的其他相關結果。在這些家庭的生活中存在兩個有預防作用的環境因素：具功能性的親屬關係網絡和教會參與。研究者評估其發現，推論「在低收入者之間，忽略似乎是一個社會問題，任何個別父母的病態就如同社交和社區狀態的一種表現」（p. 204）。

來自紐約州五十八個郡，對受虐兒通報和社經、人口統計資訊的大規模相關分析（Garbarino, 1976），得到明確的資料，研究者表示：「在紐約州（三個樣本），發現兒童受虐比例的大部分變異度與母親在親職上沒有足夠的支持系統，以及容易受到經濟壓力有相關。」（p. 185）

對於電視在兒童生活中的角色，大部分的研究都聚焦在其直接影響，主要是會引起攻擊和暴力（Liebert, Neale, and Davidson, 1973）。生態分析則提出了另一個可能性，過程較迂迴，但其潛在結果卻不見得較不令人困擾。如同我曾經在某處寫過的：「就像是古代的魔術師，電視設下魔力，只要魅力持續著，能把態度和行動瞬間凝結，把活物轉換成寂靜的雕像。電視螢幕的主要危險性並不在於引起的行為，反倒是制止的行為——交談、遊戲、家庭慶祝活動和爭論。兒童的學習乃是透過這些而發生，且形成兒童的特質。」（Bronfenbrenner, 1974c, p. 170）

尋找此議題的相關研究文獻時，Garbarino （1975）只能夠找到一篇研究是直接論及這個問題。Maccoby （1951）在一個田野調查中發現，78%的回應者表示，除了特定的時間（像是廣告）外，觀看電視時沒有談話發生；60%則報告觀看電視時並沒有從事活動。Maccoby 以其發現為基礎，做出以下結論：「就在場的家庭成員來說，電視氣氛在大多數的居家生活中，是全神貫注的安靜活動之一。在節目的過程中，家庭社交生活的本質可以被形容為『平行』的，而不是交互的；開著電視時，電視機確實似乎完全清楚掌握了家庭生活。」（p. 428）

Maccoby 的研究在四分之一世紀前便已經發表了，之後並沒有針對這個問題更進一步探討的研究。其間，此問題隨著電視、電視文化的快速成長，媒體對於家庭生活的影響變得更為普遍，也更為深入。結果是否造成家庭模式的改變？接著進而影響到兒童的行為和發展？完全不得而知。

由於電視節目是從外部來源進入家庭，便構成兒童外圍系統的部分。甚至，這個強大媒體並非直接發揮其影響力，反倒是透過對於父母以及父母與兒童的互動而作用。它代表另一個二級影響的實例；在此，並非完全在微觀系統運作，而是跨越生態的邊界成為一個外圍系統的現象。因此，我們再次從生態架構的不同層次看見關係的同型性。

對於外圍系統影響的研究中，另一個省略策略是記錄兒童或是其他發展中的個體在行為上的不同結果，可是，卻忽視在概念、操作上——甚或兩者兼具——介入的情境脈絡和過程，其將外部狀態或事件連結至可觀察到的發展改變。此連結通常被假定是立即、直接的，而不予考量更為複雜卻同樣看似有理的過程。

以下實例貼切地提供了一個精緻講究的生態研究：公寓噪音對於兒童的聽覺區辨與閱讀能力的影響（Cohen, Glass, and Singer, 1973）。下列是作者關於其研究設計和數據資料的摘要：

本研究檢視兒童聽力、口語技能與家裡噪音之間的關係。高速公路的交通是噪音的主要來源；在一棟高層建築住屋所發展出的原始分貝測量，可以使用樓高作為公寓內噪音強度的指標。在三十二層樓高的建築物，住較低樓層的兒童跟住在較高樓層公寓的兒童相較，其聽覺區辨與閱讀成就會展現較嚴重的缺損。聽覺區辨能居中調節噪音與閱讀缺陷之間的關係，以及居住該建築物的時間長短，也影響噪音和聽能區辨之間的相關程度。另外的分析排除了社會階級變項與生理受損影響聽覺區辨的解釋度；然而，排除社會階級之淨相關，確實在某些程度上降低了噪音和閱讀缺陷的相關程度。其結果解釋為儘管兒童對於噪音能有所調整，對長期行為的事後影響確實存在。（p. 407）

研究者認為，他們的研究是相對於實驗室研究的真實生活研究所發現表現的下降，是曝露於噪音下直接的事後影響，並以相同的模式來解釋結果。不過，這兩種情況並非完全類似，因為真實生活的情境還包括其他人，不只是所選出作為研究對象的兒童。而且，這些其他人是兒童的父母和其他家庭成員，也曝露於交通噪音中，非常可能也受其影響。兒童聽覺區辨和口語能力的缺損原因，不只可能是與在噪音環境中跟他自己的聽力困難、不容易維持注意力有函數關係；同時，也可能是因為在兒童周遭的其他人（特別是父母親）一樣受到類似影響：較少跟兒童交談，大聲朗讀，或是糾正兒童的口語發音。沒有資料可以證明，這樣的二級影響是否存在，可是，如果讓這個情境的其他參與者也囊括在研究設計中，以及訪談其關於跟兒童的口語互動，或是兒童出現時的口語互動活動的性質和發生頻率，相關的資訊早就已經可以輕易取得。

這樣的情形是可能發生的：雖然完全認可家庭是外部環境和兒童之間的調節媒介，不過，卻無法證實任何調節過程實際發生。來看一個常見的例子；已經發表過的無數研究中，記錄了兒童行為因社會階層的差異（詳盡摘要請見 Clausen, 1966; Hess, 1970）。在大部分的這些研究中指出被觀察到的影響，其立即來源為家庭內社會化的不同，但卻沒有明確地建立因果連結。為了保險起見，同樣大量研究顯示，社經地位在父母教養價值與實務上令人印象深刻的差異（如前之文獻回顧）；其對於發展的啟示是具有說服力的引述，可是，並沒有確實明證。從這些方面來看，社會階層和社會化對於外圍系統對發展影響的研究，呈現出某種標準模式，亦即無論兒童或是家庭都被排除在實證公式之外。

還有一些不是那麼多但仍然不少的研究（如前之文獻回顧），對於同一家庭的父母和兒童所提供的社經地位差異的資料，其結果又如何？這些難道不是成熟的外圍系統分析（其因果順序包含完整的兩步驟，而不是假設出來的）的例子？可惜的是，此拼圖還是遺失了兩塊。第一塊是方法學上的。在父母社會化實務和兒童發展結果的測量兩方面，不同社會階層的家庭都展現持續的差異；這個事實並無法建立後者是前者的函數關係，因為兩者可能都是其他相關社經地位之變項，或者的確是社經地位本身的直接產物，像是：收入、教育、職業、家庭大小、單親身分等。為了要對因果關係提供具有說服力的證據，至少有必要在同一階層內和跨階層之間，證明兒童的教養模式和發展結果的測量是顯著相關的；換言之，控制這些干擾因素之後，例如：父母收入、教育、職業、婚姻狀態和家庭大小。令人訝異的是，我還沒有發現任何以這樣分析進行的研究。

在這個領域現有的研究中還有第二個問題。這個問題是實質性的而非方法學上的；就生態觀點而言，這形成一個更大的缺失。關於發展的研究，若不是在社會科學的一般方面，社會階層已經很典型地被認定成是一個線性變項，並不是從系統的觀點被視為一個生態的情境脈絡加以分析。這樣的分析需要檢視情境，反應於操作型定義所指的社經地位，以及角色、活動，和個體進入這些情境必然會參與的關係。

由於社會階層經常被定義為收入、職業、教育，偶爾是居住地，這些情境所包含的是工作場所、學校，有時是附近鄰里。若是對於社經地位的發展結果感興趣，應該要問以下兩個問題：第一，對於多元化的社經階層的情境，居於其中的人在角色、活動和關係上是如何的不同？第二，對於這些人的發展，不同經驗所造成的影響又是什麼？

我知道只有一位學者已經認知到這些問題的重要性，而且在他的實證研究中紮實地追尋答案。可以理解的是，他並沒有試圖解決社會階層定義中所指的所有（三個）情境領域；不過，卻很有智慧地只專注於其中一個——父母的職業，雖然他的研究對於學校也有重大發現。Kohn 及其同事（1963, 1969, 1977; Kohn and Schooler, 1973, 1978）在過去二十年，進行了一系列的研究有系統地探索角色要求，以及對於該工作者的發展的影響——不只是在工作上，也在生活中其他主要的情境上（家和家庭）。儘管 Kohn 對於社會階層的處理，脫離既有的社會科學取向——就我們的觀點來看是令人惋惜——但仍依循研究外圍系統影響兩個主要策略中的第一個：只看對於父母的影響，卻沒有對於兒童本身的影響。

Kohn所問的一般研究問題絕對不是簡單的。注意到社經地位其實是人類活動的每個面向的普遍變異來源，他試圖發現「是什麼造成『階層』對那麼多人類行為的重要性」（1969, p. 3）。操作上，Kohn從一個更集中的焦點開始：社會階層對於價值觀發展的關係。然而，Kohn研究的重要性並不在他開始的地方，而是他所達到的。沒有明確地利用生態模式，他很顯然是從一個巨觀系統的現象著手——社會的階層結構，然後，在一個特定生活情境的微觀系統層次來追蹤其表現。研究有孩子的已婚成人，Kohn發現，價值觀系統的主要差異跟社會階層的位置有關，其焦點圍繞在於自我引導相對於遵從外部權威的議題，無論是相關於父母的價值觀、自我概念、對於工作的態度，或是社會定位。

> 一個人的社會階層位置越高，他重視自我引導的可能性便越大——不論是對於他的孩子或是自己；可預測這個人的定位系統是基於自我引導是既可行又有效的的信念。一個人的社會階層位置越低，他遵從外部權威的可能性便越大，相信遵循權力的命令是最明智——或許是唯一可行——的行動歷程。（1977, p. xxvi）

反之，從父母和兒童的獨立報告可評量出這些價值觀影響成人的行為，特別是在親職實務的範疇。「有證據……清楚地指出，中產階級的父母對於自我引導有較高的評價，勞工階級則是對於遵從外部權威有較高的評價，影響他們身為父親與母親之間的教養訓練和責任分配工作，像是提供孩子支持，以及加諸約束於孩子身上」（p. xxxiii）。

Kohn 建立這些不同的類型之後，著手尋求個人階級位置的特徵，以說明其出現的原因。他的第一步是評估許多可能跟社經地位有關的心理和社會因素，結果基本上是負面的。

> 對家長價值觀與階級的關係並沒有跟父母抱負、家庭結構，或是——在我們能夠測量的範圍內——家庭動態有函數關係。對於價值觀和定位與階級的關係，通常很清楚地不會跟社會架構中的種族、宗教，或國籍背景等階級相關向度成一函數關係；也無法由像收入和主觀階級認定的

階層面向，或由只碰觸到階級分層、階級起源或社會階層流動的部分條件來做解釋。最後，階層關係並不是由職業的重要（雖然從我們的觀點是膚淺的）面向所造成的，像是工作的官僚體制或企業情境、時間壓力、工作不滿，或是許多的其他變項。在解釋社會階層對其他社會現象的關係上，上述因素的任何一個都可能是重要的；可是，解釋階級為什麼持續地跟價值觀與定位相關時，上述因素則沒有任何一個是重要的。（1969, pp. 189-190）

之後，他檢視被包括在評量社會階層本身的變項，基本上是以職業、教育和收入的某些組合為基礎。因此，Kohn試圖在其成人男性樣本的價值定位上，確認出每一種的相關影響。收入（隨個人自己階層位置的主觀認定），結果是最不重要的。關鍵因素是教育和職位，尤以前者占有優勢：「教育是兩個向度中更具影響力的，更強烈地與父母價值觀、自我價值、對於工作外在特色的判斷相關，以及——所有相關最強者——主張服從權威的保守傾向。」（p. 132）[1]

而且，教育的作用顯然不受工作狀況影響。「教育對價值觀和定位的關係，並沒有那麼大地受到職業經驗，或是我們所檢視的任何其他經驗所影響。對於男性的價值觀和定位，教育的重要性——至少在1960年代中期的美國生活狀態之下——是大的，無論男性隨後遇到什麼情況」（p. 191）。

教育是如何造成這些影響的？雖然 Kohn 對於工作情形進行系統化的分析，並做出下述的報告，但他並沒有分析教育情況。這個部分的訊息僅限於受教育的年數，被視為一個線性變項。[2] Kohn 確實提供了一個相關假設，並提出一些間接證據作為支持：「教育提供智能的靈活性與視野廣度，而這對自我引導的價值觀與定位是很重要的；缺少教育勢必嚴重阻擾個人能夠自我引導的能力。」（p. 186）與上述解釋一致，統計控制靈活性的測量（以男性在訪談中如何處理問題為基礎）確實降低了教育程度和價值定位之間的相關。

矛盾的是，被 Kohn 選擇作為主要分析情境的是父親的工作情形，其結果提供另一個學校經驗的面向促進智能靈活性的指標。以訪談資料為基礎，從最後成為主要的三個參數來分析每一項工作：工作的實質複雜性，包括事情、資料、想法和人的範圍；必要工作的例行規律程度與重複程度；以及督導的嚴密程度。然後，找出工作情形的這些面向與每個人對下列領域的價值定位之間的相關，這些領域為親職、工作、本身和整體社會（包括：主張服從權威的保守傾向、道德標準、信任和立場改變等參數）。工作經驗的某些關鍵面向影響了上述所有的範圍。Kohn發現：「具關鍵影響的乃是會決定個人在工作上能如何自我引導的那些職業狀態，也就是完全沒有嚴密的督導、非常複雜的工作、非例行流程的工作。這些職業狀態與下列兩者有其實證上的連結，即重視自我引導的價值觀，以及在對個人自己和外面世界的定位上與此價值觀呼應等。」（1977, p. xxxiv）

我將原本由 Bowles 和 Gintis（1976）所建議的想法加以擴展闡述，提出一個教育經驗的平行分析，特別是當兒童從小學階段，經由國中和高中，晉升到大學時，將會在這些相同的參數上展現差異；反之，也在生活的所有領域中與價值定位、相對應行為的改變相關。個人進入學校越久，越會經驗到沒有嚴密的督導、非例行的流程、實質複雜的工作和自我引導的機會；如果就學程度維持不變，較低階層與較高階層的兒童在學校內和學校外的經驗，再次地在這些參數上最容易展現不同。這樣的思路提出，在教育研究上要系統化地研究活動中所發生的改變的重要性，從一個年級到下一個年級，從一個學校到另一個學校，以及在一個特定的教育情境裡來自不同的社經、種族、文化團體。

雖然 Kohn 使用不同的術語，可是顯然地，從我們的生態模式觀點來看，他提出的工作情況的三個關鍵特徵，代表了影響成人在其工作情境中的行為與發展的特定活動、角色和關係。此外在相當不同的情境中，以成人與兒童為對象進行的研究，所得的結果很符合我們的假設，即參與複雜的琢磨活動對心理成長的重要性，而此琢磨活動乃發生在一個權力平衡且有益個體發展的社會情境脈絡。

最後，透過證明個人在工作情況下所產生的定位傾向會繼續帶到家裡，並反映在身為父母的價值觀與實務上，Kohn的發現指出，工作情境作為一外圍系統，具有間接地影響兒童發展的重大影響力。很明顯的可知：基於父親職業水準的家庭社經地位在預測母親的親職行為上，更勝於預測父親的親職行為（1969）。Kohn認為的理由是父親比較少在意兒童的行為。從生態觀點來看，父親的工作狀況影響母親如何對待兒童的事實，正意味著在一個外圍系統內的一個三人結構跨界限的運作。

至於我們曾經探討的其他研究，其仍有待證明在父親工作場所產生的價值觀和行為傾向，所形成親子互動的特定模式。實際上，的確造成兒童發展上的變化，可從在不同情境下，兒童獨處時或是跟其他人的活動中反映出來。

研究設計的進行一旦使用兩階段因果順序的論證，都可以發現所有像這樣的變化。從一個訪談資料的事後分析可證明。其一是來自在墨西哥進行的改革實驗；另一個則是從加州一個城市的田野調查結果而來，研究當地少數族群兒童的發展。

Almeida（1976）在墨西哥市的貧窮地區研究，提供一個為期八週的關於兒童發展的訓練課程；一組是老師單獨受訓，另一組則是老師與父母一起。當地附近有六個點，每個點的一個六年級的班級被隨機分派在實驗介入組（父母加上老師），以及另一個在控制組（只有老師）。每週兩小時的訓練課程；執行訓練者為在當地工作和居住的居民。研究者假設，父母的參與將會促進兒童的動機與學習；而父母、老師和兒童方面，則會增加彼此的了解與價值觀的共識。以上兩者間有一函數關係。

Almeida 的發現在方法學與實質上都具有啟發性。實驗組和控制組之間的差異於各組內個別施測時，在大部分的結果測量上都證明是顯著的，就像典型的心理實驗過程所做的一樣；然而，在各點的鄰里內，針對配對的實驗和控制教室，基於各組間的差異，測試其適當的誤差值，沒有一個介入影響是顯著的（換言之，實驗影響勝於變項差異只發生在個人之間，而不在鄰里之間）。之所以造成這個現象，因為在某些點的介入是有效的，但在其他點則否。事實上，儘管並不如實驗教室所達到的成效那麼大，在某些特定的鄰里地區，控制組也呈現顯著的效果。

由於每一對配對的教室是位於相同點的兩所學校，Almeida 想到鄰里附近的一些特質（例如：學校和社區的關係或種族間的張力），或許可以解釋這不同的影響。因此，他回到每一個地區訪談父母、老師和學校人員。透過這個探索，Almeida 發現，位於社會網絡發展最佳鄰里的學校展現最大的收穫，導致有些實驗組和控制組的家庭實際上會彼此交流溝通。在這些情況下，不只是實驗組教室，還有控制組都顯現進步，想必是平行擴散的關係。的確，當 Almeida 回到墨西哥市後續追蹤訪談時，他發現有一個複製的父母參與方案在要求之下成立，在這個方案中，為了先前為控制組的家庭的益處，來自實驗組的一兩名家長成為方案的領導者。

Ogbu（1974）的人種誌調查，研究學校和更大的社會中其他情境之間的相互關係，對於外圍系統對學校功能所造成的影響，提供了最為清楚和深入的探討。身為一名人類學家，Ogbu被要求進行一項關於對低年級學生介紹雙語（英語和西班牙語）教學方案的研究。他廣泛地定義其研究任務，也企圖了解社區居民、老師、學校行政人員和學生的教育信念與行為，並且，試圖解釋在社區學校中所發現的高失敗率。

Burgherside是一個位於加州Stockton市內邊緣的獨立地區，人口主要是黑人和美籍墨西哥人。Burgherside的小學是Stockton學校系統的一部分，教職員工是由中產階級的專家所組成，並不住在附近。Burgherside 的居民收入低，許多出生於墨西哥或是美國東南部。

Burgherside的兒童在學校的表現非常差，不管使用什麼可用的測量；他們的分數在全國範圍裡是較差的，在成績單上的等級是低的，輟學率則是高的，繼續升學至高中以上的比例低於平均。Ogbu提到，當時對於窮困和少數族群兒童在學校的失敗的三個解釋是文化剝奪（或差異）、差勁的學校，以及先天劣勢。他拒絕上述三個解釋，而提出第四個：就「次等」的少數族群成員而言，他們可用的社會和經濟流動的機會有限，在學校的失敗正是一種對此現象的調適作用；換句話說，教育的不當代表了一種反應，回應在更大的社會情境中所發現的歧視議題。

Ogbu所謂「次等的少數族群」，包括：黑人、美籍墨西哥人和美洲印第安人；他們與「移民的少數族群」的區別在於後者自然成為美國人。他指出，「次等」與「移民」的少數族群在社會地位以及在學校的典型表現有所不同。

研究者訪談了 Burghersiders 的成人及其兒童、學校人員、附近鄰里的居民，以及 Stockton 的中產階級居民與社區領導者。他定期參與社區會議和社交事件、在家庭和學校中觀察，並檢視學校的紀錄。這樣蒐集資訊的方式給了他一幅 Burghersiders 所持的教育信念，和有關這些信念而產生的行動的圖像；也揭示出「納稅人」—— Stockton 中產階級居民（包括學校人員）——對 Burghersiders 的想法。

這些資料讓 Ogbu 做出結論，認為在學校的失敗是一種對歧視的調適作用，也隨之帶來對於在成人生活中職業與社會成就參與的阻礙。他描述這種調適作用在學校和社區層次中有三個要素：學生沒有表現出最高可能的水準，學校人員和父母之間的主顧關係，以及學校人員把教育問題定義成臨床問題。

第一個要素是學生沒有表現出最佳水準，也是 Ogbu 對於次等少數族群跟其他學生在標準化測驗分數之間有所差異的解釋——至少是部分差異。他認為，在 Burgherside 的兒童以及其他像他們一樣的兒童，在那樣的測驗中完全沒有企圖要考到最好的分數；他們在學校也不想得到可能的最高成績。他引用與學生的訪談，幾乎毫無例外地，都表示對「中等」成績感到滿意，而且沒有理由需要每天上學。

Ogbu 訪談的學校人員和 Stockton 其他中產階級者經常告訴他，之所以有這些態度的原因，來自父母對他們兒童的低期待；可是，Ogbu 自己詢問那些父母，以及自己測量他們兒童的志向抱負時，卻顯示相當高的職業與教育期待；而且，他親眼目睹並被告知關於這些父母鼓勵他們兒童在學校要好好表現的許多方法。Ogbu 從他的訪談和親子互動的觀察中，推論出父母正在傳達兩個訊息。他們確實鼓勵他們的兒童在學校要成功，要立志爭取高地位的職業，而兒童也往往內化這些期待；然而，這些父母也告訴兒童，他們將成為歧視下的犧牲者，以及他們最為艱苦的努力將成為泡影。與第一個訊息相較，第二個訊息比較不是有意識地被透露出來，但經常被深藏在他們本身或是熟人遇到歧視狀況時的看法或故事裡。第二個訊息的影響很明顯地不僅是表現於在學校的失敗，同時，兒童也普遍傾向懷疑他們所能夠達到他們宣稱的更高目標。

Ogbu把「納稅人」的標籤用在Stockton的中產階級身上，是從他們本身對自己的描繪而來，也道出他所謂代表Stockton中產階級的學校人員與 Burgherside 的父母之間的「主顧關係」的大部分意思。他反諷地利用這個專有名詞，也說明了Burgherside居民有相當高的百分比擁有自己的家，所以有繳付財產稅。這些「納稅人」為Burgherside 的學校，也為 Burgherside 的年輕人要進入的中學做重要的決定。學校老師、輔導顧問和行政人員一致參與在這個團體裡，而且認為自己是 Burgherside 的代表。

主顧關係可在許多方面展現出來。在學校和其他社區中心召開會議，討論「Burgherside 的問題」；居民確實參加了，但卻是由「納稅人」來說話、定義問題、解釋如何處理，然後通知居民必須如何做以確定計畫的執行。Burgherside 人沒有表達他們真正的意見，也沒被要求如此做；他們只感受到忿恨，這種情形很少會、甚至不會有所改變。

學校人員經常會用溝通不良作為學校表現令人不滿意的一個原因，可是，他們所隱約定義的溝通是一個單向的過程。雖然學校會藉由通知、電話和親自拜訪傳遞訊息到Burgherside的家庭，而父母卻沒有被給予機會來說明他們關心的事。當一名有效能的學校校長調動到另一所學校，是因為他在Burgherside表現優異的同時，這些父母感受到的憤慨被限於鄰里之內，因為他們並未被徵詢關於學校系統的作為。他們認為，雙語教學無法幫助他們的兒童在學校表現得更好——尤其是來自說英語家庭的兒童，他們的意見未受到重視，是因為整個態度認為像這樣的決定是由別處而來，這些父母的角色是接受和支持這樣的決定，不管學校人員使用什麼樣的方式推薦。

在學校人員和父母之間的主顧關係之基礎，Ogbu認為是「三個迷思的運作」。第一，父母參與在學校會提升課業成就。他比較父母參與和不參與學校的學生，發現他們在學校的成績並無差異，以實證經驗來面對此說法；他也提出一些個案，是父母參與對學生的成績並沒有影響的。最後，他指出在這種普遍性的不平等關係之下，不應該期待父母的參與會帶來任何作用，除非也許老師對展現適當敬意的兒童家長有較多的同理心的情形下。

第二個迷思是Burgherside的家庭沒有父親。雖然女性主導家庭的數字是高的，但即使是非常關心孩子在學校表現的父親，Ogbu發現其也不會到學校，因為在黑人和美籍墨西哥裔男性中，都認定學校參與是女人的工作。第三個迷思是Burgherside人處於一個福利循環之中，一代傳一代，此循環鼓勵了高生育率和私生，反而不鼓勵在學校的好表現。Ogbu 發現，這個信念跟 Burgherside 人的生活歷史與其對於福利的態度是有所衝突的。此外，相較於家庭接受福利的 Stockton 學生，以及未接受福利的低收入戶兒童，他們的兒童在學校的表現比起來並沒有顯示出任何可能的差異。

在學校失敗的第三個要素可視為對歧視的一種調適回應，就像第二個因素，反映出「納稅人」定義下的情形。Ogbu發現，學校人員，特別是輔導的諮詢顧問，企圖把教育問題定義成臨床問題，犧牲課業協助以尋求臨床上的治療。輔導的諮詢顧問把自己當作治療師和診斷醫師；他們花時間去做門診轉介和一對一的治療諮詢輔導，而不是在像選課這樣的日常課程事務方面提供極為需要的建議。

至於老師，這樣的趨勢表現在普遍的態度上，認為學生由於他們貧困的背景是無法學習的。結果是標準降低——老師就像學生一樣，表示對「中等」成績感到滿意，於是，發現學生之間或是同樣的學生在不同時間的表現少有差異。Ogbu追蹤長期以來成績報告上對於行為和工作習性的意見，顯示在更高的年級時，行為並沒有改進。

把教育問題定義成臨床問題，以及在「納稅人」和Burgherside人之間的主顧關係，造成各種教育改革強行施加於社區以解決所謂的「文化剝奪」，卻沒有去了解父母或是得到父母的同意，也沒有提及歧視和失業的真實現況。

Ogbu的研究直接支持學校、家庭和鄰里之間的相互連結，以及經濟狀態和社區態度對學校學習成效的影響；而且，他著眼於這些連結中所涉及的過程本質，而不僅僅是在低收入、少數族群的地位，以及不佳的學校表現之間的統計相關。從這個觀點來看，他的研究完全符合在此所提出的理論取向。他的研究確實是一個生態研究，從學校所嵌入的中間和外圍系統兩個層次探究學校的學習成效。他的研究充斥著實際支持關於在兩個系統層次的情境之間直接和間接連結的所有假設的結果。尤其是 Ogbu 的結果強調以下的重要性：雙向而非單向的溝通、精確資訊的存在、相互信任、正向氣氛、在團體間的目標共識，並且，最重要的是權力平衡，以回應發展中個體的需求與那些為他所付出的努力。

Ogbu 的研究提出，在中間和外圍系統有幾個其他特質值得注意，對人類發展有著儘管間接卻深遠的結果。我們要警覺到這些特質是在 Ogbu 集中注意的兩個主要族群團體，其社會地位在所處的社區內有極端的懸殊差異：一方面是「次等的少數族群」，另一方面則是「納稅人」。很顯然地，這些族群團體屬於不同的社會階層，可是，在他們生活造成差異的主要並不是收入的不等、職業的地位、教育，或是他們居住的地方；關鍵因素在於這些族群成員能否進入的情境，以及在這些情境中他們的地位。「納稅人」在我所謂的**權力情境**（settings of power）之下是主動活躍的，權力情境被定義為參與者控制資源分配和做出決定的情境，會影響到社區內或是整個社會內其他情境所發生的事。

權力情境可以是正式的（例如：委員會議），或是非正式的（例如：雞尾酒會或高爾夫球賽）；可以發生在地方或是國家的層級，是公開的（像是在政府），或是私人的（像是在大企業）。主動活躍的參與者在這些情境中分配資源和做出決定，那些人正是C. Wright Mills（1958）在其經典研究的標題與內文中所提到的「權力菁英」。

Ogbu 如此生動地呈現，在 Burgherside，權力的情境和位置都被「納稅人」所占據；而當「非納稅人」進入這些情境時，他們所接收到的位置和待遇是相當不同的。Ogbu 摘要這些差異裡的四個項目如下：

⑴官員——特別是那些被選出來的，談到納稅人時，就像他們是公共政策的最後仲裁者，官員謹慎避免冒犯他們。⑵納稅人經常被指定擔任各種公共委員和委託人，以執行其公民角色。⑶當公民被邀請在公共議題上表達其論點時，相較於非納稅人的意見，納稅人的意見會比較受到慎重考量；上述情形是真實的，無論納稅人和非納稅人是

為自己出聲，或是為他們所代表的團體組織發言，相較於非納稅人組織，納稅人組織對於公共政策有較多的影響。
(4)納稅人的興趣和意見在當地的報紙、廣播和電視得到精心製作的新聞報導；然而，非納稅人的新聞報導很少出現——除了關於「他們的問題」時，特別強調他們的違法行為，以及納稅人協助他們的各種方式。（p. 51）

這些事件狀態在人類發展生態的一般含意，以假設形式摘要於下，包括關於中間和外圍兩系統。

假設 44

一個情境的發展潛能被增進的程度乃和所存在與權力情境之間的直接與間接連結相關，透過這些連結在原先情境的參與者能夠影響資源分配和做出決定，以回應發展中個體的需求，以及那些為他所付出的努力。

此假設強調人類發展的第一級與第二級網絡兩者之重要性，這些網絡連結發展中個體所處的目前情境，以及在當地社區與社區之外具有權力的情境。隨著這些連結所處的距離越趨遙遠，外圍系統在促進發展的作用也相對降低。我們把此原則併入一個推論假設。

假設 45

一個情境的發展潛能會隨著連接該情境至權力情境的網絡鏈的中介連結數目而呈反比的變化。

Ogbu 的人種誌研究記錄著，當置於這些外圍系統假設的條件被違背時，隨之而來的是破壞人類發展的結果。這樣的證明為基礎研究與公共策略帶來強而有力的啟示。對於發展科學而言，強調了一個必要性，藉由跳脫現況去設想，且實證性地去測試目前文化中尚不存在的情境間的安排，以探索中間和外圍系統影響的可能範圍與種類。沒有社會能夠長期承擔其公民後代多又豐富之才能被系統化地貶低和耗損，因之，這個必要性更形重要。

Kohn 和 Ogbu 的研究對科學家來說，特定情境之間的相互連結都不是不平常的形式，而是在每一個美國社區中多多少少都會發現階級和社會地位的類型，似乎所有的中間和外圍結構都從一個普遍性的藍圖中建構其考量因素——這個現象帶出我們最後的生態結構：巨觀系統。

第十章

巨觀系統與人類發展

巨觀系統乃指在一個特定文化或次文化中觀察到的一致性，存在於其所涵蓋的微觀系統、中間系統和外圍系統之中，以及在其背後的任何信念系統或意識型態。因此，文化與次文化被期待是不同的，但相對地內部卻有同質性存在於下列的面向：各文化所具有的場域類型、人們在不同人生階段進入的場域種類、琢磨活動的內容與組織、角色、各類型場域中可找到的關係，以及場域關聯的程度和特性（其存在於發展中個體所進入的或影響著其生活的場域之間）。此外，這些組織和行為一致的模式可以在一個特定文化或次文化中的成員所普遍持有的價值觀中得到支持。從操作型定義來看，巨觀系統的展現是透過分析在該文化或次文化中，我們理論架構所提出的前三層生態環境所保有的形式和內容之一貫性。

從形式和實質內涵來看，生態系統的巨觀系統概念與當前所盛行對影響人類發展之巨觀因素的研究所隱含的理論模式截然不同：社經階層、種族，以及社會化慣例和結果的文化差異的辨別。這類研究的典型策略是從相對差異背景的母群中選取一些兒童或家長的樣本，然後記錄可觀察的差異，如孩童教養方式和／或結果。除了極少數的例外，前者多使用調查問卷，後者多使用測驗結果或實驗程序來評定。以這兒所講的巨觀系統概念為前提，這些數據雖然有用卻不夠充足，有些關於結構和本質的系統化資料還需要被蒐集，至少需在所報告的行為實際發生的環境之生態層次中去蒐集。僅僅描述研究對象為來自低社經而非中產階級的瑞士和美國家長或兒童，只提供一個標籤，在環境背景脈絡的門上貼上一個招牌，無法令人了解其特性。在這種情況下對科學探究的主要關注——任何有關過程的影響的推論，只比推測好一點而已。這樣的探究並非全然沒有價值，但它們引發更多的問題勝於提供解答。因此，就我的判斷，它們將不再——如果曾是的話——代表人類發展學研究策略的一個選項。既然我致力於這樣的努力已經超過應有的，在此就引述一個我擔任共同作者的研究，來進一步說明這被廣泛應用於研究「情境脈絡中的發展」的策略之缺失，以及它的一些優點。

這個由以色列和美國學者共同組成的團隊（Kav-Venaki et al., 1976）進行的研究，旨在探究從共產威權社會到西方民主社會的生態環境轉換對個體發展的影響。其樣本包含四十一個蘇俄出生後移居到以色列的猶太裔青少年。實驗設計請這些年輕人自陳他們是否打算做出一些道德不許可的行為，如拒絕負擔損害財物應有的責任或考試作弊。實驗時告知最初的基本情境之後，也告訴這些孩子他們的家長、老師或同學將會知道他們的反應，以給予這些兒童社會壓力。為達平衡設計，指導語和問卷各以俄文和希伯來文呈現一次。

所獲得的結果與先前研究中來自Moscow的蘇俄學生（Bronfenbrenner, 1967），以及和來自Tel Aviv的以色列學生（Shouval et al., 1975）相比較。結果發現不論所使用的語文為何，移民兒童的順從程度在蘇俄學生和以色列學生之間，但比較接近以色列學生。在研究樣本中，居住在其中一個或另一個社會越久的兒童，對社會壓力的反應就越接近該社會兒童的典型反應。在蘇俄時，家中就講猶太人的意第緒語（Yiddish）的兒童之反應，與來自於不講意第緒語的兒童的表現明顯不同；前者就像以色列兒童，而後者就像典型的蘇俄兒童。與我們的假設相反的是，當面對來自成人的壓力時，相較於用俄語給予指導，使用希伯來語時，移民兒童表現出較多傳統的道德反應。此結果可解釋為對於具有權威的語言會表現出較道德的行為傾向，對這些移民兒童而言，其已經從俄語轉為希伯來語了。整體而言，此結果顯示於青少年前期處在蘇俄教室權威特色的年輕人，僅只居住於西方國家兩年，就表現出接近於土生土長於以色列的兒童一樣的社會反應。然而，相較於隨後所處的以色列環境，從既有數據不可能確定這些移民孩童的反應，有多少程度來自於其住在蘇俄時的猶太家庭教養的影響。

根據這些發現，我們做出以下的結論：

我們的研究結果證明兒童適應社會化情境和過程重大改變的反應與彈性，從田野和實驗研究雙雙記錄了蘇聯社會集體教養的強度和一言堂特性，以及他們讓蘇俄學生服從的力量（Bronfenbrenner, 1967, 1970a, 1970b）。然而，我們的發現顯示曾受過這些教養方式至青少年期的年輕人，居住於其他國家僅僅兩年之後，就明顯地崇尚自主和獨立的價值。早期蘇聯取向的舊習仍然會出現，但是典型的以色列人對於社會壓力的反應則明顯地更加強烈。更加確切的是，我們有些資料亦顯示現在主要意見不同的方向源自於這些兒童還住在蘇俄時的家庭養成，但是此事實更增強了我們的證據——即兒童對於衝突的社會化環境（不論是文化內或跨文化）之適應能力。（Kav-Venaki et al.,

1976,p. 85）

這些發現及詮釋有趣的是，關於生態轉換的環境對照或兒童在新環境的適應過程，它們實際上未能達成任何結論。這些現象的探究需使用不同的研究方法，更仰賴於在真實情境中的觀察和訪談，而不是調查問卷和假設的實驗情境（如老師在或不在時的團隊工作情形）。

在倡導嚴謹、具社經和文化差異之生態效度研究的討論中，呈現假設情境下的研究是很諷刺的。但是在此面向，相對於其他領域的研究，無論是對環境系統化的評量或發展結果評估，我們都找不到接近於生態模式要求的研究。

關於巨觀系統對於發展的影響之研究，比起以往的社經地位和文化研究，有一領域——雖然仍十分稀少——使用更分化的外在環境概念，即有關社會改變和它對於心理發展影響的研究。

雖然在此，第一個被考量的研究仍使用傳統成就測驗——心理測驗和實驗室流程的形式，此研究限制已足以被其對發展過程的處理之廣度及精彩所彌補。此外，此研究開啟我們對於巨觀系統的生態概念的一個全新面向。既然本作品是在幾乎半個世紀前由一位極具創造力的心理家所構想並執行的，那麼它的一些傳統特性是可以被諒解的，但是因為理論取向和實質結論與當時盛行的科學和政治思想衝突，故而它的出版被延誤超過四十年。

主要研究者 A. R. Luria 為近代的俄國心理學者，在他專題論文集（為他的第一本俄語美國版專題論文集，發行於 1974 年）的一篇序裡（1976），描述研究進行時的情況。

這本書的歷史有點不平常。它所有觀察資料都在1931-32 年間蒐集，時值蘇聯最劇烈的改革期間：消除文盲、向集體經濟過渡，以及對新社會主義原則的生活重新調整。這個時期提供一個獨特的機會來觀察所有這些改革，不僅決定性地影響視野的擴大，還有在認知過程結構的澈底變化。

馬克思列寧主義者的論點即所有基本的人類認知活動是在社會歷史的基礎裡成形，並且成為社會歷史發展的產物；此論點被 L. S. Vygotsky 擴展，成為很多蘇聯心理研究的基礎。不過，這些研究都不夠完整和全面地直接證實這些假定。在本書裡描述的實驗計畫乃為了對此情況有所回應而構想，並且是基於 Vygotsky 的建議。

我們在 Uzbekistan 和 Kirghizia 更偏遠的地區——kishlaks（村莊）以及 dzhailaus（山上的牧地）——進行研究。不過，在歐洲俄羅斯的邊遠地區的北方民族或西伯利亞東北的游牧民族中，我們的努力也可能得到相等的成功。儘管 Uzbekistan 的古老文化在科學、藝術和建築方面具有高水準的創造性，幾個世紀以來，其主要群眾處仍於經濟蕭條和文盲，伊斯蘭教的信仰讓其他事務阻礙了他們發展。在擴展世界觀之外，只有經濟的澈底改革、迅速地消除文盲，以及移除伊斯蘭教影響，方能達到在認知活動的真正革新。

我們的數據顯示，透過社會狀況的根本改變，能引起決定性的變化，從圖像和功能化（具體和實務性的）的思考方式變為更加理論和抽象；此一情況是透過社會主義改革整個文化。因此，此實驗觀察對人類認知活動的某方面有所啟示，此方面雖少有科學研究，但是卻能確認社會發展的論證。（pp. v-vi）

不過，Luria在他的論文集裡並未轉彎抹角地提到讓其出版被延宕四十年才發表的情況。是美國版的編輯 Michael Cole——其本身亦是一個卓越的心理學家——在其前言裡描述到的。

在本書的數據蒐集的兩次考察期間之後，Luria初步公開描述他的結果，但是當時莫斯科的學術氣氛對他的結論並不完全友善。雖然 Luria 清楚強調集體化有利的後果，但評論家認為他的數據可被解讀為對他所研究的人們（Razmyslov, 1934）的一個侮辱。在蘇聯，少數民族的地位早就是一個敏感的問題（與在美國的少數民族的問題並無不同）。指出沒受教育的傳統農民，能迅速學會工業化的社會主義人士思考模式的特性是沒問題的也是好的，但是當他們對國家的活動參與仍然如此貧乏時，說關於這些人的任何事情可被詮釋為負面的，是絕對不能被接受的。（p. xiv）

Luria作品的理論取向在幾方面預期生態和發展觀點的匯集，其是我在此已經闡述的。Cole 的前言中摘要了 Luria 的立場。

> 一部分對 Luria 跨文化研究的初期爭論可能起因於他帶到這個主題的發展取向。他大致的目的是想呈現所有基本認知過程的社會歷史根源；思考的結構由在不同文化裡主導的活動類型的結構來決定。從這套假定可知，務實的想法在以實際對物品的操控為特色的社會中占有優勢；而在科技社會裡，較「抽象」形式的「理論」活動將引起更多抽象的理論思考。在個體與社會發展之間的平行，產生一種強烈傾向去使用發展術語解釋所有行為的差別。（pp. xiv-xv）

永遠的實驗家 Luria 即使騎著馬在亞洲蘇聯的遙遠村莊時，仍用實驗設計的架構組織他的田野工作。他利用了那些自然存在的實驗和對照組，因為實際上革命還未完全滲透這個國家的伊斯蘭地區。

> 完全自然地，蘇聯的這些地區正經歷特別強烈的社會經濟和文化變動。我們觀察的時期包括集體化的開始，和其他激底的社會經濟的變化，以及婦女的解放。因為研究時正是轉型期之一，得以讓我們的研究在某種程度上有所比較。因此，我們能同時觀察未充分發展的不識字族群（居住在村莊），與已經接觸到現代生活，經歷社會重組的第一波影響的族群。

所觀察的各種不同的族群實際上並未接受任何更高的教育。雖然如此，他們在實際活動、溝通模式，以及文化觀點上皆顯著地有所不同。（pp. 14-15）

Luria最後的樣本是由五個族群組成，極端地從集中農場工人到另一端尚未被革命碰觸到的傳統農民。測量結果主要包括典型的認知功能領域（如知覺、演繹和推理），以及解決問題；不過，也包括想像能力和自我評估程度之評量。

研究的結果用 Luria 自己的話表達得最清楚。

事實有力地顯示認知活動的結構在歷史發展的不同的階段並非保持靜止不變。認知過程最重要的形式（知覺、推論、演繹、推理、想像，以及分析一個人自己的內部生活）隨著社會生活條件的改變與知識基礎的掌握而變化。

我們的調查在一獨特和不可重複的情況下進行——即轉型成為集體勞動的形式和文化革命，顯示出當活動的基本形式改變時，因為文字的認識，且因達到了一社會和歷史運作的新階段，人類的精神活動發生重大的變動。這些不僅僅局限於個人範圍的擴展，也涉及到創造出行動的新動機，並且根本地影響認知過程的結構……

與此同化於新領域的社會經驗密切相關的是，認知活動和精神過程結構特質的劇烈變化。認知活動的基本形式開始超越固定和重複的個人的實際活動，並且不再是完全具體和依情況而定的。當人類的認知活動已建構在社會歷史過程中，並已用語言編碼，其變成較一般人類經驗更廣大的系統的一部分。

知覺開始超越圖像、目標取向的經驗，並且融入更加複雜的過程，其合併了一個被認為是抽象的、語言的系統。即使顏色和形狀知覺的改變，都成為與複雜抽象類別相關的直接印象的一個過程……

與抽象的新形式和現實的類別關係一起，我們也看見新形式的精神動力學出現。在之前，思考動力僅發生在直接的、實際經驗和推理過程中，大多局限於重建既有實際情況之過程；而由於文化革命，我們看到個人不僅根據自己的實際經驗，也根據推理的、文字的，還有邏輯的過程來推論的可能性……

所有這些轉變導致認知過程基本結構的改變，也因此產生經驗的劇烈擴展，並且建設起人們開始在其中生活的一個更寬廣得多的世界……

最後，有對人格自我察覺的變化，其進階到更高的社會意識水準，並且得到新的能力以客觀分類分析個人的動機、行動、內在特性和氣質。因此，至今被心理學低估的一個事實變得明顯：社會歷史變遷不僅將新的內容帶入人類的精神世界；他們也建立活動的新形式和認知功能的新架構。他們提升人類意識至一新的水準。

我們現下看見幾個世紀以來觀點的錯誤——即認為知覺、表徵、推理、演繹、想像和自我察覺的基本結構是精神生活的固定形式，並且在不同的社會狀況下保持不變。人類精神生活的基本類別可以被理解為社會歷史的產物——當社會慣例的基本形式被改變時，就易受到影響，因此其特質也是社會性的。

心理學主要是涉及社會歷史形塑精神活動和精神過程結構的科學，其過程完全根據社會慣例的基本形式和在社會的歷史發展裡的主要階段。馬克思主義的基本論點關於人類精神生活的歷史特性藉此以具體的形式展現出來。這全是由於激進、革命性的變遷讓我們得以在一短暫時期內，觀察在普通狀況下需要幾世紀才能產生的根本變化。（pp. 161-164）

將 Luria 的論點置於我們的概念架構中，巨觀系統也經歷一個發展的過程，並且在此過程中有助於使它的全部組成系統（包括到個人的層次）皆有所變動。因此，一個變動社會的成員必然會在一切心靈層次上經歷發展的變化——智能的、感情的和社會的。

在人類發展科學上，Luria的概念代表類似在物理學界愛因斯坦的相對論原理。正如愛因斯坦粉碎牛頓的運動觀點以脫離固定的參考點一樣，同樣地，Luria要求我們想像個人的發展是發生在一個動態環境系統內發生。篡改愛因斯坦對特別相對論的解釋來作為隱喻：發展在一移動中的火車內發生，而這輛火車就是我們稱為的「移動的巨觀系統」。

如果有兩條軌跡，一條在另一條之內，在它們之間的關係是什麼？個人是否僅僅被歷史的洪流抓住，還是他展現出自己的一股動量？有多少落差？過去是否在現在仍留有印記？多久？

由於以下兩個原因，這些不是 Luria 的研究可以回答的問題。第一個，這些問題的答案至少需要從兩個時間點觀察，而 Luria 只解讀一個時間點。缺乏追蹤不是因為缺乏機會或者實際的困難——

這乃是一個故意的決定。在他的書的結語段落，即原來手稿當時的一項附錄，他描述到：

立志檢驗我們原來的研究的學者經常表示希望我們再進行相同的研究，以能比較分析在過去四十年中在這些地方所發生的進一步變化。雖然這個建議十分合理，我們卻不想這麼做。

我們的數據顯示，在我們原先的研究期間，認知過程的結構方面開始有那些主要的變化，是在文化革命的前幾年就已經發生在我們國家遙遠地區的居民。從那以後，作者反覆到 Uzbekistan，並且已經目睹在這些年發生的社會和文化生活方面的巨大變化。四十年以後要重複在相同地區的研究，而在那時期間，中亞人實際上已經飛躍幾世紀，因此顯得多餘。想複製我們的研究的研究者所得到的資料，會略微不同於研究蘇聯任何其他地區居民的認知過程結構所得到的數據。（p. 164）

Luria感人的陳述反映出，為什麼他的研究沒提及我們所說的考量的第二個和更多的令人信服的原因。他的主要興趣——至少在這項特別的研究裡——是在一個群體現象，其發生在一個特定的時間點，是對一次歷史事件的反應，不是在長期的個人發展過程。要獲得我們的問題的答案，我們必須指望更長時間的研究，其設想個人在與社會和經濟變化的力量的關係裡，作為主動反應者與被動物件的角色。

幸好，這樣的研究確實存在。再一次，「自變項」是一個大的社會和經濟的動亂，但是這個事件是純粹美國的——即 1929 年的大蕭條。

1962 年，在加州大學柏克萊分校的人類發展研究中心工作的社會研究學家 Glen Elder，覺察到一個獨特的科學契機。四十年以前，在其主管 Harold Jones 及 Herbert Stolz 的領導下，此中心開始一個大型的長期研究，蒐集加州 Oakland 十一歲兒童的龐大樣本。此方案後來被延長，成為從青春期前到中年的定期追蹤研究。在 1964 年，在目前的分析裡 Elder 研究的終止點：研究對象四十幾歲，大多數有自己的家庭。

Elder 所辨認出且後來意識到的科學機會（1974）乃由一自然但是社會的大災難所內建的研究設計。這些兒童的家庭全部都經歷過大蕭條時期，但是，就像在一陣強大的風暴裡發生的那樣，有些被直接撞擊，其他的則存活。而且，就個別家庭而論，命運的這些打擊實際上隨著一個隨機模式，如這家工廠關閉而那家保持在營運，一支股票暴跌，而另一支在紐約證券交易所行情牌上倖存。

Elder 比較有及沒有受到大蕭條的全力衝擊者之生命歷程的發展。身為一個社會學家，他避開了實驗室研究者的訓練和它個人主義的偏見，Elder 選擇整個家庭而不只是兒童作為他研究關注的對象。

他也超越了他自己的領域的限制——即僅專注於社會的複雜性和體制架構，不時忘卻發展中的個人；Elder 設法既看見成長中的森林也不遺忘它獨立生長的樹。如 Clausen 在 Elder 專題論文的前言所寫的：

在危機的時期，機會這個要素好像在影響生命結果中扮演重要的角色。在這樣的時刻，我們幾乎不能在危機的直接影響之外指出一個可預期的生命歷程。要釐清「淨效果」，找出衝擊、反應，以最後影響的各種模式，好像幾乎是不能克服的。只有透過結合歷史、社會和心理觀點，以及詳盡且長期在個別經驗、立場和行為上的數據，這樣的分析才能被完成。這正是 Glen Elder 在此書中所做到的。（p. xv）

正如他正研究的現象一樣，雖然背離主流所專注的行為模式和電腦對大規模「客觀」數據的分析，Elder 的理論取向和基本方法亦是純粹美國化的。Elder 自己的社會歷史研究的公認原型來自相同領域的 W. I. Thomas（一個芝加哥學派的社會學家）的重大創舉。用 Elder 的話說：

在我們面前的問題並不僅僅是經濟變化是否產生家庭和世代的改變，或者改變的特質；它包括關於這樣的變化發生的過程的問題。在經濟變化和在 30 年代的兒童成為成年男女後的職業之間的概念連結是什麼？從之前所提的來看可能就清楚了，這個取向的基本特徵歸功於 W. I. Thomas，特別是他經典的研究（和 F. Znaniecki）*The Polish Peasant in Europe and America*（1918-20）。Thomas 將他分析的眼睛瞄準在社會結構和人格的連結之間，並且讓在人和環境之間有間斷或不一致的點時研究這些連結具有說服力，如他的危機情勢與對新情勢適應的理論所示。從對本研究有利的點來看，我們也感激 Thomas 強調生活經驗的發展概念，以及使用生活記錄和歷史。（p. 7）

還有另一個 Thomas 的取向影響 Elder 取向的方面是他堅持，要理解社會世界只可以透過分析生活在那兒的人所經歷的。在這方面，Elder 引用 Thomas 對社會科學的看法：「必須能碰觸到真實的人類經驗和態度，這組成在那些正式的社會現象的組織之下完全的、鮮活的和活躍的社會現實……只有當我們不自限於對正式組織的抽象研究，而分析各種成員的個人經驗所表現和跟隨它在他們的生活上的影響，一個社會機構才可能被完全理解。」（p. 338）

Elder 有可任他使用的關於每個家庭的廣泛數據，包括與父母，教師和兒童冗長的面試，還有工作人員的觀察報告和社會與情感行為評分、自陳問卷、人格測驗，以及一份精神病的評量。所有這些材料經過檢視，並摘取出證據以提供下列訊息：關於家庭與社區的關係和其在社區內的地位之穩定和變化模式、家庭作為一系統的功能，以及下一代的行為與經驗——首先是身為兒童，與父母同住、上學，和與他們的同儕相處；然後，是身為有自己家庭的成年人，參與工作、社交生活和公民事務的世界。

Elder 的實驗設計比較兩組別穩定和變化模式的差異，分組根據為由於大蕭條而損失其收入超過或低於 35% 者。這條在所謂窮困和非窮困家庭之間的分界線是基於之前的發現：「只有當收入損失超過 40% 時，家庭才會失去或被迫要頻繁地出售資產。」（p.45）非窮困家庭在大蕭條時期收入的減少會經由在生活費方面的明顯下降而得到減緩。兩組進一步地以在大蕭條前家庭的社會階級（中產或者勞工）分組，產生一個 2×2 的研究設計。

Elder系統化分析的結果，和他對於大蕭條經驗對家庭功能和兒童發展的影響的結論，可以簡易地概括為短期和長期的效應兩方面。

如所期望的，嚴重經濟損失的直接效應反應在父母所陳述的情緒困擾症狀，特別是來自勞工階級家庭者。父母所經歷的壓力對兒童也是顯而易見的。窮困家庭的男孩和女孩都較可能勾選「我希望我的母親（父親）更快樂」一項。第二個觀察到的更明顯差別，是在被大蕭條衝擊最嚴重的家庭中的母親，取得主導權。這個現象常伴隨父親在孩子眼中地位的降低，而母親的重要性提升。

從 Elder 的觀點來看，家庭內動力的變化是由於「丈夫的角色失敗」，因而發生經濟責任轉移到母親和其他家庭成員身上（p. 28）。當然，這些情形不是父親自己造成的。用 Elder 的話來說：

由於讚揚個人責任和自足性的價值系統，難怪大蕭條的男性受害者經常為他們幾乎無法控制的挫折受責備。不過，更重要是在無法養家糊口的丈夫和父親間普遍地接受這實利主義的自我評估，而不是把原因歸於社會的困境——一種超出個體和他能理解的力量；研究紀錄顯示，失業的人或面臨困難的工人傾向於把敵對的感覺和挫折指向自己，為一個經濟體制的結果懲罰他們自己。（p. 104）

再次，Thomas 嚴厲的座右銘勝出：「如果人定義情況為真實的，他們所得到的結果也是真實的。」（1928 , p. 572）

除表現對母親超過父親更大的偏愛，窮困家庭的兒童表達對同儕更強烈的認同。的確，Elder強調在社會關係的領域裡，「**同齡夥伴的吸引力為經濟艱難時最顯著的效應**」。差別主要顯明在想要有很多朋友而不僅只一些，因為「根據他們的陳述，好朋友在兩組的兒童中一樣普遍」。雖然兩性的趨勢都很明顯，「這種朋友取向以來自窮困家庭的男孩中最強烈」（p. 97）。

但是或許「大蕭條的兒童」最顯著的特性是他們更大幅的參與家務角色和外面的工作；女孩專於前者，而男孩專於後者。當他們成為青少年時，大約 90%來自窮困家庭的女兒相較於 56%非窮困者要做家務雜事。在男孩中，從窮困家庭的 65%對照非窮困的 42%要做某種支薪的工作。對父親失業的家庭的兒子來說，男孩打工率上升到 72%。女孩的工作百分比顯示一個類似的趨勢，但是參與率較低。

在Elder看來，來自窮困家庭的兒童投入更多家務和經濟角色，有其發展上的意義。

家庭地位和資源方面減少的變化的一個結果是增加兒童對父母投資的意識，而就是這些投資提供他們之前認為理所當然的物品和服務。這些包括能為家庭提供收入的努力和技能，以及與持家和兒童照顧相關的勞力。經濟缺乏引發出消費的相互面相，即對其他人需要的義務。特別是中產階級家庭，窮困通常改變單邊的從屬性——當父母放任他們子女的慾望，變成兒童在照顧他們自己和家庭需要

上，被期待展現更多的自立。（p. 66）

和這解釋一致，窮困家庭和特別是父親失業的兒童被評為更傾向成年化，其定義可描述為「尋找成年人同伴、圍繞著成年人並爭取其注意、認同成年人和對他們熱忱」（p. 81）。

早期的工作經歷看起來對來自窮困家庭的男孩的動機有特別的影響。

意識到家庭的艱難喻意著那些感到花錢的窘困和想要更能掌控自己生活情況的兒童的觀點。尤其對男孩來說，在經濟艱難的情勢下，就這些動機傾向而言，有賺頭的工作是一條合乎邏輯的出路，而數據通常顯示出在家庭窮困和經濟活動之間的這個關聯。……同樣地，窮困背景的男孩和有工作的那些是最可能在高中時代在社會抱負上被描述為有野心的；訓練有素的臨床醫師評定他們在透過建議、說服，或命令去控制環境方面為得分最高者。（p. 70）

從來自經大蕭條嚴重衝擊家庭裡的兒童行為的發現，所得的啟示，Elder總結如下：「根據我們的分析，兒童在經濟窮困家庭擔任的角色……讓他們趨向成人化的模式。經濟艱難和工作讓他們更想與成年人打交道，『長大』且變成成年人。」（p. 82）

上述結果和結論有其社會與科學的重要意義：這或許不是偶

然，在當今社會裡，學齡兒童和年輕人的工作機會已經達到新低的水準，學業成就也同時降低，而在學校破壞公物的行為和暴力跟在街道的少年犯罪一起都是上升的（Bronfenbrenner, 1976, 1978 b）。

可得到超過三十年的一段長期數據，讓 Elder 站在一獨特的位置，能評估在家庭內外童年經驗的影響，與在後期生命裡的行為。大蕭條的長期結果發現對男性與女性來說相當不同，並就在被經濟艱難衝擊當時，家庭的社會地位更進一步能調整其影響。

對男性的發現與通俗的智識所預期的相反：即經過大蕭條最嚴重衝擊家庭的兒子卻受益於此經驗。

在中產和勞工階級，來自窮困家庭的男孩在青春期晚期達到更堅定的職業委身，並且比非窮困父母的子女更可能在職業與趣上被判定為成熟。成年後，他們在較年輕時就進入一條穩定的職業線，發展出一項更循序的職業，並且更可能繼續他們在青春期所喜歡的職業。在定型的興趣上的職業成熟在家庭窮困和職業成就之間建立一正向的連接，而至少部分補償因窮困的背景所產生的教育障礙。在兩種社會階級內，來自窮困家庭的男孩想在青春期表現出色證明為職業成就最重要的源頭，並且與心智能力非常有關。（pp. 200-201）

這些趨勢對大蕭條之前在中產階級家庭長大的男人更加顯著。對他們來說，經濟的不幸有一種特別有益的效應。不僅他們在職業上更成功，他們也「在心理能力和健康上比這個樣本的任何其他組獲得更佳的評定」（p. 248）。工作之外，他們以家庭為重，喜歡家庭活動勝過休閒時間或者社區參與，並且視孩子為喜悅的主要來源。

家庭是大蕭條受害者的工人階級男孩的成年景況就不是那麼明亮。雖然其動機不亞於他們的窮困中產階級的對手，但他們往往不能獲得高等教育。或許因此，他們表現出較明顯的心理困擾，並且在任何組別裡成為酒鬼的百分比是最高（43%）。

家庭遭受經濟損失的女性在成年生活中，藉由強調由他們母親所扮演的鮮明母性角色，來反應他們自己的童年經驗。

> 我們的數據顯示在窮困家庭長大的婦女對傳統角色的接受度非常高，其成長的家庭非常仰賴女性成員的參與。從青春期開始和三十歲後期到中年，與來自非窮困家庭的婦女相比，這些婦女展現更多家居生活模式的特質。他們更投入家務事，表達對家務活動更大的興趣；在中產階級裡，更可能很早就結婚。當與在每種社會階級方面非窮困者相比，有更少的比例進入大學……但是有更大的百分比嫁進中上階級……窮困家庭的女兒將最可能在婚後或生完他們第一個孩子後停止工作；且（如果是來自中產階級）享受理家的普通任務。偏愛家庭生活第一層的意義集中在兒童的價值；第二個是婚姻的人際利益。（p. 239）

家庭避開經濟毀滅的成年人的表現是矛盾的。與那父母有經歷大蕭條全力衝擊的對手相比，他們在教育及職業上較不成功；較高的比例有精神的問題，包括酗酒（43% v.s. 24%）。Elder的評語為「他們與勞工階級子女有令人吃驚的類似症狀和適應力的缺乏」，儘管事實上「他們是在大蕭條裡得到特殊待遇的一組」。他然後拋出一個問題並提供他自己的答案。「這些成年人為什麼不是Oakland最健康、最有能力的一批成員？似乎那保護年幼者免於生活艱難的童年，不能發展出或測試在生命危機裡所需的適應能力。在童年和青春期參與並管理真實生活的問題（但不過度），就是成年生命的一種實習」（pp. 249-250）。

用被驅逐出境的公爵的話說：「運用逆境是甜美的」（*As You Like It*）。但是與 Thomas 的論點一致我們應該問的是「從誰的觀點？」Oakland樣本的那些兒童在1920-1921年出生，所以當大蕭條全力的衝擊來臨時，他們足夠大到可以理解並且協助面對他們家庭所經歷的嚴重困難。如果他們更小並實際上和心理上仍然倚賴他們父母，因此，這些父母將自己面對勢不可擋的問題時，又將會如何？

作為Thomas真正的弟子，Elder已經處理了這個問題，並且是用實證作法。與一位同事（Elder and Rockwell, 1979）一起，他分析了另一長期研究的數據，是同期在Berkeley（加州更富裕的社區）進行的研究，但是樣本是在1928-1929出生的男性。這些兒童在大蕭條最糟的期間度過他們人生的前幾年。作者說明他們的主要研究目的如下：

我們在這項研究的樣本為在加州 Berkeley 出生（1928-29）的八十三位男性，目標是在一更限定範圍的樣本內分析長期大蕭條經驗中其生活模式和健康。這個調查將能讓我們選擇性地比較不同期樣本在社會經驗和心理功能因此歷史事件的變化。透過類似的分析比較 Berkeley 組與 Oakland 男性（出生日期：1920-21），我們將能測試一個生活階段的假設；**在幼年遭遇到大蕭條比在青少年遇到，在成年後男性的生活過程中將承受更多不利並且持續的發展後果。** Oakland 年青人在 30 年代末離開家上學、工作和結婚；Berkeley 青少年則在第二次世界大戰結束時。後者比他們的 Oakland 對照者更不能承受大蕭條的家庭壓力和崩潰，他們接觸到經濟艱難的時間也更長，一直持續到離開家。這個時間差別具有心理意義的前提是，這些幼兒所依賴的重要他人是無法預期、鬱鬱不樂和經常懷有敵意的（pp. 251-252）。

根據之前研究發現，Elder 和 Rockwell 提出另外兩個假設聲稱經濟損失的預估影響與家庭的社會階級地位和當時的生命階段——在此階段之後窮困的後果為最明顯，具有函數關係。在前一個部分，相較於中產階級的對照者，從勞工階級出身的男孩由於地位較弱勢，故被預期經濟艱難對他們的發展過程有更多負面影響。至於時間點，大蕭條對發展的影響相較於離開學校到進入中年時期（一個主要參與在工作世界的階段），被預期在成長時期較大，即從童年時期延伸到完成正式教育。

至於在經濟蕭條期，做為體驗較多和較少窮困經歷的家庭間的分界線，Elder 和 Rockwell 使用之前研究所採用的相同標準——35% 的收入損失。當得不到此訊息時，如發生在為數不少的家庭樣本那樣，求助於失業和政府救濟紀錄可產生窮困和非窮困家庭的補充樣本，其與以收入損失分類所獲得的具有相同比例。因此樣本被合併。

這兩組在發展進步測量的比較結果與 Elder 和 Rockwell 的主要假設一致，即更幼小的兒童對經濟艱難產生的壓力的承受力較弱。最顯著的證據就是這些結果與早些時候的Oakland研究的明顯對照。當家庭的經濟壓力對在青少年時期經歷大蕭條的中產階級男孩的生命歷程發展有正面影響時，相對在這個時期是嬰幼兒的男孩則完全相反。

例如，相較於那些非窮困者，中產和勞工階級有遭受到收入損失家庭的兒子，在中學的成績和志向上都排名較低，並且他們很少會上完大學（34% v.s. 64%）。因此對幼兒，大蕭條控制了其在成年通向成功的主要途徑。即使在進入了大學的男孩中，對全部可得到資料的客觀評分的分析顯示了窮困背景的發展代價。特別是在中產階級裡，「在窮困家庭長大的年輕人有較缺乏自尊和生命中個人意義的特質，表現在易從逆境退縮、避免承諾，和使用自我挫敗的方式；並且很容易因別人的論斷而覺得受害或受傷」（p.271）。沒上大學的年輕人沒有這些顯著的差別表現。不能上大學增加了家庭窮困對 Berkeley 男性職業生涯的負面後果。在這個教育類別方面，與非窮困者相比，窮困家庭的男性很早就進入到勞動力，在手動工作裡度過他們大部分的工作生涯，並且如同多位雇主所指出的，他們展現較不穩定的工作模式，和在不同行業之間的轉換。在他們大約四十歲的最後追蹤時，相較於非窮困男性，有較高比例的窮困男性提出（表格 9）「某種健康問題或障礙」（64% v.s. 41%），「長期疲勞或者活力下降」（46% v.s. 20%），且「嚴重或者有問題地飲酒」（44% v.s. 26%）。這個趨勢在窮困的男性成為高成就者中特別顯著（G. Elder，個人通信）。

大蕭條的困境在中產階級父母的兒子身上更顯著的心理影響與Elder 和 Rockwell 關於階級差異的第二個假設矛盾。回顧作者提出在這社經程度的窮困家庭是「最易受到在缺乏的情況與戰時的美國氣氛之間的落差所影響」的次組別（p. 274）。在Oakland研究對相同現象的分析提出一個補充的解釋。注意到在勞工階級父母壓力並未因經濟困乏產生那麼大的變化，Elder下的註解為「在所有勞工階級家庭中的高度經濟需要、地位的低能見度下降，和與中產階級社會性的比較可能解釋這個結果」（1974, pp. 62-63）。一個冒險的笨拙隱喻是在社會階梯的底部遇到了地板效應。相同機制可能解釋在 Berkeley 研究的發現，即在具大學經驗的男性所觀察到與窮困有關的心理特質的差異並未在較低的教育水準出現。

第三個假設的結果關於經濟損失影響最強的發展階段是更令人驚訝和更複雜，也或許由於這些原因更具啟發性。雖然當那些男孩上一年級時，大蕭條仍然是一個家庭壓力的來源，

> 卻沒有證據顯示這壓力在就學期間表現在學校成就、情緒狀態和社會關係方面……在每一個階層內（社會階級）測驗得分或心理發展都未隨經濟窮困而變化……家庭艱難的發展代價**僅**（在原文裡為斜體）在第二次世界大戰，出現在男孩的青年期歲月裡，逐漸繁榮的一段時期……回顧起來，這個發現呼應一主張，即發展限制很可能浮出檯面，是當兒童遇到需要使用他們適應的資源的情況下，如同從一所國小的保護環境轉銜到青少年的成就壓力的過程。（Elder and Rockwell, pp. 270, 274）

至於在青春期之後的發展影響，我們已經注意到來自窮困家庭的男性有混亂的工作模式和心理問題，尤其是那些沒上大學的人。

不過如果他們上大學，如同那些超過 60%的 Berkeley 樣本，「有窮困歷史的男性比非窮困者更可能選會產生實質工作成就的課，而且他們是在整個青春期沒有更長期的教育和沒有任何資產等優勢條件下如此做」（p. 281）。

這個模式有個矛盾並沒有逃過研究者的法眼。

在青春期被觀察為無野心、順從和優柔寡斷的男性，不會讓人想到會能迅速確定職業方向並長時期待在他們的行業領域。反之，我們會期望看見掙扎和搖擺的跡象、混亂的工作模式與頻繁的工作轉換、怠惰的時期，以及地位波動。那我們要如何連結在一生命歷程內兩個看起來如此不同的階段？絕大多數窮困父母的兒子，如何設法從在青春期的教育限制和行為偏差的背景下達到職業上的成功？（p. 281）

作者回答這些問題的第一個步驟是，呈現在窮困組中的大學入學者的職業成功模式的特質，佐以其在心理運作的其他領域也有正面改變的證據。為此，他們將這組的男性二分為相對於其教育達到高職業地位（高成就者）的那些，以及沒有達到（低成就者）的那些人，被選擇者「在智力測量、中學成績和志願，和甚至正式教育的程度為相同」（p. 279）。

為了評估發展的方向和差異，Elder 和 Rockwell 比較人格等級

（Q種），分別在青春期、三十歲和四十歲評定。總體趨勢「導向較有信心和健康」，但是窮困背景的高成就者在下列變項有最大的正面改變：「對自我高的期望水準」、「真誠地重視智能和認知事務」、「低自尊」、「優柔寡斷」和「從逆境退縮」。不過，在其他方面——如控制衝動、體貼他人和面對批評的彈性，相較於非窮困的對應者，他們處於較弱勢。

將窮困組整體來考量，Elder 和 Rockwell 總結他們在三十歲時的發展狀況如下：

> 到了三十歲，他們比起也在工作世界向上爬的非窮困者，較不可能還像他們青春期時的低自尊、優柔寡斷和從逆境退縮的樣子。在這個階段，與非窮困者相比，窮困家庭的兒童仍然更易受他人論斷的傷害，但是他們不再有不恰當及無意義的感覺，或自我挫敗和不願意委身於一個行動歷程。至少在這些方面，與在青春期的觀察相比，我們看見相對較大的內在力量、效力和目的的證據……來自窮困家庭的成功男性的發展歷程之特徵為下列的混合：力量與軟弱，以及從青春期開始的發展斬獲與持久的缺陷；並且在中年比在成年早期更加凸顯的引發疾病的特質，例如：缺乏個人意義、自我挫敗。雖然如此，他們已經達到遠超過我們就他們早期的背景與生活可能期望的。（p. 287）

在接下來的十年間，這個景況更是有些進步，但是經濟壓力的心理代價仍然明顯。

一般來說，對來自窮困家庭的男性，三十和四十歲之間有較高的滿意和福祉，部分是由於他們的成就，並且他們比非窮困者更可能會聲稱生活已經從困苦多年的青春期改進了。但是，工作成就的好處沒完全消除因以前的家庭艱難所產生在中年的健康危機——情感痛苦與疏離、迷惑和不安全。最健康的 Berkeley 男性是有成年期的成就加上一個非窮困家庭支持的那些人；在另一個極端，我們發現男性的工作生活與在大蕭條時期家庭的不幸有點相似之處；即窮困父母的兒子在他們的工作生活裡相對的不成功。（p. 299）

什麼情況使在成長時期遭受經濟窮困的人在青春期之後有正面的改變？Elder 目前正在追蹤這問題的答案，透過更進一步分析 Oakland 和 Berkeley 研究的資料，已經指出一些所浮現的趨勢的跡象。「我們的分析顯示出兵役、令人滿意的工作生活，可能還有結婚和家庭生活帶來的感情支持及滿足等的價值。在成功組別，來自窮困家庭的男性由一穩定美滿的婚姻所受的益處，不比更有利的家庭背景的子女少」（p. 290）。

同時，Elder 和 Rockwell 提醒現有的數據可能不足以涵蓋所有分析。在談到在青春期以前家庭經歷嚴重經濟損失的兒子之「發展進步」，他們說道：「這變化很可能來自成年的獨立和工作，或者結婚、成為父母和服兵役時的『心理歷史暫停活動』。休學去工作或者服兵役的傾向可被解讀為掙扎的症狀；也可能是寶貴的成熟經驗使一些人能夠得到生命的方向和目的。就手邊的資料來看，改變準確的來源很難被建構。」（pp. 281-282）

原先促使 Elder 和 Rockwell 複製與 Berkeley 一樣的 Oakland 分析的問題是：大蕭條對較年幼兒的兒童發展的傷害是否更甚於青少年？在下列摘錄自他們的結論裡，作者總結他們的答案和證據：

與 Oakland 組相比，家庭窮困帶給 Berkeley 男性的生命歷程和健康較不利的條件直到中年；在青春期的早期和正式教育時期最重要的影響……不像 Oakland 組，家庭窮困在 Berkeley 男性中間與較低青少年期的志願和學校表現有關，有低弱的自尊、易受別人評價的傷害、優柔寡斷，和被動——當行動通常增加他們的困難。

由於經濟和發展的壓力，不論社會階級，大蕭條縮短 Berkeley 男性的高等教育而限制了其生命的遠景；比起在 Oakland 組，其影響程度更大……

因此，比較 Berkeley 和 Oakland 這兩組在大蕭條艱難影響生命結果的相同及相異點。相同點包括在青春期早期和正式教育時期發展阻礙的集結；工作生活的經驗反抗教育限制的效力；在青春期之後對生活已經更滿足的看法。相異點在那些當困難時刻來到時相對年齡較小的 Berkeley 男性，而他們暴露在這情況中更長的時間；從青少年發展、到高等教育，和在中年的健康，家庭窮困使這些人比

Oakland 組中更年長的對應者承受更多不利的結果。就是在 Berkeley 窮困家庭的子女中，我們看見童年和成年經歷之間最大的落差，以及其在中年對心理健康最重要的影響。家庭窮困所留下的影響，到了中年，即使在最成功的人中，這仍是一個問題。（pp. 298-299）

在隨後的一份報告中，Elder（1979）把那些 Berkeley 家庭樣本的女兒的結果和 Oakland 研究的結果比較。分析後再次產生一個自相矛盾的結果。如我們所知，在經濟蕭條期間渡過其幼兒時期對男孩的發展產生了不利影響，對女孩的影響（雖然較少得多）則是在相反方向。從很早，「那些 Berkeley 女孩在經濟困難的家庭過得很好，並且比起那些非經濟困難家庭的女兒，在青春期表現得更有目標、自足和自我肯定……儘管經濟困難的家庭經歷壓力和匱乏，大多數來自這樣家庭史的 Berkeley 女性為有能力、足智多謀的青少年」。

Elder 追蹤這兩性間不同結果的起源，即對照在嚴重經濟壓力的家庭渡過童年的女兒和兒子之間的經歷。他引用證明「在經濟困難家庭的男孩與女孩相比，*失去更多*對父親的愛，並且*增加較少*對母親的溫暖」，導致「在父親和兒子之間的關係更弱，母親和女兒之間的關係則較強得多」。

另有一個因素與這些不對稱的關係交互作用，其顯著地影響經濟壓力對 Berkeley 家庭樣本的兒子和女兒的衝擊。運用在 1929 年之前訪談的資料，Elder 得出一個婚姻關係品質的指標。這指標儼然是影響經濟蕭條對隨後的發展影響的重要預測值，但只有男孩的部分。Elder 在下列段落中總結他的發現和其背後過程的假設：

在 Berkeley 家庭中的經濟損失減弱了在父親和兒子之間的連結關係，同時卻增進了母親和女兒之間的團結。不過，這兩種結果皆取決於父母在經濟蕭條前的婚姻關係。當父親不再是家庭掙錢的人時，他與兒子和女兒的關係就非常依賴婚姻關係和妻子的支持。在婚姻和諧的狀況下，經濟損失實際上會提升父親與兒子和女兒的關係。缺乏這前提的情況下，在經濟困難家庭的女兒會與母親更親密連結，而男孩通常會失去感情的支持，與母親如此，和父親更是。

很重要的一點要牢記在心的是，被大蕭條所運作的這些過程和影響都是對特定年齡的。特別令人感興趣的事實是，在青少年時期因經濟蕭條受害的那些孩童在未來年日中卻受益於這個經驗；他們的發展因經歷經濟的匱乏而在一生中都被提升。這裡有一個可以學習的教訓，如 Elder 所強調的。

在 30 年代的窮困家庭中的耗費勞力的經濟，經常讓年長的孩童進入大人的世界……這些孩童要擔任生產者的角色。但是一種更普遍的感覺是他們是被需要的，且在被需要時他們有機會和責任對其他人的福利做出真正的貢獻。被需要引發出歸屬感並且委身於某種比自我更大的東西。無論任務可能多麼繁重，當接受一項真正的事業挑戰（如果它不過度或是剝削人）時，都可以從中獲得滿足和甚至個人成長。因此，我們在此所描述的並不是許多兒童在經濟蕭條中極度糟糕的情況，他們的生活與那些 Mayhew 描寫的倫敦貧民並無不同——那些在十九世紀中於倫敦街道出售水果、菜蔬和魚的叫賣小販的子女（Mayhew, 1968）。對於大多數 Oakland 樣本中經濟困難家庭的兒童來說——尤其是在中產階級，作為家庭經濟生產者的地位不需要犧牲教育或者有什麼與同齡夥伴社會互動的限制。我們的觀點是經濟損失改變了兒童與家庭和成人世界之間的關係，為了其他人的福址將他們捲入必需的工作。大部分的這些工作是「人力服務」，而非獲利優沃的工作。大量的文獻亦顯示類似的改變在受到自然災害的家庭和社區；年輕人經常在這個耗費勞動的緊急社會制度裡扮演至關重要的角色。

自從經濟蕭條和特別是第二次世界大戰起，各種各樣的發展已經慎密地把年輕人從具挑戰性的情況隔離，在這些情況中他們原能對家庭和社會福址做出有價值的貢獻。繁榮、人口的聚集、工業的發展和它的資本集中的公式，以及教育的提升，導致依賴年齡的延伸，並且增加了年輕人與成年人日常經驗的隔離。在這個消費取向的社會中，都市裡的中產階級家庭對子女的生產能力幾乎沒有任何幫助，社區的機構亦是如此……

如同在它目前的組織結構中，這資源豐富的社會能夠——甚至必須——支持「不能生產的成員大量的消耗額度」，但是它是否應該容忍那樣的代價？特別在年輕人中，這個代價就是感到不被需要，且被排拒於對一共同目

標之努力，能有意義地貢獻而得到的挑戰和回饋之外。（1974, pp. 291-293）

我對 Elder 兩個關於「大蕭條的孩童」的補充研究相當地注意，因為他的研究大大地增進了對人類發展的研究中一個生態模型的力量和可能性之理解。不論在微觀系統之內和之外，他的研究為我們現有的許多假說提出直接的證據。而且，在他報告的數據可想像的範圍之內，加上他提出之深思熟慮的解釋，顯示還有其他關係和可能性可以引導未來的研究探討。因此，用我們理論架構的觀點中與生態基模有關的四個層次來回顧 Elder 的作品就會很有收穫。

在 Elder 的分析中，最凸顯的兩個環境是家和工作場所。其他兩個也很重要但是次之的是學校和同儕團體。在每個環境內的過程有蠻多被揭露出來，並且其中的一些證明了我們之前關於微觀系統對心理發展影響的假設。Elder 關於孩童參與家務事和兼差工作對發展的影響之發現強調了從事琢磨活動（假設 1），以及參與在多種多樣的角色裡（假設 9 到 10）對提升孩童的動力和能力之重要性。Elder 對孩童提早參與於窮困家庭的經濟角色產生的影響之分析強調，不只是從事於新角色和新的琢磨活動，還有盡快與在家庭之外的大人互動對兒童發展的重要性。

假設 46

孩童的發展將被提升，透過其逐漸增加參與於在家庭之外（從童年就開始）具任務取向的活動裡，這使其進入與除了父母以外的其他成年人的接觸。

如同之前所提出針對發展之最佳條件的理論主張，這個假設符合責任的權力平衡逐漸移向兒童的方向，以至於不會壓抑其逐步養成對手邊任務的主動和創造性的貢獻。

尤其甚者，Elder示範了在母親、父親和緩和經濟壓力的孩童之間的關係結構所扮演的決定性部分，證明三人系統在塑造人類發展歷程的關鍵意義（假設8）。如果這個系統在大蕭條之前就已穩定，不僅家庭和孩童能在它的重擊之下生存，而且這重壓的經驗竟然能有有益的效果。如果家庭內的連結是弱的，經濟打擊太沉重，而孩子仍很小，伴隨著父親角色的沒落及在親職角色的失能，如我們所見，對那些在這個家庭裡的孩童未來的發展有深深的影響，特別是男孩。這個三人系統可以被比作一把三條腿的凳子，當三條腿都是平衡時，是最穩定的，並且要相當強力的重擊才能使其傾倒；但是如果有一條腿損壞或斷掉，排列變得不穩定，凳子就可能倒塌。

但是在一些情況下，系統的極端穩定會妨礙個人的發展。決定性的因素包括之前所提供的支持的適當性，以及個人的年齡和性別。由於提供了兩種發展阻礙的例子，Elder的發現勾勒出生動的人類發展生態的運作：「活躍成長的個人，與其直接在其中生活且性質會不斷改變的環境，兩者之間逐漸互相的調整。」（定義1）Elder 的數據中，大蕭條對青少年相對於青春期以前的少年，以及男孩相對於女孩的影響之明顯的差別，反映出性別和生理成熟在這個互相調整過程中的影響。

家庭並不是改變中的生理力量影響萌芽的心理領域之結構的唯一情境。根據Oakland的研究，Elder的結論強調另一個情境「同齡夥伴的吸引力為經濟艱難時最顯著的效應」（1974, p. 97）。這因素對「大蕭條的孩童」生活的形塑可能比從 Elder 的分析中所反映出的更強有力。從趨勢中發現其強烈的表示期望有很多朋友而非一些而已，尤其是對男孩而言。在 Oakland 的樣本中，這因大蕭條而產生對同儕參與的額外動力直到青春期才發生。但是如果——很可能即是如此——大蕭條對在附近的 Berkeley 有相似的影響的話，這個樣本中的那些男孩從更小的年紀就接觸同儕，且沒有令人尊敬的男性模範這可能可抗衡的影響，如一成功父親——此模範已出現在 Oakland 研究中的青春期前的兒子們生活中。在這方面重要的是，從針對父親缺席之家庭中的孩童研究的整體發現，他們更易於受到同儕團體的壓力， 並且表現出一些行為模式，其特點包括低成就動機和自尊，導致最後，在同儕團體的影響下，表現更大的衝動和侵略性。即使在控制社經地位的因素之下，差別仍然保持（摘要及參考文獻請見 Bronfenbrenner, 1961; Hetherington, Cox and Cox, 1977）。這些特性與那些區別在 Berkley 樣本中窮困和非窮困的年輕人的特性並非不相似。

> 在繼續中學後教育的男孩中，我們發現相當多的證據支持由大蕭條經驗所形塑的某種青春期發展模式……不論他們在艱難時代之前來自任何的階級，在窮困家庭成長的年輕人其在生活中表現較多缺乏自尊和個人意義；傾向從逆境退出、逃避承諾，並且使用自我打擊的方式；以及用受傷和脆弱感面對其他人的評論……最不負責任的青少年表現出的特性如機會主義，傾向於挑戰限制，和對衝動無法控制；這種行為模式在經濟上窮困者中會一直持續到成年時期。（pp. 270-271，286）

最後，我們已經在之前的研究回顧中看到，至少在美國，同儕團體傾向於破壞成人社會化的努力並且激起自我中心、侵略和反社會行為。

全部證據顯示增加接觸同儕團體的影響，將間接影響一個從幼兒時期就在大蕭條裡成長者，可能造成 Berkley 樣本中成年男性在教育、職業、心理發展表現的損害。若要檢驗這個推測，將需要連結窮困和非窮困孩童在他們隨後的生活歷程中的同儕參與程度。

發展生態的定義並不受限於任何單一的情境；它給予情境之間的關係，以及這些情境所被包含的大情境脈絡同等的重要性。在這些範圍更廣的應用上，Elder 的作品為對之前的生態假說提供了支持，並對產生新的假說提供了一個基礎。在這個時代，組織資料數據成為具推測意義的群組之工作，太經常被丟給預先設計好程式的電腦來做。相較而言，Elder十分小心檢查並且排列他的事實，以呈現一情境的結構與兒童在其中的經驗如何產生期望和行為的模式，這些模式的一部分將被延續，一部分則將由於在另一情境的經驗而被根本地改變。那些情境往往要求或甚至強加其他類型的活動、角色和人際關係的模式。

當然，Elder的作品最引人入勝的結果是，他展示出在一個環境的事件會對一個人數十年後，在一個迥然不同的環境中的能力和與其他人的關係有所影響。如同 Luria 指出時間向度對巨觀系統的關鍵意義，Elder證明了外圍和中間系統的連結在時間上的延長。在一個環境的經驗經常很長時間地延續到其他環境。

在 Elder 的研究過程中，最重要的環境是家人和同儕團體，而由於其特殊的特質，他們在每個人的生活歷程中都很可能是如此重要。這些特質的性質具體陳述於下一個假設中。

假設 47

一個環境的發展潛能與在其中所發生的角色、活動和關係，在一段時間中，對發展中的個人開啟並且維持其動力和活動模式之程度成函數關係，這些模式因此而獲得其自身的動量。所以，當此個人進入一個新環境時，這種模式被持續，且在缺乏制衡的情況下，範圍和強度被放大。展現這些特性和效果的微觀系統被稱為**主要環境**，而它們所引發個人身上的動機及活動模式被稱為**發展軌跡**（developmental trajectories）。

在人類社會裡最普遍和強有力的主要環境當然是家庭和工作場所，雖然後者產生我所稱為發展軌跡的效力，現下僅主要透過Kohn的作品被系統化地證明。第三個則是同儕團體，即使它不穩定和短暫的特性限制了它的影響範圍，而其他更持久的環境則會繼續是一個人生活中的重要部分。

透過 Elder 出色的分析顯示的，正是這些主要環境的運作，隱藏於他關於職業生涯故事的幕後背景，調解了經濟力量的外部影響以產生令人印象深刻的持續性。尤其，他已經點出保持並且甚至強化更早期的發展軌跡的機制，這軌跡經歷了一系列生態的轉銜，如第一個是從家到學校，然後從學校或者繼續接受教育或者直接進入工作的世界。

在考慮到偏離既有的發展過程的可能性之前，我們必須了解會啟動並且傾向於固守既有的發展軌跡的條件。Elder 表示在一環境內發生的過程之影響，可能要到一個人後來進入某些其他環境以後才觀察得到。

這樣的延遲效應在什麼情形可能出現？在 Berkeley 樣本內，早期經濟貧困的影響直到青春期才顯現出來。在 Elder 看來，這現象的關鍵因素是「從國小被保護的環境到青春期有成就表現壓力之間的轉銜」（p. 274）。不過，看起來似乎年輕人與其他環境的關係——如家庭和同儕團體——都同時經歷相似的改變。這個問題可能用假設的形式更能說明一般的情形。

假設 48

發展效果不大可能展現，除非個人從他目前的主要環境遷移至另一個可能的主要環境，即從一個挑起並正保持個人當前表現水準和方向的環境，到另一個要求個人採取行動去發現新的刺激與支持資源的環境。這樣在兩個主要環境之間的轉銜被稱為**主要轉銜**；在主要轉銜發生之後，更早期的主要環境的延遲效應將最可能被觀察到，因為這些效應通常在時間上相隔數個月或年。

這個我們現下已熟悉的原則的另一個例子為：為了展示一個生態軌跡已經形成，必須證明它有繼續並且在一個新環境中持續下去。

這個假設在方法、實質上和公共政策上有所啟示。在方法學上，此主張重新描述我們對發展效度的標準（定義 9）。它意味著一個環境持續的發展效果不能在那個相同的環境內被有效地評估。接著，這個陳述帶有一個實質性的意涵：只要一個人待在相同的主要環境中，沒有人可以確實知道這個環境對這人的心理成長是有利還是有害的影響；所觀察到的行為可能僅僅為適應的結果，並不反映任何真正發展的變化。從公共政策的角度來看，在缺乏適當研究的情況下，我們正危險地在容忍實際上對心理成長有害的長期環境情況，而且只要人們繼續在這些情況中，其不良的影響就一直不會被察覺。例如，在大型學校內的學生「看起來沒有那麼糟」。類似地，因為延遲效應，有助於發展的情況也可能被忽略；例如，在家訪方案中的孩子「看起來沒有任何特別的地方」。

或許，Elder 的結論最革命性的意涵為模式不僅具連續和下降性，並且隨著時間也可以看到在中間系統有補償和甚至重生發生。之前回顧關於機構化研究的長期影響之文獻數據亦顯示可以復原。但是，因為 Elder 的結果是處理中間系統，讓我們能夠辨識出一些生態情況，其能引發個人遠離童年之後在發展上相當可觀的變化。

在 Elder 的作品中對這個現象最清楚的證據是由對其個案生涯中上大學的先兆及後果的分析而來。在 Berkeley 研究中，大蕭條經驗是一位學生是否從大學畢業有力的預測指標。在那些大學入學者中，在他們小時候家庭遭遇到嚴重的經濟損失者，與 80%以上未經歷貧困者相比較，有 43%「做到了」。

但是，不是從大學畢業能預測大蕭條受害者的後來的職業生涯；重要的是能進大學，即在中學之後能接受高等教育。「進入大學後，經歷過貧困的人比沒有的人更可能選擇實質上會產生工作成就的課程」（Elder and Rockwell, p. 281）。結果，接觸大學教育和隨後的工作成就都不能解除他們對通往成功的不穩定路徑的挫折感，或者在成年後的「情緒痛苦和疏離、混亂和不安全」（p. 299）的心理餘悸。

不過，事實上，童年是大蕭條受害者的年輕人進入大學的能力——無論他們是否能畢業——在他們有生之年產生很大的影響。進入大學並不擔保未來，但是，Elder 和 Rockwell 分析顯示，它所提供的機會是沒被准許入大學的那些人完全無法接觸到的。

大學入學當然與社經地位有高度的相關。但是，如果這個因素被控制後，哪些個人的或是社會的情況會決定一個年輕人是否被准許入大學？Berkeley 研究未提供任何關於這個問題的數據。我們所知道就是早期的經濟貧困並不會造成差別，因為經歷貧困者進入大學的比率和未經歷貧困者完全相同。無庸置疑地，有些決定性因素的根源在個人的特質。但是，其他的則肯定是外部的因素，是情況和事件的功能與個人的資格無關。在這些情形下，是否有機會被提供成為一個生態場域的關鍵特徵，將鋪設一個人將來的發展歷程。因此我們提出下一個假設。

假設 49

心理成長的方向和水準，取決於提供給正在發展中的個人進入有助於各領域發展之環境的機會是開放或關閉的程度。

檢視這個從 Elder 和 Rockwell 的數據所浮現的現象有其啟發性。關鍵的因素看來在於那些年輕人在離開被大蕭條打擊的家庭之後所進入的環境之特性。尤其，改進情形與進入大學、結婚、服兵役和工作經歷有關。除了 Kohn 的分析提及工作場所為發展的一個情境之外，Elder 和 Rockwell 並未討論會帶來改變的新環境的品質或者轉銜的情形——同樣地，很可能因為缺乏必要的證據。不過，根據所回顧的其他研究，以及它所產生的理論建議，下列假設應該是正確的。

假設 50

從一主要環境轉銜至另一個的發展影響與下列為一個函數關係：即在舊環境裡所產生的發展軌跡，以及新環境和它與舊環境的相互連繫所顯示的挑戰和支援之間的平衡，此二者之間的配合情形。此平衡的特性可由之前的假設來定義，其中明確指出微觀、中間和外圍系統中有助於心理成長的條件，能適當地著重個人的發展階段、身體健康和融入程度而非與現有的社會秩序疏離。

最後中間系統隨著時間擴展的特徵是值得注意的。發展中的個人當一進入新環境後，即參與於新的角色、活動和人際關係的模式。如果我們整個理論取向的基本假定是正確的，這樣擴展的參與已經設定了人類發展發生的必要條件。我已經定義人類發展為「成長中的人獲得對其生態環境更廣泛、分化的，以及正確的概念的過程，並且變得有動機而能夠從事找出、維持或重建環境特性的活動，在形式和內容上有相同等級或更高的複雜程度」。此定義絕不是指僅僅進入一個新環境就是發展已經發生的一個跡象。但是一個人不能在一環境中扮演一個角色，從事適合其角色的活動，並且維持一進行中人際關係的模式而不被激發或沒有獲得「對其生態環境更廣泛、分化的，以及正確的概念」（定義 7）。因此一旦這樣的活動已經發生，一些發展便已經發生了。多少的問題就是經驗的問題。如同我在開始時說明，活動即是源頭、過程和發展的結果。因此，它在不斷擴展的生態環境裡發生的程度成為發展進步的測量。從這觀點，當個人參與在一系列新環境內的人類活動代表著一條發展軌跡正在形成。

在有點相似的理論脈絡裡，Freud 當作人類發展的指導原則肯定地說「有本我在的地方就有自我（Where id was, there shall ego be）」（1933, p. 112）。Freud 的公式完全是內在精神狀態，說白一點，就是「在這個世界之外」。相對而言，生態取向是互動的並且完全是在這個世界的：在它之內，發展牽涉到使世界成為一個人自己的和在此過程中成為一個人。如果 Freud 的精神分析指令有生態的類似形式，它會較不優雅得多，但是有可行性的實用優點。恰合一個生態模式的說法，可以用系統的術語來表達：「有外圍系統之處，就會有中間系統。」換句話說，發展中的個人開始進入並且掌握那些控制他的生活外部環境的部分。

但是，如同我一直堅持的，在一個生態過程的中心總有一個二階段的順序。不見了的連接怎麼辦？即使 Freud 從他的公式拿掉超我，生態學家也沒有理由在最後的公式中省略生態系統的「超級」層次。這層次就是巨觀系統。

雖然幾乎沒明確地指出，但是實際上巨觀系統才是最後這一章所堅持的主題。我只談到微觀、中間和外圍系統，但是加上這句話「他們是否存在，或不存在於今天的美國社會裡」就讓整個討論完全正中目標了。巨觀系統就是指社會現狀——但又並非完全是。就 Leontiev 提出的法則（參閱第二章），巨觀系統包含生態環境的藍圖，不僅是其現況，還有如果目前社會秩序被改變時，它可能成為的模樣。而且，轉變實驗一定與巨觀系統有關，因為他們代表努力於「系統化的改變和重建現有的生態系統，用挑戰社會組織、信念和在特別的文化或次文化裡流行的生活風格之形式的方式」（定義 11）。

Elder 的歷史分析對改變和重建現有的生態系統不是沒有意義的，因為它確實地挑戰某種廣泛風行於美國社會有勢力的信念系統，尤其是在人類發展領域的研究和社會政策。這些專業活動中所遍行的思想信念有很大部分的基礎深受人類功能和發展之「缺陷模式」的影響。這樣的一個模式假設我們認為不良或困擾的人類行為和發展——甚至，或特別尤其是，當不是器質性損壞的結果——反應出在一個人身上的某種缺陷；或者，從一個更文明但本質上一樣的觀點，是在那個人的直接環境內。我們就會從個人開始，尋找情感缺乏、活動過強、學習障礙、防禦機制等等的跡象。如果這個嘗試不成功，就知道下一步要從那裡找起。如果缺陷的來源不在孩童身上，就一定是在父母：他們沒為孩童提供足夠的認知刺激、他們沒處理好他們彼此的關係，或者他們的人格仍然停留在戀母情結的階段（這些可能性是無止盡的；整體來說，就是我們社會服務方案主要的目標案主是個多重問題的家庭）。並且如果問題的源頭仍不清楚，種族或者家庭所屬的社交團體總能被責備。一定是某人出了毛病，並且這個某人通常就是最先開始有問題的人或團體。專業人員的任務被認定為——無論他們是研究人員或者開業醫生——要去發現缺陷並且盡力改正，但是不要抱太多期望：終究，那些人就是這樣； 他們不是真的想要改變。

如上的指控是強烈且全面的。但無疑地這些作法在我們的文化裡很普遍。只要算算在私人和公家部門裡的專業人士和輔助人員的數量（其職責就是為了診斷出被認定在個人或者他家庭內的缺陷，以及進行改正的步驟），再次是在相同局限的範圍內，雖然沒什麼希望能有顯著、持續的改進。

至於研究方面，只要查在此領域的發表，特別是那些處理到「情境脈絡中的發展」，就會發現缺陷模式經常是問題、變項、方法和研究設計選擇的基礎。即使就在當前的期刊裡，已經有刻意地努力來調整平衡，找出可為範例的研究，其至少允許記錄族群主動、建構和合作的潛能，缺陷模式仍隱隱地在一些研究中占據一重要位置，特別是「Eichmann 實驗」，Zimbardo 的 Pirandellian 監獄和Moore對日托的長期效應之比較研究。他們都強調人性和其發展的黑暗且應該是更有力而持久的面向。

而正是這個預設點——首要性和人性的脆弱的持久——被Elder的發現所挑戰，他發現許多大蕭條時期的孩童和他們的家庭，雖然精神受到明顯的損害，仍奮鬥並克服，且在一些實例中，實際上從突然而來的貧困所帶來的創傷，以及在無回應的環境裡學習到的無助中獲益。確實，仍有一些後遺症留下，只要在人類發展領域的科學家、實務工作者和政策決策者，繼續放任現況，這些後遺症就會持續著。

替代的是拒絕缺陷模式，而支持致力於轉變實驗的研究、政策和實務。這樣改變努力的目的是雙重的。第一個，這符合科學的目標，實踐了Dearborn的名言：「如果你想要理解某樣東西，試著改變它。」但是為什麼要挑戰、改變並重建現有的社會秩序，如果不是為了更人類生態的——創造新的微觀、中間和外圍系統——以更好地面對那些需要的人，然後，如果是行得通的，將這些系統寫進修正的社會藍圖？以下遺漏的連結構成最後公式的下半部分。它適合以三人的系統來表達，因為三人系統所展現的穩定和動量。生態學家的指令是去熱愛、尊崇，和或許甚至服從 Dearborn 的名言、Leontiev的法則和Thomas論述的新版本：「以真實來創造的實驗，它們的結果也是真實的。」

附註

Note

第二章

1. 這不意味著這些環境在生態研究上無一席之地。相反地，我會辯駁說，實驗室中的研究是有力且往往是重要的工具，如果實驗室的結果配合從其他環境來的相關數據，將能闡明一特定生態環境的獨特性質。

2. 在最近一次發表於 1972 和 1974 年間的三本傑出研究期刊上〔《兒童發展》（*Child Development*）、《發展心理學》（*Developmental Psychology*）和《基因心理學學報》（*Journal of Genetic Psychology*）〕的對兒童發展研究的調查（N = 902），Larson（1975）發現 76%的研究使用實驗研究的實驗室模式；其次是使用紙筆步驟的研究（17%）；觀察研究是最少的（8%）。

第三章

1. 這麼做的社會還有中國大陸。請參考 Kessen（1975）的描述。

第四章

1. 完整的文獻回顧，請參考 Lamb（1976a）。

2. Parsons 和 Bales（1955）提供了關於以這樣四人家庭結構的性質作為社會化情境脈絡的詳細分析，但其作品基本上只是理論，未被實證支持也不導向實證研究。

3. 一般來說，社會網絡理論家（例如 Bott, 1957; Mitchell, 1969）使用密度（density）一詞來描述成員之間連結存在的程度，但對於我們所區分為開放或封閉的系統，並沒有確切相對應的部分。這種區分對人類發展生態是重要的，因為考慮到封閉的社會網絡作為社會化情境脈絡時呈幾何級數增加的力量，特別是在微觀和外圍系統（參見第九章和第十章）。

第五章

1. 研究者描述囚犯自我貶低的傾向「會接受守衛對他們的負面態度」（p. 86）。此描述讓我們注意到 Bettelheim 的陳述，他描述自身作為一個在納粹集中營囚犯的經驗，在進入監禁最後階段時，囚犯「似乎傾向於認同蓋世太保」，甚至於到一個地步會修補他們的制服，「以讓自己像那些守衛」（1943, p. 448）。的確，Bettelheim 對於觀察到的同儕囚犯隨著時間的心理改變之分析，與 Zimbardo 與其同事所描述模擬監獄的囚犯的發展歷程有驚人的相似之處。如同 Standford 研究之類似對象，集中營的囚犯最初「設法去反應…… 藉由聯合的力量也許能對支持他們被損壞的自尊有所幫助」（p. 428）。但最後卻變得無動於衷和順從，並顯出「對守衛的純稚的依賴性」，這讓他們變成「多多少少甘願是蓋世太保的工具」（pp. 444, 447）。在同意扮演僅是「偽裝的」監獄的囚犯角色之大學生的反應，與在一個悲劇的監獄情況的對應者，這兩者之間的相似性構成 Standford 實驗之生態效度額外的證據。

2. 再次地，在模擬監獄的囚犯和守衛的行為，與一所集中營中赤裸裸的現實之間，有令人訝異的相似性。因此，Bettelheim 陳述：「擁有給予或扣壓去公廁的允許權力似乎讓守衛覺得很有樂趣。

……這樂趣…… 的對應者在於囚犯去公廁所獲得的樂趣，因為在那裡他們可以脫離管理員和守衛的鞭子得到一會兒的休息與安全。但並不總是安全的，因為有時貪玩的年輕守衛挺享受即使是在這些時刻去干擾囚犯。」（1943, p. 445）。

第六章

1. 與這些研究結果一致的生理數據已在一個更早的實驗中發現，其在實驗室和家庭運用修正的陌生情境，並以心跳速率作為依變項（Sroufe, Waters, and Matas, 1974）。

2. 根據對母親與嬰兒在兩個環境中的互動之研究常給的典型指示，研究者故意造成迷惑。Belsky 的目的是要呈現從在一個環境中進行的研究去推論另一個環境中的行為是危險的。

3. 不熟悉事物對刺激幼兒壓力反應所擔任的角色，在對一歲幼兒在家中與母親分離的一個研究中描繪得很適切。當母親離開時不是由通常的門，而是由很少使用的門，幼兒顯著地展現了更大的焦慮。

4. 另外四個研究比較在日托長大與在家被撫養的孩子對與母親分離的反應，這些研究因情形特殊所以被納入。其中兩個研究並沒有發現環境顯著的影響。第一個是由 Kagan、Kearsley 和 Zelazo（1978）所進行的一個控制良好的研究，但是與標準陌生情境的作法不同的是除去陌生人介入，因而使此經驗的壓力較小。Cochran（1977）做的則是有陌生人的介入，但是在家裡進行實驗。其餘的兩個實驗中，Doyle 和 Somers（無日期），像 Moskowitz、Schwarz 和 Corsini（1977）一樣發現了在家被撫養的嬰兒組的壓力較大，但是其比較組的配對很糟。只有 Ricciuti（1974）得到與 Blehar 的假設一致的結果，認為日托的嬰兒較易受驚擾，但是他宣稱自己的研究結果有問題，因為可能在人為方法上對兩組兒童有不一致的操作。無論如何，Ricciuti 只有九個嬰兒的樣本並未獲得統計上的顯著結果。

5. 當然，有許多在臨床心理學和精神病學方面的文獻非常著重於在社會情感場域中的個人主觀經驗。然而，這個焦點通常限制在人際關係的範圍內，很少包含更大的社會結構，特別是那些在微觀系統之外的層次。而且，個人經驗通常單單被用來呈現和解釋其與一個預設的理論結構相關的部分（例如，精神分析說），也很少在一個嚴謹的研究設計架構裡被檢視，更不用說在一個被系統化地計畫的環境下。

6. Weisz 義正詞嚴地批評在實驗室之外進行的研究，因為它們傾向於蒐集僅會導致他所稱的「實證陳述」，而非理論假設。例如，關於在發展研究中觀察到兒童的差異（或他們的照顧者行為）與各種生態對照相關的研究報告，如在家和日托之間、單親和雙親、集中照顧和家庭養育、混齡和同齡的教室、勞工和中產階級的家庭、美國和俄國孩子等等。這類研究發現一定無法告訴我們太多在其所描述的層次之外的事。他們的陳腐不是由於在自然情境中蒐集數據，如 Weisz 想要暗示的，而是由於研究問題缺乏理論的本質。當然，實驗室研究盡全力地貢獻於累積統計顯著的資料庫，但是實質上，無用的研究結果往往太容易通過期刊編輯的審核，以讓我們的科學期刊暢銷。

第八章

1. 這變異的一個可能解釋已由 R. Darlington 提出，他是 Lazar 計畫的共同負責人。在個人通信中，他認為實驗方案對減少留級的效果也許被稀釋了，因為在一些學校系統，兩項結果的測量被混淆了；可能本來應該會被留下的學生卻被安置在特別方案中。

2. 研究結果的公共政策的涵義可能被誤解。目前聯邦機構間日托要求（Department of Health, Education, and Welfare, 1968）規定在機構中照顧者和孩子的比率為：三到四歲兒童 1：5；四到六歲兒童 1：7。既然在亞特蘭大實驗的低比率小組仍然是在聯邦要求之內，此實驗無法提供關於違犯這些要求的機構所產生的影響之訊息。但是，也許就是在這一個界限之外，減少的照顧者—孩子比率開始有重要的有害衝擊。開放或廢止此要求無疑會產生實務上照顧者—孩子比率的降低，因為在國家日托研究（National Day Care Study）中發現：「在所有研究的因素中，此比率對每個孩子的費用有最根本的影響。」（p. 48）

第九章

1. Hayes 和 Grether 的發現最近被 Heyns（無日期）在將近 1,500 個六年級生的樣本上重現。如同在紐約市的研究，低和中收入戶與黑和白人學生之間的差距在暑假期間不成比例地拉開。

第十章

1. 同意或不同意的註明，如「要教兒童最重要的事就是對父母完全的服從」、「世界上有兩種人：軟弱的和強壯的」和「在這個複雜的世界，知道該如何做的唯一方法是依賴領導者和專家」（Kohn, 1969, p. 79）。

2. 原始資料實際上被分為幾個階段，如「某個年級的教育」、「小學畢業」、「某個中學教育」等等。從生態模式的觀點，會更想了解（且是可行的）每個環境與轉銜對有意義的改變的相對影響。

參考文獻

Reference

Acton, J. E. 1948. *Essays on freedom and power*. Boston: Beacon Press.

Ahrens, R. 1954. Beitrag zur Entwicklung der Physionomie und Mimikerkennens. *Zeitschrift für Experimentelle und Angewandre Psychologie* 2:412–454; 599–633.

Ainsworth, M. D. 1962. The effects of maternal deprivation: a review of findings and controversy in the context of research strategy. In *Deprivation of maternal care: a re-assessment of its effects*. W. H. O. Public Health Papers, no. 14. Geneva: World Health Organization.

Ainsworth, M. D. S., and Wittig, B. A. 1969. Attachment and exploratory behavior of one-year-olds in a strange situation. In *Determinants of infant behavior,* vol. 4, ed. B. M. Foss. London: Methuen.

Ainsworth, M. D. S., and Bell, S. M. 1970. Attachment and exploratory behavior of one-year-olds in a strange situation. *Child Development* 41:49–67.

Ainsworth, M. D. S., Bell, S. M. V., and Stayton, D. 1971. Individual differences in strange situation behavior of one-year-olds. In *The origin of human social relations,* ed. H. R. Schaffer. London: Academic Press.

Aldrich, C. K., and Mendkoff, E. 1963. Relocation of the aged and disabled: a mortality study. *Journal of the American Geriatrics Society* 11:185–194.

Almeida, E. 1976. An experimental intervention for the development of competence in Mexican sixth grade children. Doctoral dissertation, Cornell University.

Ambrose, J. A. 1961. The development of the smiling response in early infancy. In *Determinants of infants behavior,* vol. 1, ed. B. M. Foss. New York: John Wiley.

Aronson, E., and Carlsmith, J. M. 1968. Experimentation in social psychology. In *The handbook of social psychology,* vol. 2, ed. G. Lindzey and E. Aronson. Reading, Mass.: Addison-Wesley.

Asch, S. E. 1956. Studies of independence and conformity: a minority of one against the unanimous majority. *Psychological Monographs* 70:no. 9 (whole no. 416)

Avgar, A., Bronfenbrenner, U., and Henderson, C. R. 1977. Socialization practices of parents, teachers, and peers in Israel: Kibbutz, Moshav, and city. *Child Development* 48:1219–1227.

Baldwin, A. L. 1947. Changes in parent behavior during pregnancy. *Child Development* 18:29–39.

Bales, R. F. 1955. Adaptive and integrative changes as sources of strain in social systems. In *Small groups: studies in social interaction*, ed. P. Hare, E. F. Borgatta, and R. F. Bales. New York: Alfred A. Knopf.

Banuazizi, A., and Movahedi, S. 1975. Interpersonal dynamics in a simulated prison: a methodological analysis. *American Psychologist* 30: 152–160.

Barker, R. G., and Gump, P. V. 1964. *Big school, small school*. Stanford, Calif.: Stanford University Press.

Barker, R. G., and Schoggen, P. 1973. *Qualities of community life*. San Francisco: Jossey-Bass.

Barker, R. G., and Wright, H. F. 1954. *Midwest and its children; the psychological ecology of an American town*. Evanston, Ill.: Row, Peterson.

Barnett, C. R., Leiderman, P. H., Grobstein, R., and Klaus, M. 1970. Neonatal separation: the maternal side of interaction deprivation. *Pediatrics* 45:197–205.

Bayley, N. 1932. A study of the crying of infants during mental and physical tests. *Journal of Genetic Psychology* 40:306329.

Bee, H. L., Van Egeren, L. F., Streissguth, A. P., Nyman, B. A., and Leckie, M. S. 1969. Social class differences in maternal teaching strategies and speech patterns. *Developmental Psychology* 1:726–734.

Bell, S. M. 1970. The development of the concept of the object and its relationship to infant-mother attachment. *Child Development* 41: 291–312.

Belsky, J. 1976. Home and laboratory: the effect of setting on mother-infant interaction. Unpublished manuscript, Cornell University.

Belsky, J., and Steinberg, L. D. 1978. The effects of day care: a critical review. *Child Development*, 49:929–949.

Benedict, R. 1934. *Patterns of culture*. New York: Houghton Mifflin.

Beres, D., and Obers, S. 1950. The effects of extreme deprivation in infancy on psychic structure in adolescence. *Psychoanalytic Study of the Child* 5:212–235.

Bettelheim, B. 1943. Individual and mass behavior in extreme situations. *Journal of Abnormal and Social Psychology* 38:417–452.

Birenbaum, G. 1930. Das Vergessen einer Vornahme. *Psychologische Forschung* 13:218–284.

Bissell, J. S. 1971. Implementation of planned variation in Head Start: first year report. Washington, D.C.: Institute of Child Health and Human Development.

Blehar, M. 1974. Anxious attachment and defensive reactions associated with day care. *Child Development* 45:683–692.

Blenkner, M., Bloom, M., and Nielsen, M. 1971. A research and demonstration project of protective services. *Social Casework* 52:483–499.

Bott, E. 1957. *Family and social network: roles, norms, and external relationships in ordinary urban families.* London: Tavistock.

Bowlby, J. 1951. *Maternal care and mental health.* Geneva: World Health Organization.

Bowles, S., and Gintis, H. 1976. *Schooling in capitalist America: educational reform and the contradictions of economic life.* New York: Basic Books.

Bridges, K. M. B. 1932. Emotional development in early infancy. *Child Development* 3:324–341.

Bronfenbrenner, U. 1951. Toward an integrated theory of personality. In *Perception, an approach to personality,* ed. R. R. Black and G. V. Remsey. New York: Ronald Press.

Bronfenbrenner, U. 1961. Some familial antecedents of responsibility and leadership in adolescents. In *Leadership and interpersonal behavior,* ed. L. Petrullo and B. L. Bass. New York: Holt, Rinehart, and Winston.

Bronfenbrenner, U. 1967. Response to pressure from peers versus adults among Soviet and American school children. *International Journal of Psychology* 2:199–208.

Bronfenbrenner, U. 1968. Early deprivation: a cross-species analysis. In *Early experience and behavior,* ed. G. Newton and S. Levine. Springfield, Ill.: Charles C. Thomas.

Bronfenbrenner, U. 1970a. *Two worlds of childhood: U.S. and U.S.S.R.* New York: Russell Sage Foundation.

Bronfenbrenner, U. 1970b. Reaction to social pressure from adults versus peers among Soviet day school and boarding school pupils in the perspective of an American sample. *Journal of Personality and Social Psychology* 15:179–189.

Bronfenbrenner, U. 1974a. Developmental research, public policy, and the ecology of childhood. *Child Development* 45:1–5.

Bronfenbrenner, U. 1974b. The origins of alienation. *Scientific American* 231:53–61.

Bronfenbrenner, U. 1974c. Developmental research and public policy. In *Social science and social welfare,* ed. J. Romanyshyn. New York: Council on Social Work Education.

Bronfenbrenner, U. 1974d. *Is early intervention effective? A report on longitudinal evaluations of preschool programs,* vol. 2. Washington, D.C.: Department of Health, Education and Welfare, Office of Child Development.

Bronfenbrenner, U. 1975. Reality and research in the ecology of human development. *Proceedings of the American Philosophical Society* 119:439–469.

Bronfenbrenner, U. 1976. Research on the effects of day care and child development. In *Toward a national policy for children and families.* Washington, D.C.: National Academy of Sciences, Advisory Committee on Child Development.

Bronfenbrenner, U. 1977a. Toward an experimental ecology of human development. *American Psychologist* 32:513–531.

Bronfenbrenner, U. 1977b. Lewinian space and ecological substance. *Journal of Social Issues* 33:199–213.

Bronfenbrenner, U. 1978a. The social role of the child in ecological perspective. *Zeitschrift für Soziologie* 7:4–20.

Bronfenbrenner, U. 1978b. Who needs parent education? *Teachers College Record* 79:767–787.

Bronfenbrenner, U., Belsky, J., and Steinberg, L. 1976. Day care in context: an ecological perspective on research and public policy. Review prepared for the Office of the Assistant Secretary of Planning and Evaluation, Department of Health, Education and Welfare, Washington, D.C.

Bronfenbrenner, U., and Cochran, M. 1976. The comparative ecology of human development: a research proposal. Department of Human Development and Family Studies, Cornell University.

Brookhart, J., and Hock, E. 1976. The effects of experimental context and experiential background on infants' behavior toward their mothers and a stranger. *Child Development* 47:333–340.

Brunswik, E. 1943. Organismic achievement and environmental probability. *Psychological Review* 50:255–272.

Brunswik, E. 1956. Historical and thematic relations of psychology to other sciences. *Science Monitor* 83:151–161.

Brunswik, E. 1957. Scope and aspects of the cognitive problem. In *Contemporary approaches to cognition: a symposium held at the University of Colorado,* ed. H. Gruber, R. Jessor, and R. Hammond. Cambridge, Mass.: Harvard University Press.

Casler, L. 1961. Maternal deprivation: a critical review of the literature. *Monographs of the Society for Research in Child Development,* 26, no. 2.

Casler, L. 1968. Perceptual deprivation in institutional settings. In *Early experience and behavior,* ed. G. Newton and S. Levine. Springfield, Ill.: Charles C. Thomas.

Clarke, A. D. B., and Clarke, A. M. 1954. Cognitive changes in the feebleminded. *British Journal of Psychology* 45:173–179.

Clarke, A. D. B., and Clarke, A. M. 1959. Recovery from the effects of deprivation. *Acta Psychologica* 16:137–144.

Clarke, A. M., and Clarke, A. D. B. 1976. *Early experiences myth and evidence.* London: Open Books.

Clarke, A. D. B., Clarke, A. M., and Reiman, S. 1958. Cognitive and social changes in the feebleminded—three further studies. *British Journal of Psychology* 49:144–157.

Clausen, J. A. 1966. Family structure, socialization, and personality. In *Review of Child Development Research,* vol. 2, ed. L. W. Hoffman and M. L. Hoffman. New York: Russell Sage Foundation.

Cochran, M. M. 1973. A comparison of nursery and non-nursery childrearing patterns in Sweden. Doctoral dissertation, University of Michigan.

Cochran, M. M. 1974. A study of group day care and family childrearing patterns in Sweden: second phase. Department of Human Development and Family Studies, Cornell University.

Cochran, M. M. 1975. The Swedish childrearing study: an example of the ecological approach to the study of human development. Paper presented at the Second Biennial Conference of the International Society for the Study of Behavioral Development, University of Surrey.

Cochran, M. M. 1977. A comparison of group day and family childrearing patterns in Sweden. *Child Development* 48:702–707.

Cochran, M. M., and Bronfenbrenner, U. 1978. Child rearing, parenthood, and the world of work. In *Work in America: the decade ahead,* ed. C. Kerr and J. M. Rosow. Scarsdale, N.Y.: Work in America Institute.

Cohen, S., Glass, D. C., and Singer, J. E. 1973. Apartment noise, auditory discrimination and reading ability in children. *Journal of Experimental Social Psychology* 9:407–422.

Cole, M., and Scribner, S., 1974. *Culture and thought: a psychological interpretation.* New York: John Wiley.

Cole, M., Gay, J., Glick, J. A., and Sharp, D. W. 1971. *The cultural context of learning and thinking.* New York: Basic Books.

Cole, M., Hood, L., and McDermott, R. P. 1978. Concepts of ecological validity: their differing implications for comparative cognitive research. *Quarterly Newsletter of the Institute for Comparative Human Development* 2:34–37.

Cole, M., and I. Maltzman, eds. 1969. *A handbook of contemporary Soviet psychology.* New York: Basic Books.

Committee on the Judiciary of the United States Senate. 1975. *Our nation's schools—a report card: "A" in school violence and vandalism.* Preliminary report of the Subcommittee to Investigate Juvenile Delinquency. Washington, D.C.: U.S. Government Printing Office.

Cooley, C. H. 1902. *Human nature and the social order.* New York: Scribner.

Cottrell, L. S. 1942. The analysis of situational fields in social psychology. *American Sociological Review* 7:370–382.

Cronbach, L. J., and Meehl, P. E. 1955. Construct validity in psychological tests. *Psychological Bulletin* 52:281–302.

DeJong, W. 1975. Another look at Banuazizi and Movahedi's analysis of the Stanford prison experiment. *American Psychologist* 30:1013–15.

Dennis, W. 1960. Causes of retardation among institutional children: Iran. *Journal of Genetic Psychology* 96:47–59.

Dennis, W., and Najarian, P. 1957. Infant development under environmental handicaps. *Psychological Monographs* 71, no. 7.

Dennis, W., and Sayegh, Y. 1965. The effect of supplementary experiences upon the behavioral development of infants in institutions. *Child Development* 36:81–90.

Department of Health, Education, and Welfare. 1968. *Federal Interagency Day Care Requirements.* DHEW Publication no. (OHD) 76-31081.

Devereux, E. C., Bronfenbrenner, U., and Rodgers, R. R. 1969. Childrearing in England and the United States: a cross-national comparison. *Journal of Marriage and the Family* 31:257–270.

Devereux, E. C., Bronfenbrenner, U., and Suci, G. J. 1962. Patterns of parent behavior in America and West Germany: a cross-national comparison. *International Social Science Journal* 14:488–506.

Devereux, E. C., Shouval, R., Bronfenbrenner, U., Rodgers, R. R., Kav-Venaki, S., Kiely, E., and Karson, E. 1974. Socialization practices of parents, teachers, and peers in Israel: the kibbutz versus the city. *Child Development* 45:269–281.

Dewey, J. 1913. *The school in society.* Chicago: University of Chicago Press.

Dewey, J. 1916. *Democracy and education: an introduction to the philosophy of education.* New York: Macmillan.

Dewey, J. 1931. *The child and the curriculum.* Chicago: University of Chicago Press.

DiLorenzo, L. T. 1969. Pre-kindergarten programs for educationally disadvantaged children: final report. Washington, D.C.: U.S. Office of Education.

Doll, E. A. 1953. *The measurement of social competence: a manual for the Vineland social maturity scale.* Minneapolis: Educational Test Bureau, Educational Publishers.

Doyle, C. L. 1975a. Interpersonal dynamics in role playing. *American Psychologist* 30:1011–013.

Doyle, A. 1975b. Infant development in day care. *Developmental Psychology* 11:655–656.

Doyle, A., and Somers, K. The effects of group and family day care on infant attachment. Unpublished manuscript, Department of Psychology, Concordia University, Montreal, no date.

Elder, G. H., Jr. 1974. *Children of the Great Depression.* Chicago: University of Chicago Press.

Elder, G. H., Jr. 1979. Historical change in life patterns and personality. In *Lifespan development and behavior*, vol. 2, ed. P. Baltes and O. Brim. New York: Academic Press, 117–159.

Elder, G. H., Jr., and Rockwell, R. C. 1978. Economic depression and postwar opportunity in men's lives: a study of life patterns and health.

In *Research in community and mental health,* ed. R. A. Simmons. Greenwich, Conn.: J A I Press, 240–303.

Elkonin, D. B. 1978. *Psikhologiya igry* (The psychology of play). Moscow: U.S.S.R. Academy of Pedagogical Sciences.

Elliot, V. 1973. Impact of day care on the economic status of the family. In *A summary of the Pennsylvania day care study,* ed. D. Peters. University Park: Pennsylvania State University.

Felner, R. D., Stolberg, A., and Cowan, E. L. 1975. Crisis events and school mental health referral patterns of young children. *Journal of Consulting Clinical Psychology* 43:305–310.

Fraiberg, S. H. 1977. *Every child's birthright: in defense of mothering.* New York: Basic Books.

Freud, S. 1933. *New introductory lectures on psycho-analysis.* New York: W. W. Norton.

Furstenberg, F. 1976. *Unplanned parenthood: the social consequences of teenage child bearing.* New York: Free Press.

Garbarino, J. 1975. A note on the effects of television viewing. In *Influences on human development,* 2d ed., ed. U. Bronfenbrenner and M. A. Mahoney. Hinsdale, Ill.: Dryden Press.

Garbarino, J. 1976. A preliminary study of some ecological correlates of child abuse: the impact of socioeconomic stress on mothers. *Child Development* 47:178–185.

Garbarino, J., and Bronfenbrenner, U. 1976. The socialization of moral judgment and behavior in cross-cultural perspective. In *Moral development and behavior,* ed. T. Lickona. New York: Holt, Rinehart, and Winston.

Geismar, L. L., and Ayres, B. 1960. Measuring family functioning. St. Paul, Minn.: Family Center Project, St. Paul United Fund and Council.

Gesell, A. L. 1948. *The first five years of life.* New York: Harper.

Getzels, J. W. 1969. A social psychology of education. In *The handbook of social psychology,* 2d ed., vol. 5, ed. G. Lindzey and E. Aronson. Reading, Mass.: Addison-Wesley.

Gewirtz, J. L. 1965. The course of infant smiling in four child-rearing environments in Israel. In *Determinants of infant behaviour,* vol. 3, ed. B. M. Foss. New York: John Wiley.

Gilmer, B., Miller, J. O., and Gray, S. W. 1970. Intervention with mothers and young children: study of intra-family effects. Nashville, Tenn.: DARCEE Demonstration and Research Center for Early Education.

Giovannoni, J., and Billingsley, A. 1970. Child neglect among the poor: a study of parental adequacy in families of three ethnic groups. *Child Welfare* 49:196–204.

Glick, P. C. 1978. Social change in the American family. *Social Welfare Forum, 1977.* New York: Columbia University Press.

Golden, M., Rosenbluth, L., Grossi, M., Policare, H., Freeman, H., and

Brownlee, E. 1978. The New York City infant day care study. New York: Medical and Health Research Association of New York City.
Goldfarb, W. 1943a. The effects of early institutional care on adolescent personality. *Journal of Experimental Education* 12:106–129.
Goldfarb, W. 1943b. Infant rearing and problem behavior. *American Journal of Orthopsychiatry* 13:249–265.
Goldfarb, W. 1955. Emotion and intellectual consequences of psychological deprivation in infancy: a re-evaluation. In *Psychopathology of childhood,* ed. P. H. Hoch and J. Zubin. New York: Grune and Stratton.
Graves, Z. R., and Glick, J. 1978. The effect of context on mother-child interaction: a progress report. *The Quarterly Newsletter of the Institute for Comparative Human Development* 2:41–46.
Gunnarsson, L. 1973. Family day care homes: an alternative form of child care. Masters thesis, University of Michigan.
Gunnarrsson, L. 1978. Children in day care and family care in Sweden: a follow-up. Doctoral dissertation, University of Michigan.
Hales, D. 1977. How early is early contact? Defining the limits of the sensitive period. Paper prepared for presentation at the meeting of the Society for Research in Child Development, New Orleans.
Hales, D., Kennell, J. H., and Susa, R. 1976. How early is early contact? Defining the limits of the sensitive period. Report to the Foundation for Child Development on the Ecology of Human Development Program. New York: Foundation for Child Development.
Haney, C., Banks, C., and Zimbardo, P. 1973. Interpersonal dynamics in a simulated prison. *International Journal of Criminology and Penology* 1:69–97.
Harnischfeger, A., and Wiley, D. E. 1975. *Achievement test score decline: do we need to worry?* Chicago: *CEMREL.*
Harrell, J. 1973. Substitute child care, maternal employment and the quality of mother-child interaction. In A summary of the Pennsylvania day care study, ed. D. Peters. Pennsylvania State University, mimeographed.
Harrell, J., and Ridley, C. 1975. Substitute child care, maternal employment and the quality of mother-child interaction. *Journal of Marriage and the Family* 37:556–565.
Hartup, W. W. 1970. Peer interaction and social organization. In *Manual of child psychology,* vol. 2, ed. P. H. Mussen. New York: John Wiley.
Hayes, D., and Grether, J. 1969. The school year and vacation: when do students learn? Paper presented at the Eastern Sociological Convention, New York.
Heinicke, C. 1956. Some effects of separating two-year-old children from their parents: a comparative study. *Human Relations* 9:105–176.
Heinicke, C. M., and Westheimer, I. J. 1965. *Brief separations.* New York: International Universities Press.

Hertzig, M. E., Birch, H. G., Thomas, A., and Mendez, O. A. 1968. Class and ethnic differences in the responsiveness of preschool children to cognitive demands. *Monographs of the Society for Research in Child Development* 33:no. 1, serial no. 117.

Hess, R. D. 1970. Social class and ethnic influences on socialization. In *Manual of child psychology,* vol. 2, ed. P. H. Mussen. New York: John Wiley.

Hetherington, E. M. 1972. Effect of paternal absence on personality development in adolescent daughters. *Developmental Psychology* 7: 313–326.

Hetherington, E. M., Cox, M., and Cox, R. 1976. Divorced fathers. *The Family Coordinator* 25:417–428.

Hetherington, E. M., Cox, M., and Cox, R. 1977. The development of children in mother-headed families. Paper presented at the Conference of Families in Contemporary America. Washington, D.C.: George Washington University.

Hetherington, E. M., Cox, M., and Cox, R. 1978. The aftermath of divorce. In *Mother-child, father-child relations,* ed. J. H. Stevens and M. Mathews. Washington, D.C.: National Association for the Education of Young Children.

Heyns, B. (no date) *Exposure and the effects of schooling*. Cambridge, Mass. Center for the Study of Public Policy.

Husserl, E. 1950. *Ideen zu einer reinen Phänomenologie und phänomenologischen Philosophie*. Haag: M. Nijhoff.

Jones, N. B., ed. 1972. *Ethological studies of child behavior*. Cambridge: Cambridge University Press.

Kagan, J., Kearsley, R., and Zelazo, P. 1978. *Infancy: its place in human development*. Cambridge, Mass.: Harvard University Press.

Karnes, M. B. 1969. Research and development program on preschool disadvantaged children: final report. Washington, D.C.: U.S. Office of Education.

Karnes, M. B., Hodgins, A. S., and Teska, J. A. 1969. The impact of at-home instruction by mothers on performance in the Ameliorative preschool. In Research and development program on preschool disadvantaged children: final report, ed. M. B. Karnes. Washington, D.C.: U.S. Office of Education.

Karnes, M. B., Teska, J. A., Hodgins, A. S., and Badger, E. D. 1970. Educational intervention at home by mothers of disadvantaged infants. *Child Development* 41:925–935.

Katz, D. 1911. *Die Erscheinungsweisen der Farben*. Leipzig: Barth.

Katz, D. 1930. *Der Aufbau der Farbwelt*. Leipzig: Barth.

Kav-Venaki, S., Eyal, N., Bronfenbrenner, U., Kiely, E., and Caplan, D. 1976. The effect of Russian versus Hebrew instructions on the reaction to social pressure of Russian-born Israeli children. *Journal of Experimental Social Psychology* 12:70–86.

Kennell, J. H., Jerauld, R., Wolfe, H., Chesler, D., Kreger, N. C., McAlpine, W., Steffa, J., and Klaus, M. H. 1974. Maternal behavior one year after early and extended post-partum contact. *Developmental Medicine and Child Neurology* 16:172–179.

Kennell, J. H., Trause, M. A., and Klaus, M H. 1975. Evidence for a sensitive period in the human mother. In *CIBA Foundation Symposium 33* (new series). Amsterdam: Elsevier.

Kessen, W., ed. 1975. *Childhood in China*. New Haven: Yale University Press.

Klaus, M. H., and Kennell, J. H. 1976. *Maternal-infant bonding*. St. Louis: Mosby.

Klaus, M. H., Jerauld, R., Kreger, N. C., McAlpine, W., Steffa, M., and Kennell, J. H. 1972. Maternal attachment: importance of the first post-partum day. *New England Journal of Medicine* 286:460–463.

Klaus, M. H., Kennell, J. H., Plumb, N., and Zuehlke, S. 1970. Human maternal behavior at the first contact with her young. *Pediatrics* 46: 187–192.

Klaus, M. H., Trause, M. A., and Kennell, J. H. 1975. Does human maternal behavior after a delivery show a characteristic pattern? In *CIBA Foundation Symposium 33* (new series). Amsterdam: Elsevier.

Koffka, K. 1935. *Principles of Gestalt psychology*. New York: Harcourt Brace.

Kogan, K., and Wimberger, H. 1969. Interaction patterns in disadvantaged families. *Journal of Clinical Psychology* 25:347–352.

Köhler, K. 1929. *Gestalt psychology*. New York: Liveright.

Köhler, K. 1938. *The place of value in a world of facts*. New York: Liveright.

Kohn, M. L. 1963. Social class and parent-child relationships: an interpretation. *American Journal of Sociology* 68:471–480.

Kohn, M. L. 1969. *Class and conformity: a study in values*. Homewood, Ill.: Dorsey Press.

Kohn, M. L. 1977. Class and conformity: reassessment, 1977. In *Class and conformity: a study in values,* 2d ed., ed. M. Kohn. Chicago: University of Chicago Press.

Kohn, M. L., and Schooler, C. 1973. Occupational experience and psychological functioning: an assessment of reciprocal effects. *American Sociological Review* 38:97–118.

Kohn, M. L., and Schooler, C. 1978. The reciprocal effects of the substantive complexity of work and intellectual flexibility: a longitudinal assessment. *American Journal of Sociology* 84:24–52.

Kotelchuck, M., Zelazo, P., Kagan, J., and Spelke, E. 1975. Infant reaction to parental separations when left with familiar and unfamiliar adults. *Journal of Genetic Psychology* 126:255–262.

Labov, W. 1967. Some sources of reading problems for Negro speakers of non-standard English. In *New directions in elementary English,* ed. A. Frazier. Champaign, Ill.: National Council of Teachers of English.

Labov, W. 1970. The logic of nonstandard English. In *Language and poverty*, ed. F. Williams. Chicago: Markham.

Lally, R. 1973. The family development research program, progress report. Syracuse University.

Lally, R. 1974. The family development research program, progress report. Syracuse University.

Lamb, M. E. 1975. Infants, fathers, and mothers: interaction at 8 months of age in the home and in the laboratory. Paper presented at the meeting of the Eastern Psychological Association, New York.

Lamb, M. E. 1976a. The role of the father: an overview. In *The role of the father in child development*, ed. M. E. Lamb. New York: John Wiley.

Lamb, M. E. 1976b. Effects of stress and cohort on mother- and father-infant interaction. *Developmental Psychology* 12:435–443.

Lamb, M. E. 1976c. Interactions between eight-month-old children and their fathers and mothers. In *The role of the father in child development*, ed. M. E. Lamb. New York: John Wiley.

Lamb, M. E. 1977. The development of mother-infant and father-infant attachments in the second year of life. *Developmental Psychology* 13:637–648.

Lamb, M. E. 1978. Infant social cognition and small "second order" effects. *Infant Behavior and Development* 1:1-10.

Larson, M. T. 1975. Current trends in child development research. Unpublished manuscript, School of Home Economics, University of North Carolina.

Lay, M., and Meyer, W. 1973. *Teacher/child behaviors in an open environment day care program*. Syracuse University Children's Center, mimeographed.

Lazar, I., and Darlington, R. B. 1978. Lasting effects after preschool. New York State College of Human Ecology, Cornell University.

Lazar, I., Hubbell, B. R., Murray, H., Rosche, M., and Royce, J. 1977a. Persistence of preschool effects: final report. Grant no. 18–76–07843 to the Administration on Children, Youth and Families. Washington, D.C.: Office of Human Development Services, U.S. Department of Health, Education and Welfare.

Lazar, I., Hubbell, B. R., Murray, H., Rosche, M., and Royce, J. 1977b. Summary: the persistence of preschool effects; summary of final report. Grant no. 18–76–07843 to the Administration on Children, Youth and Families. Washington, D.C.: Office of Human Development Services, U.S. Department of Health, Education and Welfare.

Leontiev, A. N. 1964. *Problems of mental development*. Washington, D.C.: U.S. Joint Publications Research Service.

Lester, B. M., Kotelchuck, M., Spelke, E., Sellers, M. J., and Klein, R. E.

1974. Separation protest in Guatemalan infants: cross-cultural and cognitive findings. *Developmental Psychology* 10:79–85.

Levenstein, P. 1970. Cognitive growth in preschoolers through verbal interaction with mothers. *American Journal of Orthopsychiatry* 40: 426–432.

Lewin, K. 1917. Kriegslandschaft. *Zeitschrift für Angewandte Psychologie* 12:440–447.

Lewin, K. 1931. Environmental forces in child behavior and development. In *A handbook of child psychology,* ed. C. Murchison. Worcester, Mass.: Clark University Press.

Lewin, K. 1935. *A dynamic theory of personality*. New York: McGraw-Hill.

Lewin, K. 1943. Defining the "field at a given time." *Psychological Review* 50:292–310.

Lewin, K. 1948. *Resolving social conflicts, selected papers on group dynamics*. New York: Harper.

Lewin, K. 1951. *Field theory in social science, selected theoretical papers.* New York: Harper.

Lewin, K., Lippitt, R., and White, R. K. 1939. Patterns of aggressive behavior in experimentally created "social climates." *Journal of Social Psychology* 10:271–299.

Liebert, R. M., Neale, J. M., and Davidson, E. S. 1973. *The early window: effects of television on children and youth*. New York: Pergamon Press.

Linton, R. 1936. *The study of man*. New York: Appleton-Century.

Lippitt, R. 1940. An experimental study of the effect of democratic and authoritarian group atmospheres. *Studies in topological and vector psychology I*. University of Iowa Studies in Child Welfare 16: 44–195.

Lippman, M. A., and Grote, B. H. 1974. Socio-emotional effects of day care: final project report. Bellingham, Wash.: Western Washington State College.

Littenberg, R., Tulkin, S. R., and Kakan, J. 1971. Cognitive components of separation anxiety. *Developmental Psychology* 4:387–388.

Luria, A. R. 1976. *Cognitive development: its cultural and social foundations*. Cambridge, Mass.: Harvard University Press.

Lüscher, K. 1971. Dreizehnjährige Schweizer zwischen Peers und Erwachsenen im interkulturellen Vergleich. (13-year-old Swiss children between peers and adults in cross-cultural comparison.) *Schweizerische Zeitschrift für Psychologie und Ihre Andwendungen* 30:219–229.

Lüscher, K., and Fisch, R. 1977. Das Sozialisationswissen junger Eltern (The socialization knowledge of young parents). Konstanz, West Germany: University of Konstanz, Project Group "Familiäre Sozialisation."

Maas, H. 1963. Long-term effects of early childhood separation and group care. *Vita Humana* 6:34–56.

Maccoby, E. E. 1951. Television: its impact on school children. *Public Opinion Quarterly* 15:421–444.

MacLeod, R. B. 1947. The phenomenological approach to social psychology. *Psychological Review* 54:193–210.

Macrae, J. W., and Herbert-Jackson, E. 1976. Are behavioral effects of infant day care program specific? *Developmental Psychology* 12: 269–270.

Mayhew, H. 1968. *London labour and the London poor*, vol. 1. New York: Dover Publications (originally published by Griffin, Bohn, in 1861–62.)

McAllister, R. J., Butler, E. W., and Lei, T. 1973. Patterns of social interaction among families of behaviorally retarded children. *Journal of Marriage and the Family* 35:93–100.

McCall, R. B. 1977. Challenges to a science of developmental psychology. *Child Development* 48:333–344.

McCutcheon, B., and Calhoun, K. 1976. Social and emotional adjustment of infants and toddlers to a day care setting. *American Journal of Orthopsychiatry* 46:104–108.

McGrew, W. C. 1972. *An ethological study of children's behavior*. New York: Academic Press.

McNeil, E. B. 1962. Waging experimental war: a review. *Journal of Conflict Resolution* 6:77–81.

Mead, G. H. 1934. *Mind, self, and society*. Chicago: University of Chicago Press.

Mercer, J. 1971. Sociocultural factors in labeling mental retardates. *The Peabody Journal of Education* 48:188–203.

Meyers, L. 1973. The relationship between substitute child care, maternal employment and female marital satisfaction. In A summary of the Pennsylvania day care study, ed. D. Peters. Pennsylvania State University, mimeographed.

Milgram, S. 1963. Behavioral study of obedience. *Journal of Abnormal and Social Psychology* 67:371–378.

Milgram, S. 1964. Group pressure and action against a person. *Journal of Abnormal and Social Psychology* 69:137–143.

Milgram, S. 1965a. Liberating effects of group pressure. *Journal of Personality and Social Psychology* 1:127–134.

Milgram, S. 1965b. Some conditions of obedience and disobedience to authority. *Human Relations* 18:57–76.

Milgram, S. 1974. *Obedience to authority*. New York: Harper & Row.

Mills, C. W. 1956. *The power elite*. New York: Oxford University Press.

Mitchell, J. C. ed. 1969. *Social networks in urban situations*. Manchester: Manchester University Press.

Moore, T. 1964 Children of full-time and part-time mothers. *International Journal of Social Psychiatry*, Special Congress Issue #2:1–10.
Moore, T. 1972. The later outcomes of early care by the mother and substitute daily regimes. In *Determinants of behavioral development*, ed. F. J. Monks, W. W. Hartup, and J. deWitt. New York: Academic Press.
Moore, T. 1975. Exclusive early mothering and its alternatives: the outcome to adolescence. *Scandinavian Journal of Psychology* 16:255–272.
Morgan, G. A., and Ricciuti, H. N. 1965. Infants' responses to strangers during the first year. In *Determinants of infant behavior*, vol. 4, ed. B. M. Foss. London: Methuen.
Moskowitz, D. S., Schwarz, J. C., and Corsini, D. A. 1977. Initiating day care at three years of age: effects on attachment. *Child Development* 48:1271–76.
Moustakas, C. E., Sigel, I. E., and Schalock, H. D. 1956. An objective method for measurement and analysis of child-adult behavior interaction. *Child Development* 27:109–134.
Nerlove, S., Bronfenbrenner, U., Blum, K., Robinson, J., and Koel, A. 1978. Transcultural code of molar activities of children and caretakers in modern industrialized societies. Department of Human Development and Family Studies, Cornell University, mimeographed.
O'Connor, N. 1956. The evidence for the permanently disturbing effects of mother-child separation. *Acta Psychologica* 12:174–191.
O'Connor, N. 1968. Children in restricted environments. In *Early experience and behavior*, ed. G. Newton and S. Levine. Springfield, Ill.: Charles C. Thomas.
Ogbu, J. U. 1974. *The next generation: an ethnography of education in an urban neighborhood.* New York: Academic Press.
Orlansky, H. 1949. Infant care and personality. *Psychological Bulletin* 46:1–48.
Orne, M. T. 1962. On the social psychology of the experiment: with particular reference to demand characteristics and their implications. *American Psychologist* 17:776–783.
Orne, M. T. 1973. Communication by the total experimental situation: why is it important, how it is evaluated, and its significance for the ecological validity of findings. In *Communication and affect*, ed. P. Pliner, L. Krames, and T. Alloway. New York: Academic Press.
O'Rourke, J. F. 1963. Field and laboratory: the decision-making behavior of family groups in two experimental conditions. *Sociometry* 26: 422–435.
Ovsiankina, M. 1928. Die Wiederaufnahme unterbrochener Handlungen. (The resumption of interrupted actions.) *Psychologische Forschung* 11:302–379.
Parke, R. D. 1978. Parent-infant interaction: progress, paradigms, and

problems. In *Observing behavior, vol. 1, theory and application in mental retardation,* ed. G. P. Sackett. Baltimore: University Park Press.

Parke, R. D. 1979. Interactional design and experimental manipulation: the field lab interface. In *Social interaction: methods, analysis and illustration,* ed. R. B. Cairns. Hillsdale, N.J.: Erlbaum Associates, in press.

Parsons, T. 1955. Family structure and the socialization of the child. In *Family, socialization and interaction process,* ed. T. Parsons and R. F. Bales. Glencoe, Ill.: Free Press.

Parsons, T., and Bales, R. F. 1955. *Family, socialization, and interaction process.* Glencoe, Ill.: Free Press.

Pederson, F. A. 1976. Mother, father, and infant as an interaction system. Paper presented at the annual meeting of the American Psychological Association, Washington, D.C.

Piaget, J. 1954. *The construction of reality in the child.* New York: Basic Books.

Piaget, J. 1962. *Play, dreams and imitation in childhood.* London: Routledge and Paul.

Piliavin, I. M., Rodin, J., and Piliavin, J. A. 1969. Good samaritanism: an underground phenomenon? *Journal of Personality and Social Psychology* 13:289–299.

Pinneau, S. 1955. The infantile disorders of hospitalism and anaclitic depression. *Psychological Bulletin* 52:429–452.

Portnoy, F., and Simmons, C. 1978. Day care and attachment. *Child Development* 49:239–242.

Prescott, E. 1973. A comparison of three types of day care and nursery school-home care. Paper presented at the Society for Research in Child Development, Philadelphia.

Pringle, M. L., and Bossio, B. 1958. A study of deprived children. *Vita Humana* 1:65–92, 142–170.

Provence, S., and Lipton, R. 1962. *Infants in institutions.* New York: International University Press.

Prugh, D. G., Staub, E. M., Sands, H. H., Kirschbaum, R. M., and Lenihan, E. A. 1953. A study of the emotional reactions of children in families to hospitalization and illness. *American Journal of Orthopsychiatry* 23:70–106.

Ramey, C., and Campbell, F. 1977. The prevention of developmental retardation in high-risk children. In *Research to practice in mental retardation, vol. 1, Care and intervention,* ed. P. Mittler. Baltimore: University Park Press.

Ramey, C., and Smith, B. 1977. Assessing the intellectual consequences of early intervention with high-risk infants. *American Journal of Mental Deficiency* 81:318–324.

Raph, J. B., Thomas, A., Chess, S., and Korn, S. J. 1968. The influence of nursery school on social interactions. *American Journal of Orthopsychiatry* 38:144–152.

Razmyslov, P. 1934. Vygotsky and Luria's cultural-historical theory of psychology. *Moscow: Knigii Proletarskoi Revolutsii* 4:78–86.

Rheingold, H. L., ed. 1963. *Maternal behavior in mammals.* New York: John Wiley.

Rheingold, H. L. 1969a. The social and socializing infant. In *Handbook of socialization theory and research,* ed. D. A. Goslin. Chicago: Rand McNally.

Rheingold, H. L. 1969b. The effect of a strange environment on the behavior of infants. In *Determinants of infant behavior,* vol. 4, ed. B. M. Foss. London: Methuen.

Rheingold, H. L., and Eckerman, C. O. 1970. The infant separates himself from his mother. *Science* 168:78–90.

Ricciuti, H. N. 1974. Fear and development of social attachments in the first year of life. In *The origins of human behavior: fear,* eds. M. Lewis and L. A. Rosenblum. New York: John Wiley.

Ricciuti, H. N. 1976. Effects of infant day care experience on behavior and development: research and implications for social policy. Paper prepared for the Office of the Assistant Secretary for Planning and Evaluation. Department of Health, Education, and Welfare.

Ringler, N. 1977. Mothers' speech to her two-year-old child: its effect on speech and language comprehension at five years. Paper presented at the Annual Meeting of the Pediatric Research Society, St. Louis.

Ringler, H., Kennell, J. H., Jarvella, R., Navojosky, R. J., and Klaus, M. H. 1975. Mother-to-child speech at two years—effects of early postnatal contact. *Journal of Pediatrics* 86:141–144.

Rodgers, R. R. 1971. Changes in parental behavior reported by children in West Germany and the United States. *Human Development* 14: 208–224.

Rodgers, R. R., Bronfenbrenner, U., and Devereux, E. C. 1968. Standards of social behavior among children in four cultures. *International Journal of Psychology* 3:31–41.

Rosenthal, R., and Jacobson, L. 1968. *Pygmalion in the classroom: teacher expectation and pupils' intellectual development.* New York: Holt, Rinehart, and Winston.

Ross, G., Kagan, J., Zelazo, P., and Kotelchuck, M. 1975. Separation protest in infants in home and laboratory. *Developmental Psychology* 11:256–257.

Santrock, J. W. 1975. Father absence, perceived maternal behavior, and moral development in boys. *Child Development* 46:753–757.

Sarbin, T. R. 1968. Role: psychological aspects. In *International encyclopedia of the social sciences,* vol. 13. New York: Macmillan.

Scarr-Salapatek, S., and Williams, M. L. 1973. The effects of early stimulation on low-birth weight infants. *Child Development* 44:94–101.

Schaefer, E. S. 1968. Progress report: intellectual stimulation of culturally-deprived parents. National Institute of Mental Health.

Schaefer, E. S. 1970. Need for early and continuing education. In *Education of the infant and young child,* ed. V. H. Denenberg. New York: Academic Press.

Schaefer, E. S., and Aaronson, M. 1972. Infant education research project: implementation and implications of the home-tutoring program. In *The preschool in action,* ed. R. K. Parker. Boston: Allyn and Bacon.

Schaffer, H. R. 1958. Objective observations of personality development in early infancy. *British Journal of Medical Psychology* 31:174–183.

Schaffer, H. R. 1963. Some issues for research in the study of attachment behavior. In *Determinants of infant behavior,* vol. 2, ed. B. M. Foss. New York: John Wiley.

Schaffer, H. R. 1965. Changes in developmental quotient under two conditions of maternal separation. *British Journal of Social and Clinical Psychology* 4:39–46.

Schaffer, H. R., and Callender, W. M. 1959. Psychologic effects of hospitalization in infancy. *Pediatrics* 24:528–539.

Schaffer, H. R., and Emerson, P. E. 1964. The development of social attachments in infancy. *Monographs of the Society for Research in Child Development* 29;no. 3, serial no. 94.

Schalock, H. D. 1956. Observation of mother-child interaction in the laboratory and in the home. *Dissertation Abstracts* 16:707.

Schlieper, A. 1975. Mother-child interaction at home. *American Journal of Orthopsychiatry* 45:468–472.

Schwarz, J. C., and Wynn, R. 1971. The effects of mothers' presence and previsits on children's emotional reaction to starting nursery school. *Child Development* 42:871–881.

Schwarz, J. C., Krolick, G., and Strickland, R. G. 1973. Effects of early day care experience on adjustment to a new environment. *American Journal of Orthopsychiatry* 43:340–346.

Schwarz, J. C., Strickland, R. G., and Krolick, G. 1974. Infant day care: behavioral effects at preschool age. *Developmental Psychology* 10: 502–506.

Seaver, W. B. 1973. Effects of naturally induced teacher expectancies. *Journal of Personality and Social Psychology* 28:333–342.

Seitz, V., Abelson, W. D., Levine, E., and Zigler, E. 1975. Effects of place of testing on the Peabody Picture Vocabulary Test scores of disadvantaged Head Start and non-Head Start children. *Child Development* 46:481–486.

Shapira, A., and Madsen, M. C. 1969. Cooperative and competitive behavior of kibbutz and urban children in Israel. *Child Development* 40:609–617.

Sherif, M. 1956. Experiments in group conflicts. *Scientific American* 195:54–58.

Sherif, M., Harvey, O. J., Hoyt, B. J., Hood, W. R., and Sherif, C. W. 1961. *Intergroup conflict and cooperation: the robbers cave experiment*. Norman: University of Oklahoma Book Exchange.

Shouval, R. H., Kav-Venaki, S., Bronfenbrenner, U., Devereux, E. C., and Kiely, E. 1975. Anomalous reactions to social pressure of Israeli and Soviet children raised in family versus collective settings. *Journal of Personality and Social Psychology* 32:477–489.

Skeels, H. M. 1966. Adult status of children with contrasting early life experience. *Monographs of the Society for Research in Child Development* 31:no. 3, serial no. 105.

Skeels, H. M., and Dye, H. B. 1939. The study of the effects of differential stimulation on mentally retarded children. *Proceedings and Addresses of the American Association of Mental Deficiency* 44: 114–136.

Skeels, H. M., Updegraff, R., Wellman, B. L., and Williams, H. M. 1938. A study of environmental stimulation: an orphanage preschool project. *University of Iowa Studies in Child Welfare* 15:no. 4.

Smith, M. B. 1968. School and home: focus on achievement. In *Developing programs for the educationally disadvantaged*, ed. A. H. Passow. New York: Teachers College Press.

Soar, R. S. 1966. An integrative approach to classroom learning. NIMH Project No. 5-R11MH01096 to the University of South Carolina and 7-R11MH02045 to Temple University.

Soar, R. S. 1972. Follow-Through classroom process measurement and pupil growth (1970–71). College of Education, University of Florida, mimeographed.

Soar, R. S., and Soar, R. M. 1969. Pupil subject matter growth during summer vacation. *Educational Leadership Research Supplement* 26: 577–587.

Spelke, E., Zelazo, P., Kagan, J., and Kotelchuck, M. 1973. Father interaction and separation protest. *Developmental Psychology* 9:83–90.

Spitz, R. A. 1945. Hospitalism: an inquiry into the genesis of psychiatric conditions in early childhood. *Psychoanalytic Study of the Child* 1:153–172.

Spitz, R. A. 1946a. Hospitalism: a follow-up report on investigation described in volume 1, 1945. *Psychoanalytic Study of the Child* 2:113–117.

Spitz, R. A. 1946b. Anaclitic depression: an inquiry into the genesis of psychiatric conditions in early childhood, II. *Psychoanalytic Study of the Child* 2:313–342.

Spitz, R. A. 1946c. The smiling response: a contribution to the ontogenesis of social relations. *Genetic Psychology Monographs* 34: 57–125.

Sroufe, L. A. 1970. A methodological and philosophical critique of intervention-oriented research. *Developmental Psychology* 2:140–145.

Sroufe, L. A., Waters, E., and Matas, L. 1974. Contextual determinants of infant affective response. In *The origins of fear,* ed. M. Lewis, and L. A. Rosenblum. New York: John Wiley.

Stanford Research Institute, 1971a. Implementation of planned variation in Head Start: preliminary evaluation of planned variation in Head Start according to Follow-Through approaches (1969–70). Washington, D.C.: Office of Child Development, U.S. Department of Health, Education and Welfare.

Stanford Research Institute, 1971b. Longitudinal evaluation, selected features of the national Follow-Through program. Washington, D.C.: U.S. Department of Health, Education and Welfare.

Sullivan, H. S. 1947. *Conceptions of modern psychiatry.* Washington, D.C.: William Alanson White Psychiatric Foundation.

Thayer, S., and Saarni, C. 1975. Demand characteristics are everywhere (anyway): a comment on the Stanford prison experiment. *American Psychologist* 30:1015–16.

Thomas, W. I. 1927. *The unadjusted girl.* Boston: Little, Brown.

Thomas, W. I., and Thomas, D. S. 1928. *The child in America.* New York: Alfred P. Knopf.
York: Alfred A. Knopf.

Thomas, W. I., and Znaniecki, F. 1927. *The Polish peasant in Europe and America.* New York: Alfred A. Knopf.

Tizard, B., Cooperman, O., Joseph, A., and Tizard, J. 1972. Environmental effects on language development: a study of young children in long-stay residential nurseries. *Child Development* 43:337–358.

Tizard, B., and Hodges, J. 1978. The effect of early institutional rearing on the development of eight year old children. *Journal of Child Psychology and Psychiatry* 19:99–118.

Tizard, B., and Rees, J. 1974. A comparison of the effects of adoption, restoration to the natural mother, and continued institutionalization on the cognitive development of four-year-old children. *Child Development* 45:92–99.

Tizard, B., and Rees, J. 1976. A comparison of the effects of adoption, restoration to the natural mother, and continued institutionalization on the cognitive development of four-year-old children: further note: December 1975. In *Early experience: myth and evidence,* ed. A. M. Clarke and A. D. B. Clarke. London: Open Books.

Travers, J., and Ruopp, R. 1978. National day care study: preliminary findings and their implications. Cambridge, Mass., Abt Associates, mimeographed.

Tuckman, J., and Regan, R. A. 1966. Intactness of the home and behavioral problems in children. *Journal of Child Psychology and Psychiatry* 7:225–234.

Tulkin, S. S. 1972. An analysis of the concept of cultural deprivation. *Developmental Psychology* 6:326–339.

U.S. Bureau of the Census 1977. Money, income, and poverty status of families and persons in the United States: 1976 (Advance report). Current population reports, series P-60, no. 107. Washington, D.C.: U.S. Government Printing Office.

U.S. Bureau of the Census 1978. Marital status and living arrangements: March 1977. Current population reports, series P-20, no. 323. Washington, D.C.: U.S. Government Printing Office.

Venger, L. A. 1973. *Pedagogika sposobnostei* (The education of abilities). Moscow: Academy of Pedagogical Sciences.

Vopava, J., and Royce, J. 1978. Comparison of the long term effects of infant and preschool programs on academic performance. Paper presented as part of a symposium on early intervention programs at the Annual Meeting of the American Educational Research Association, Toronto, March 27.

Vygotsky, L. S. 1962. *Thought and language*. Cambridge, Mass.: M.I.T. Press.

Vygotsky, L. S. 1978. *Mind in society: the development of higher psychological processes*. Cambridge, Mass.: Harvard University Press.

Walters, J., Connor, R., and Zunich, M. 1964. Interaction of mothers and children from lower-class families. *Child Development* 35:433–440.

Weinraub, M. 1977. Children's responses to maternal absence: an experimental intervention study. Paper presented at the Society for Research in Child Development meetings, New Orleans.

Weinraub, M., and Lewis, M. 1977. The determinants of children's responses to separation. *Monographs of the Society for Research in Child Development* 42:no. 4., serial no. 172.

Weisz, J. 1978. Transcontextual validity in developmental research. *Child Development* 49:1–12.

Wertheimer, M. 1912. Experimentelle Studien über das Sehen von Bewegung. *Zeitschrift für Psychologie* 61:161–265.

White, R. K., and Lippitt, R. 1960. *Autocracy and democracy: an experimental inquiry*. New York: Harper.

Wright, H. F. 1967. *Recording and analyzing child behavior*. New York: Harper & Row.

Yarrow, L. J. 1956. The development of object relationships during infancy and the effects of a disruption of early mother-child relationships. *American Psychologist* 11:423 (abstract).

Yarrow, L. J. 1961. Maternal deprivation: toward an empirical and conceptual re-evaluation. *Psychological Bulletin* 58:459–490.

Yarrow, L. J. 1964. Separation from parents during early childhood. In *Review of child development research*, vol. 1, ed. M. L. Hoffman and L. Hoffman. New York: Russell Sage Foundation.

Yarrow, L. J., and Goodwin, M. S. 1963. Effects of change in mother figure during infancy on personality development. Progress report, Family and Child Services, Washington, D.C.

Zaporozhets, A. V., and Elkonin, D. B. 1971. *The psychology of preschool children*. Cambridge, Mass.: M.I.T. Press.

Zaporozhets, A. V., and Markova, T. A. 1976. *Vospitanie i obuchenie v detskom sadu* (Upbringing and instruction in kindergarten). Moscow: Pedagogika.

Zelditch, M. 1955. Role differentiation in the nuclear family: a comparative study. In *Family, socialization and interaction process,* ed. T. Parsons and R. F. Bales. Glencoe, Ill: Free Press.

Zhukovskaya, R. E. 1976. *Igra i ee pedagogicheskoe znachenie* (The game and its pedagogical significance). Moscow: Academy of Pedagogical Sciences.

Zill, N. 1978. Divorce, marital happiness, and the mental health of children. Findings from the FCD National Survey of Children. Paper prepared for the NIMH Workshop on Divorce and Children. New York: Foundation for Child Development.

Zimbardo, P. G. 1973. On the ethics of intervention and human psychological research: with special reference to the Stanford prison experiment. *Cognition: International Journal of Cognitive Psychology* 2:243–256.

Zimbardo, P. G., Haney, C., Banks, W. C., and Jaffe, D. 1972. Stanford prison experiment. Tape recording. Stanford, Calif.: Philip G. Zimbardo.

Zunich, M. 1961. A study of the relationships between child rearing attitudes and maternal behavior. *Journal of Experimental Education* 30:231–241.

國家圖書館出版品預行編目資料

人類發展生態學／Urie Bronfenbrenner 作；
曾淑賢, 劉凱, 陳淑芳譯.
--初版. -- 臺北市：心理, 2010.07
面；　公分. --（心理學系列；11037）
參考書目：面
譯自：The ecology of human development:
Experiments by nature and design
ISBN 978-986-191-361-2（平裝）

1.人類發展　2.發展心理學　3.兒童心理學

173.6　　99005199

心理學系列 11037

人類發展生態學

作　　者：Urie Bronfenbrenner
譯　　者：曾淑賢、劉　凱、陳淑芳
執行編輯：李　晶
總 編 輯：林敬堯
發 行 人：洪有義
出 版 者：心理出版社股份有限公司
地　　址：台北市大安區和平東路一段 180 號 7 樓
電　　話：(02) 23671490
傳　　真：(02) 23671457
郵撥帳號：19293172　心理出版社股份有限公司
網　　址：http://www.psy.com.tw
電子信箱：psychoco@ms15.hinet.net
駐美代表：Lisa Wu（Tel: 973 546-5845）
排 版 者：亞帛電腦製作有限公司
印 刷 者：正恒實業有限公司
初版一刷：2010 年 7 月
I S B N：978-986-191-361-2
定　　價：新台幣 450 元